广东外语外贸大学科研创新团队成果

亚非语言文学研究

YAFEI YUYAN WENXUE YANJIU

（一）

主　编／刘志强
副主编／谈　笑　吴圣杨

世界图书出版公司
广州·上海·西安·北京

图书在版编目（CIP）数据

亚非语言文学研究. 一 / 刘志强主编. —广州：世界图书出版广东有限公司, 2018. 12
ISBN 978-7-5192-5487-2

Ⅰ.①亚… Ⅱ.①刘… Ⅲ.①文化语言学—亚洲—文集②文化语言学—非洲—文集　Ⅳ.①H0-05

中国版本图书馆CIP数据核字（2018）第284325号

书　　名	亚非语言文学研究（一） YA FEI YU YAN WEN XUE YAN JIU (YI)
主　　编	刘志强
副 主 编	谈　笑　吴圣杨
责任编辑	程　静
装帧设计	苏　婷
责任按编	刘上锦
出版发行	世界图书出版广东有限公司
地　　址	广州市新港西路大江冲25号
邮　　编	510300
电　　话	020-84451969　84453623　84184026　84459579
网　　址	http://www.gdst.com.cn
邮　　箱	wpc_gdst@163.com
经　　销	各地新华书店
印　　刷	广州市迪桦彩印有限公司
开　　本	787mm×1092mm　1/16
印　　张	16
字　　数	240千
版　　次	2018年12月第1版　2018年12月第1次印刷
国际书号	ISBN 978-7-5192-5487-2
定　　价	62.00元

版权所有　侵权必究

（如有印装错误，请与出版社联系）

咨询、投稿：020-84451258　　gdstchj@126.com

前　言

亚非语言文学是外国语言文学一级学科目录内的二级学科，根据国务院学位委员会的定义，亚非语言文学是"涉及除日语、阿拉伯语和南亚语言以外所有亚洲和非洲国家的语言及其运用、文学、文化宗教、国情等研究。语言研究包括对象国的语言史、语言本体研究、语言习得、语言对比与翻译等。文学研究包括对象国的文学、文化、历史、宗教与民俗、地区与国家关系、国情等。"顾名思义，没有学术研究成果则谈不上亚非语言文学的学科建设，非通用语本科专业的建设与亚非语言文学二级学科的建设是存在明显的差异的。学科建设的对象主体是教师和学术型研究生，非通用语本科专业的建设对象主体是本科生。学科建设更强调学术成果，非通用语本科专业建设的核心是本科课程建设。

广东外语外贸大学非通用语种专业的建设起步较早，发展也较快，在概念上，多年来，把非通用语种专业建设过于突出，亚非语言文学二级学科建设发展缓慢。2018年，广东外语外贸大学亚非语言文学学科获得广东省教育厅批准为珠江学者岗位学科，该学科团队自主编撰的《东盟文化发展报告》入选社会科学文献出版社学术品牌——蓝皮书系列。2018年10月2日，蓝皮书出版获得了新华社以特稿的形式刊发，中华人民共和国中央人民政府官方网站同天进行了刊发，这说明我们的工作确实对国家和社会起到了积极的作用，推进了亚非语言文学二级学科博士点的建设步伐。《亚非语言文学研究》就是在这样的形势下应运而生的。

广州作为两千多年来从未中断过的港口、开放、包容，我们希望广东外语外贸大学的亚非语言文学学科也像广州一样，向着不断改革与创新的方向迈步。

刘志强
2018年12月13日于广州

目 录

中国外国语言文学学科面临的主要形势、问题、挑战与机遇⋯⋯⋯⋯刘志强 / 001

非通用语种语言与翻译研究

越南《独立宣言》两个汉译本之对比研究⋯⋯⋯⋯⋯⋯⋯⋯⋯⋯李鸿烨 / 015
汉韩零声母历史演进中的变异⋯⋯⋯⋯⋯⋯⋯⋯⋯⋯⋯⋯⋯⋯赵天翔 / 023
汉缅宾语成分的比较研究⋯⋯⋯⋯⋯⋯⋯⋯⋯⋯⋯⋯⋯⋯⋯⋯马思妍 / 033
试论越南《翘传》喃诗传中的汉注部分作用：以1902年乔莹懋版为研究文本
⋯⋯⋯⋯⋯⋯⋯⋯⋯⋯⋯⋯⋯⋯⋯⋯⋯⋯⋯⋯⋯⋯[越]阮氏雪 / 044
试析佛教文化对老挝语语言文字的影响⋯⋯⋯⋯⋯⋯⋯⋯⋯⋯舒导遊 / 058
论现代马来语日常交际中的经济机制影响⋯⋯⋯⋯⋯⋯⋯⋯⋯岑雨洋 / 070
拉丁化国语字在越南现代文化认同建构过程中的地位⋯⋯⋯⋯左荣全 / 080
从马来语中的外来词看马来民族的文化特征⋯⋯⋯⋯⋯⋯⋯⋯韦 祎 / 092
多元智能理论下的哈萨克斯坦语教学设计构建⋯⋯⋯⋯⋯⋯⋯张 辉 / 106
土耳其语动词转类名词的转喻研究⋯⋯⋯⋯⋯⋯⋯⋯⋯⋯⋯⋯丁慧君 / 116
普什图语视点体范畴构式在句子体貌意义合成中的作用探讨⋯⋯王 静 / 128
名词等级对普什图语分裂施格的影响⋯⋯⋯⋯⋯⋯⋯⋯⋯缪 敏 金 鑫 / 141

亚非文学研究

以马克思主义女性主义批评视角考察20世纪初越南女性诗歌中的女性主义问题
⋯⋯⋯⋯⋯⋯⋯⋯⋯⋯⋯⋯⋯⋯⋯⋯⋯⋯⋯⋯⋯⋯⋯⋯⋯管宏伟 / 157
印度尼西亚现代文学中的民族认同建构⋯⋯⋯⋯⋯⋯⋯⋯⋯⋯张 燕 / 168
浅析马来班顿的审美特征⋯⋯⋯⋯⋯⋯⋯⋯⋯⋯⋯⋯⋯⋯⋯⋯谈 笑 / 179
印尼女作家阿尤·乌塔米笔下的历史与现实⋯⋯⋯⋯⋯⋯⋯⋯周启宇 / 190

老挝《香茗的故事》的叙事结构和人物心理分析……………程　雪 / 203
马来西亚灰姑娘故事母题初探……………………………侯燕妮 / 213
印度尼西亚长篇小说《错误的教育》中的民族文化构想……………张　燕 / 223
"一带一路"背景下中国柬埔寨语专业教材建设研究……………周惠雯 / 233
关于周达观在元朝使团中的身份探讨………………………周惠雯 / 241

中国外国语言文学学科面临的主要形势、问题、挑战与机遇

刘志强[①]

如果从19世纪末算起，发凡于近代的中国外语教育，迄今已逾百年，与其他学科一样，伴随着中国存亡图强的足迹，取得了前所未有的发展。但当前，中国的外语学科同样面临着新的形势、问题、挑战和机遇。在教育部规定的110个一级学科中，似乎没有哪一个一级学科在近年来面临如此大的社会舆论和学界探讨，本文的管窥，即是在这样一个基础上进行了。

一、形势

新中国成立以来，中国外语学科的发展，大致经历了五个阶段。第一个阶段是除旧立新，调整发展时期（1949—1964年）；第二个阶段是制订和执行外语教学七年计划时期（1964—1966年）；第三个阶段是"文化大革命"至拨乱反正前期（1966—1978年）；第四个阶段是恢复发展时期（1978—1988年）；第五个阶段是1988年直至迈向21世纪的发展初期阶段。[②] 当前，中国的外语学科面临着种种新的形势。其中尤其值得关注的主要包括三个方面。

首先是习近平新时代中国特色社会主义思想理论体系。习近平总书记强调，哲学社会科学的发展要突出中国特色、中国风格和中国气派。这同时是中国外语学科面临的最大的国内形势。习近平总书记的这一理论体系给中国外语学科提出了新的要求。早在2017年，北京外国语大学校长彭龙即指出，中国外语教育发展面临着新的发展趋势，其中主要包括三点：一是中国外语教育应进一步实现中国化、本土化。二是中国的外语教育应进一步凸显民族立场和文化本位。三是中国的外语教育应进一步明确国家利益导向。

改革开放以来，外语教育由于和外向型经济形态紧密结合，因此，以"字正腔圆"为标志的纯正外语受到青睐。这种外语教育有意无意地过滤掉了外语教育中的中国元素，在一定程度上成为了西方（对象国）的翻译机和传话筒。这样的

[①] 作者系广东外语外贸大学东方语言文化学院教授。
[②] 李传松编著：《新中国外语教育史》，旅游教育出版社，2009年，引言，第1页。

外语教育，只能勉强称之为外语教育"在中国"，而不是"中国的"外语教育。①

2017年10月，习近平总书记在党的十九大报告中指出："中国特色社会主义文化，源自于中华民族五千多年文明历史所孕育的中华优秀传统文化，熔铸于党领导人民在革命、建设、改革中创造的革命文化和社会主义先进文化，根植于中国特色社会主义伟大实践。"语言的背后，包含的是价值观和意识形态。如何做到"言不必称希腊"，并大力弘扬中华文化，是当前中国外语学科发展不容忽视的新要求。

2018年1月，教育部宣布实施新的《普通高等学校本科专业类教学质量国家标准》，关于外语教育的国家新标准，无一例外地强调外语教育必须培养学生的"中国情怀""文化意识"，要求学生树立正确的历史观、国家观、民族观、文化观，理解中国特色社会主义文化，坚定文化自信，能够在跨文化交际中坚守中国立场，讲好中国故事，传播中华文化。②

其次是国家的"一带一路"倡议。2013年9月和10月，中国国家主席习近平在访问中亚和东南亚时，分别提出了建设"新丝绸之路经济带"和"21世纪海上丝绸之路"的合作倡议，获得了诸多国家和地区的响应。作为国家级顶层合作倡议，其不仅直接涉及国内18个省、自治区、直辖市，还涵盖东亚蒙古国、东盟10国、西亚18国、南亚8国、中亚5国、独联体7国、中东欧16国，共65个国家，总人口达到44亿，约占全球人口的63%，经济总量达到2000多万亿美元，约占全球经济总量的30%。2017年，"一带一路"倡议还被写入了《十九大报告》和《中国共产党党章》，甚至联合国的决议。

在这样一个新的形势下，各高校外语学科进行了大的调整，一是增设"一带一路"沿线国家的非通用语等语种专业，加大相关人才培养。2018年，北京外国语大学已经开设了98种外语，上海外国语大学已经可以以39种外语授课，天津外国语大学的外语语种也增加到了32种。二是强化对"一带一路"沿线国家与区域的研究与人文交流。2017年，教育部国际合作司备案了400多个区域与国别研究中心，其中大部分属于"一带一路"沿线国家。在人文交流方面，各高校纷纷利用外语学科对外联络广泛的优势，搭建中国与各发展中国家人文交流的各类平台，促进中外人文交流，以北京外国语大学为例，2015年，中国与印度尼西亚

---

① 彭龙：《中国外语教育发展的重要趋势》，载《中国高等教育》，2017年第7期。
② 梅德明：《新时代外语教育应助力构建"人类命运共同体"》，载《文汇报》，2018年2月28日。

建立了副总理级人文交流机制。2017年，北京外国语大学即成立了中国—印度尼西亚人文交流研究中心，这一中心同时是中国与发展中国家建立的首个高级别人文交流机制。①

国家的"一带一路"倡议意味着中国的外语学科发展应逐步转变。长期以来，以"大语种"为绝对中心和以西方外语教育与研究模式为主要方向的学科布局，与马克思主义中国化才能让中国取得民族独立和国家强大的道理一样，中国的外语学科，需要重视诸如发展中国家的特色和优势，总是步西方的后尘，一味模仿和迎合西方，以西方的标尺为标尺，是难以获得真正的尊重和实质性的发展的。诸多外语院校已经意识到了外语学科与"一带一路"沿线国家的重要性，仍以北京外国语大学为例，2018年1月，北京外国语大学公布了其《一流学科高校建设方案》，在其26页的内容中，一共16次提到了要加强非通用语种专业建设和重视亚非区域的研究。②

第三是国家"双一流"相关政策。2015年，中央全面深化改革领导小组会议审议通过了《统筹推进世界一流大学和一流学科建设总体方案》，对新时期高等教育重点建设做出新部署。双一流的总体目标是推动一批高水平大学和学科进入世界一流行列或前列，加快高等教育治理体系和治理能力现代化，提高高等学校人才培养、科学研究、社会服务和文化传承创新水平，使之成为知识发现和科技创新的重要力量、先进思想和优秀文化的重要源泉、培养各类高素质优秀人才的重要基地，在支撑国家创新驱动发展战略、服务经济社会发展、弘扬中华优秀传统文化、培育和践行社会主义核心价值观、促进高等教育内涵发展等方面发挥重大作用。总体方案同时提出，到2020年，若干大学和一批学科进入世界一流行列，若干学科进入世界一流前列。到2030年，更多的大学和学科进入世界一流行列，若干所大学进入世界大学前列，一批学科进入世界一流学科前列，高等教育整体实力显著提升。到本世纪中叶，一流大学和一流学科的数量和实力进入世界前列，基本建成高等教育强国。③

2017年9月，教育部、财政部、国家发改委公布了42所一流大学建设高校

---

① 柴葳：《中国—印度尼西亚人文交流研究中心落户北外》，载《中国教育报》，2017年3月23日。
② 北京外国语大学综合改革办公室：《北京外国语大学一流学科高校建设方案》，2018年1月19日北京外国语大学官网公布。
③ 国务院：《国务院关于印发统筹推进世界一流大学和一流学科建设总体方案的通知》，中华人民共和国中央人民政府官网，2015年11月5日发布。

和95所一流学科建设高校，其中成为外国语言文学"双一流建设学科"的高校一共6所，分别是北京大学、南京大学、北京外国语大学、上海外国语大学、湖南师范大学和延边大学。这6所院校均对照《统筹推进世界一流大学和一流学科建设总体方案》提出了近期（2020年）、中期（2030年）和远期（2050年）的建设目标。

其中，北京外国语大学提出了到2020年实现与中国建交国家官方语言全覆盖，夯实外语本科人才培养基础，创新人才培养模式。巩固外国语言文学学科在全国的引领地位，力争语言学、现代语言、英语语言文学、亚非地区与欧洲非通用语种教学与研究位居世界一流行列。初步形成外国语言文学、外国文学、翻译学、国别和区域研究、比较文明与跨文化研究五大领域齐头发展态势，组建相关领域高水平师资队伍和学术创新团队，形成外国语言文学一流学科建设与发展的支撑体系。积极参与、建立相关学科的国际性学术组织，赢得国际学术话语权。

到2030年，北京外国语大学将完善复合型、复语型、国际化拔尖创新人才培养体系，完善支撑外国语言文学一流学科建设的多学科发展体系和学科话语体系，加强学科理论创新和方法论创新，培育一流的师资队伍和学术创新团队，进一步提升学科国际竞争力，使更多研究领域进入世界一流行列，部分领域进入世界一流前列。在重点、前沿、新兴交叉学科部分领域取得原创性理论建树，发挥富有外语特色的新型高校智库作用，增强国际学术话语权。使学校语言类学科达到全球顶尖水平，使非通用语种人才培养和相关研究达到国内著名、国际知名水平。

到2050年，北京外国语大学主要研究领域位居世界一流学科前列。形成完备的外国语言文学一流学科发展创新体系。外国语言学跃升至全球前30强。外国文学整体达到世界一流水平，部分研究领域达到全球领先水平。建成具有国际领先水平的翻译人才培养中心和翻译研究重镇。在国别和区域研究、比较文明与跨文化研究等领域取得系列具有国际学术影响力的学术创新成果。成为中国和世界需要的国际化拔尖创新人才培养和输送的重要基地。[①]

上海外国语大学则提出了更为明确的建设目标，即至2020年，外国语言文学排名稳居全国前3名，在有关国际主流排名中，若干学科进入世界前200名。至2030年，外国语言文学综合交叉学科整体实力达到世界一流水平，在教育部

---

① 北京外国语大学综合改革办公室：《北京外国语大学一流学科高校建设方案》，2018年1月19日北京外国语大学官网公布，第7-8页。

学科评估中，外国语言文学学科排名稳居全国前2名，在有关国际主流排名中，若干学科进入世界前100名。至2049年，外国语言文学综合交叉学科整体实力位居世界一流前列。在教育部学科评估中，外国语言文学学科排名力争全国第一，在有关国际主流排名中，若干学科进入世界前50名。①

教育部公布"双一流"名单之后，一些省、自治区又根据教育部的相关精神和要求，推出了各省、自治区一级的一流学科或"冲一流"学科。教育部高等教育司还将遴选国家一流专业和一流课程。无论是否能够进入"双一流"学科，与其他学科一样，"双一流"毫无疑问是外语学科面临的一大新形势。

二、问题

首先是外国语言文学的学科内涵的问题。在新的形势下，实现外国语言文学学科的内涵式发展，已经成为学界的共识。2017年3月，在上海外国语大学举行的"一流外国语言文学学科建设与发展高峰论坛"会议上，上海外国语大学校长李岩松指出，新时代的一流外国语言文学学科的建设，应进一步与"一带一路"建设和文化"走出去"对接，在文化的"创造性转化、创新性发展"方面深入拓展，在区域国别研究、在全球知识建构方面积极作为，在学科交叉和前沿探索方面努力进取，从而不断提高学科建设的质量。北京大学外国语学院院长宁琦教授指出，在新时代的新形势下，外国语言文学学科的定位和内涵需要及时调整与转变。随着中国与世界的联系日益紧密，外语不只是单纯的交流工具，也是重要的研究工具，外国语言文学学科不仅是不同文化间沟通的纽带，还能提供理论借鉴和研究支撑，与其他人文社会学科共同参与中国特色话语体系建设。②

但是外语学科的学科内涵主要包括哪些内容？传统与现代的学科内涵如何能够融合发展，是摆在中国外语学科面前的一道难题。自上而下的行政管理部门，尽管也有通过专家资政的程序，但实际推行的过程，仍然难以达成一致。尽管外语学科大都建立在外语专业基础之上，语言、文学与翻译是传统的学科本体，各院校或行政管理部门仍根据自身不同的传统和所处位置，提出了不同的见解和政策。

若以教育部学位管理与研究生教育司（国务院学位委员会办公室）对一级学

---

① 上海外国语大学：《上海外国语大学一流学科建设方案》，2017年11月28日，上海外国语大学官网公布，索取号：G0060201000-2018-0012，第6-7页。
② 高莹、查建国、黄亚楠：《实现外国语言文学学科内涵式发展》，载《中国社会科学报》，2018年3月21日。

科的官方表述为准，教育部规定高等院校的学科门类包括13个，一级学科110个，外国语言文学属于其中之一。教育部界定外国语言文学学科的学科内涵包括研究对象、理论、知识基础和研究方法四个方面。以研究对象为例，2013年，国务院学位委员会对外国语言文学的研究对象进行了文字描述，外国语言文学包括外国语言研究、外国文学研究、翻译研究、国别与区域研究、比较文学与跨文化研究五个研究对象。这五个研究对象中，以国别与区域研究的表述最具模糊美学："国别与区域研究借助历史学、哲学、人类学、社会学、法学、经济学等学科的理论和方法，探讨语言对象国家和区域的历史文化、政治经济社会制度和中外关系，注重全球与区域发展进程的理论与实践，提倡与国际政治、国际经济、国际法等相关学科的交叉渗透。"①强调学科交叉作为一种研究方法是没有问题的，问题是最后的学科属性问题。诸多实践证明，外国语言文学学科与其他学科进行交叉渗透的结果，往往是外国语言文学学科失去了相对的独立性，从属于其他学科。

其次是外语学科外部和内部的诸多学科关系问题。如果按照学科设置的类别划分中国的高校，中国的外语学科所处的本科院校大致可以分为综合类、理工类、文科类、医药类、农林类、师范类及外语类。处在综合类院校的外语学科，尽管在校内属于非主流，但若能充分融入和吸收综合类院校其他主流学科的优势，转化为外语学科的优势，则其外语学科在全国的地位不容忽视。以北京大学为例，其外语学科由于与该校传统的文学、历史、哲学、宗教等强势学科进行了深度的融合，因此，在教育部的历次学科评估中，北京大学的外语学科一直名列第一。除此以外，南京大学、浙江大学等综合性大学的外语学科也因为与传统人文学科深度融合，因此发展得较好。但中国高校中的综合性大学中的外语学科由于诸多因素，大多未能与主流学科融合，因此，其学科发展相对滞后。以2017年教育部公布的学科评估结果为例，外语学科排在全国前三梯队（A+、A、A-）的非外语类院校主要包括北京大学（A+）、黑龙江大学（A）、上海交通大学（A）、南京大学（A）、浙江大学（A）、清华大学（A-）、北京航空航天大学（A-）、北京师范大学（A-）、对外经济贸易大学（A-）、复旦大学（A-）、华东师范大学（A-）、南京师范大学（A-）、山东大学（A-）等13所院校。②

---

① 国务院学位委员会第六届学科评议组编：《学位授予和人才培养一级学科简介》，高等教育出版社，2013年9月版，第49-50页。
② 教育部学位与研究生教育发展中心制作：《学科分析报告》，2018年4月，第4页。

外语类院校的外语学科规模一般较大，但由于学科单一等原因，一般而言，其文、史、哲等学科，相对较弱，缺乏大学科的创新驱动力，学科实力排名靠前的仍然屈指可数，仍以2017年教育部公布的最新学科评估结果为例，外语学科排在全国A类的外语院校仅为传统的三所，即北京外国语大学（A+）、上海外国语大学（A+）和广东外语外贸大学（A）。且较之前一轮（2012年）教育部学科评估的结果，非外语类院校的外语学科发展的步伐在加快。如黑龙江大学从第4梯队，上升到第2梯队；南京师范大学和浙江大学分别从第5梯队上升到第3和第2梯队；清华大学、北京师范大学、对外经济贸易大学、复旦大学、上海交通大学全部第6梯队分别上升到第3梯队。这说明非外语类高校的综合实力较强，外语学科的发展后劲充足。

如何处理好外语学科和其他学科的关系是几乎所有院校不得不面临的问题，处理得当，资源配置和谐，外语学科就会发展顺畅，反之则发展受阻。而协调外语学科内部诸多二级学科的平衡发展问题，则又是外语学科整体发展的关键，协调的"成本"甚至"代价"往往较高。根据国务院学位委员会2013年编制的《学位授予和人才培养一级学科简介》，外国语言文学学科已经包含13个二级学科，分别是英语语言文学、俄语语言文学、法语语言文学、日语语言文学、印度语言文学、西班牙语语言文学、阿拉伯语语言文学、欧洲语言文学、亚非语言文学、外国语言学及应用语言学、翻译学、比较文学与跨文化研究。中国的外语学科处在新的形势下，若能充分发挥各个二级学科的学科潜力，往往会为一级学科注入新的动力，促进一级学科整体实力的推进，如近年来北京外国语大学与上海外国语大学对亚非语言文学学科的重视，成为这两所外语院校外语学科新的增长点。相反，不少院校外语学科所属的二级学科发展长期出现参差不齐的现象，难免会在学科评估中出现二级学科相关指标"缺腿"或"挂科"的情况。

三、挑战

首先是人工智能对外语翻译的挑战。未来十年，中国外语学科面临的最大挑战毫无疑问是人工智能。近年来，关于机器翻译能否代替人工翻译的讨论，无论是在舆论界还是学术界都引起了高度的关注和讨论。持否定意见者多认为机器翻译无法译出各类文学作品等。2018年4月8日，在博鳌亚洲论坛上，主办方首次尝试使用人工智能代替人工同传，尽管腾讯提供的人工智能翻译机仍略显不足，但科大讯飞公司推出的讯飞翻译机2.0，已经可以实现中文和英语、日语、韩语、法语、德语等20种语言的即时翻译。① 不仅使用人口较多的大语种的翻译，连使用人口较少的语种的翻译，人工智能也已经开始涉足。2018年7月7日，李克强总理出席中国—中东欧国家地方合作成果展时，与保加利亚总理鲍里索夫总理交谈，即使用了中—保翻译机器。② 笔者于2017年10月，担任教育部本科教学评估专家评估北京语言大学时，曾考察目前拥有全国最先进同传设备的北京语言大学的高级翻译学院，时任高级翻译学院院长刘和平教授也认可外语学科将无法回避人工智能对人工翻译的挑战，但她同时也表示，机器翻译的背后，也是大量人口翻译的基础和储备才会让机器翻译日趋完善。

人工智能也许不可能翻译文学经典，但将大大压缩社会对人工翻译的市场需求，也将对外语学科传统的人才培养模式产生深刻的挑战。传统的外语学科培养模式若不能及时了解和接触人工智能和机器翻译，"早俱舟车"，面对挑战，将在所难免地被逐渐淘汰。

其次是现代学术研究与传统学术研究。中国外语学科的传统学术研究以语言、文学、翻译、外国语言学及应用语言学为基础。

中国外语学科的传统学术是从明代至近代"西学东渐"的时代土壤中逐渐发展形成的，其主要的表征是"悉夷"，大量地译介西方著作，这同时也是作为外语学科的传统学术方向之一——翻译学形成的历史文化基础。改革开放以来，中国围绕"经济建设为中心"的风向标，外语学科的发展与对外经济和文化交往的结合日趋紧密，这意味着需要培养大量能够尽快掌握外语技能的专业人才，在这样的背景下，以形式语言学和功能语言学基本假设理论为指导的外国语言学及应用语言学又成为多年来传统外语学科研究的主要方向之一。上个世纪50—60年代出生的外语学科学人大多在外语学科的传统研究方向做出了重要的贡献，同时也占据了相应的学术地位。

随着时代的进步与科技的更新，外语学科的研究方向逐渐得以注入新的研究方法，以语言学为例，神经语言学、计量语言学、统计语言学逐渐成为外语学科具有重要地位的研究方向。根据教育部外语学科长江学者王宁教授获悉的数据，以浙江大学为例，近年来，浙江大学外语学科的计量语言学发展迅速，已经走在国内前列，在国际学界的发表论文的数量超过了外语类院校和综合性大学的外语

---

① 王林、任明超：《博鳌亚洲论坛首次使用人工智能翻译机》，中青在线，2018年4月8日。
② 中国政府网：《李克强与保总理交谈，中国造小机器扮演"翻译"》，2018年7月7日。

学科。① 这意味着新兴的外语学科研究方向对传统外语学科研究方向的挑战是显性和迅速的。当然，也有综合性大学的外语学科把传统和现代学术融合得较好，双向发展，并行不悖的。如北京大学的外语学科，根据2018年QS世界大学学科的排名，北京大学的现代语言位列世界第6。

第三是中西方各具特点的外语学科评价体系。中国已经建立起了日趋完善的外语学科评价体系，但在未来较长的一段时间，以欧美评价标准为中心的外语学科评价体系仍将是中国外语学科面临的挑战。这意味着，中国的外语学科在建构中国特色的同时，仍然需要"韬光养晦"，不能"闭门造车"。自2002年至2017年，教育部对外语学科进行了四轮评估，评估指标逐渐综合，评估体系也日趋完善，以最新一轮为评估指标为例，其评估体系包括三个指标。一级指标包括师资队伍与资源、人才培养质量、科学研究水平（含教师和学生情况）和社会服务与学科声誉四个方面。其具体的指标体系框架如下表所示：

教育部第四轮学科评估外国语言文学学科指标体系框架

一级指标	二级指标	三级指标
A. 师资队伍与资源	A1. 师资队伍质量	S1 师资队伍质量
		S2 专任教师数
	A2. 支撑平台	S3 重点实验室、基地、中心（仅对理工农医门类，不含统计学科）
B. 人才培养质量	B1. 培养过程质量	S4. 课程教学质量
		S5. 导师指导质量
		S6. 学生国际交流
	B2. 在校生质量	S7. 学位论文质量
		S8. 优秀在校生
		S9. 授予学位数
	B3. 毕业生质量	S10. 优秀毕业生
		S11. 用人单位评价

---

① 韩天高：《外语学科的发展路径与自信》，浙江大学畅想2030年学术展望专题，王宁教授的发言内容，浙江大学官网，2017年1月10日。

(续表)

一级指标	二级指标	三级指标
C. 科学研究水平（含教师和学生情况）	C1.科研成果	S12.学术论文质量
		S13.专著专利情况
		S14.出版优秀教材
	C2.科研获奖	S15.科研获奖
	C3.科研项目	S16.科研项目（含人均情况）
D. 社会服务与学科声誉	D1.社会服务	S17.社会服务特色与贡献
	D2.学科声誉	S18.国内声誉
		S19.国际声誉

其中有一些指标是过去不少院校的外语学科较少关注的。如课程教学质量三级指标包含的教育部来华留学英语授课品牌课。优秀毕业生三级指标中列举20名近十五年优秀毕业生，介绍其职业发展情况。学术论文质量三级指标中除师均被SCI、SSCI、EI、A&HCI、CSCD、CSSCI等收录的论文（或作品）数外，还要求提供规定数量代表性论文（要求中国期刊论文不少于一定数量）。专著专利三级指标要求出版学术专著数（入选社科文库或出版译本加分）。科研获奖三级指标中重要社会力量设奖。社会服务特色与贡献三级指标中，要求提供在社会服务方面的主要贡献及典型案例，包括弘扬优秀文化、促进社会精神文明建设；创办重要学术期刊或举办重要学术会议，引领学术发展等。①

鉴于学科的国际声誉愈发重要，国内一些院校的外语学科逐渐引入国际评估。如2018年3月20日，浙江大学举行了外国语言文学一级学科学位授权点的国际评估。浙江大学邀请了香港城市大学功能语言学家Jonathan Webster，英国伯明翰大学语料库语言学家Wolfgang Theubert，欧洲科学院院士、英国伦敦玛丽皇后大学Galin Tihanov，澳门大学翻译传译认知研究中心主任李德凤和澳大利亚科廷大学多模态研究领域著名学者Kay L.O'Halloran担任评估专家，评估专家一致给予浙江大学评估"优秀"等级。②

毫无疑问，如何适应日益更新的外语学科评价体系，如何在中西方评价学科

---

① 教育部学位与研究生教育发展中心：《学科分析报告》，附《第四轮学科评估指标体系框架》，2018年4月，第128—132页。
② 浙江大学外国语言文化与国际学院：《外语学院外国语言文学一级学科学位授权点国际评估获评优秀》，浙江大学官网，2018年3月22日。

评价体系中达到平衡发展，是摆在当前外语学科面前的又一大挑战。

四、机遇

中国外语学科面临着重要的转型，转型的过程中面临着不可回避的新形势、问题和挑战。顺势而为，转为机遇，方能有新的成就。习近平新时代中国特色社会主义思想理论体系为中国外语学科指明了发展的中国特色方向与道路，中国的外语学科，若不积极响应这一理论体系，想要在新的形势下获得更多资源和发展机会，那是不可能的。"一带一路"也是中国外语学科发展的又一新机遇。以北京外国语大学为例，若过去几年，北京外国大学外语学科没有抓住"一带一路"的发展机遇，该校的外语学科就不会有现在的地位。

中国的外语学科尚未具备影响欧美外语学科的能力，"一带一路"沿线国家，大多属于发展中国家，中国的外语学科应在这些国家的外语学科发展中提供人才培养、科学研究、服务社会、文化传承和中外人文交流等方面的中国经验和做法，我们的外语学科也具备在"一带一路"沿线的大多数国家中产生影响的能力。

人工智能的前提仍然是"人工"。没有人去提供大量的语料库和外语数据，人工智能也难免会是"巧妇难为无米之炊"。中国的外语学科应主动了解和参与到人工智能的发展中去，因为这是人类社会发展的大势所趋，只有这样，才会把挑战转换为机遇。现代学术研究方法是对新一代外语学科学人的新要求，在大数据和现代科技日新月异的时代，中国的外语学科学人，更应该积极探索和学习新的研究理论和方法，在继承传统学术的同时，以开放的心态，迎接现代学术。

亚非语言文学学科因为涉及语种专业多，长期以来难以形成统一的一整套理论体系和研究范式，越是这样，我们更应该迎难而上，所谓"行者常至，为者常成"。

非通用语种语言与翻译研究

越南《独立宣言》两个汉译本之对比研究

李鸿烨[①]

A Comparative Study of Two Chinese Versions of Vietnam's *Declaration of Independence*

【摘　要】《独立宣言》是越南一份重要的历史性文件,从其诞生开始至今,越南国内已有多个领域的专家学者对其进行研究,而我国学者对该文本的关注大多集中于胡志明思想的研究方面,尚未有学者从翻译角度对该文本的汉译进行研究。本文拟从翻译研究的角度,对越南《独立宣言》的两个汉译本进行对比,并对其中的翻译方法和技巧略作探究。

【关键词】越南《独立宣言》汉译　对比

Abstract: "Declaration of Independence" is an important historical document of Vietnam. Since its birth, there have been many Vietnamese experts and scholars in different areas studied it , and the Chinese scholars' attention to this text is mostly focused on the study of Ho Chi Minh's thought. However, the scholars has not yet studied the Chinese translation of the text just from the perspective of translation. This paper intends to compare the two Chinese versions of Vietnam's *Declaration of Independence* from the perspective of translation studies, and explore the translation methods.

Keywords: Vietnam; *Declaration of Independence*; translation; comparison

　　自1776年美国发表《独立宣言》始,随后200多年间陆续又有多个国家发表独立宣言宣告独立。据统计,1776—1993年间,世界上相继有115个国家发表了独立宣言(含被承认与未被承认的),其中也包括越南。越南的《独立宣言》是胡志明主席在1945年8月25日至9月2日期间在河内横街(Hàng Ngang)48号起草

[①] 李鸿烨,广西师范大学国际文化教育学院,主要研究领域:越南语言文化。

的，其发表标志着越南民主共和国的诞生。1945年9月2日，胡志明主席在河内的巴亭花园（今巴亭广场）代表全体越南同胞宣读了《独立宣言》，并宣告东南亚地区首个工农国家——越南民主共和国诞生。《独立宣言》作为越南重要的历史性文件，在越南被称为"千古雄文"，并被视作"体现民族坚强不屈历史传统的结晶，是开创越南民族与独立自由新纪元的史诗"[①]。此外，该《独立宣言》还被越南国民视为继李常杰的《南国山河》及阮廌的《平吴大诰》之后的第三大独立宣言。越南《独立宣言》的内容可分为三部分：第一，《独立宣言》的理论基础；第二，《独立宣言》的实践基础；第三，宣布独立部分。此前，越南国内已有多个领域的专家学者对其进行研究与阐释，但我国学者对该文本的研究则相对较少，即使有也主要集中在研究胡志明思想方面，目前亦未见有研究其汉译本的文章被公开发表，故笔者欲以两个汉译本为基础，就其汉译问题略作探究。

本文选用的两个汉译本分别为《继承与创新 胡志明思想研究》（黎学军编著，2014年版）与《独立宣言 一种全球史》（［美］阿米蒂奇著，孙岳译，2014年版）中收录的越南《独立宣言》。其中，前者的译本来源不详，但其译文与丛国胜主编的《越汉翻译教程》（2004年版）中的用词与内容大致相同，且从其译文措辞判断似乎应为越译汉版本，这一译本也是国内较为常见的一个版本，该译本未署译者信息，或是当时由两国通晓越语的译者共同讨论翻译的也未可知；后者的文献来源据书中标注为《胡志明作品选第3册》（河内，1960—1962），从书中注明的"中文本根据哈佛大学出版社2008年版译出"，且越南《独立宣言》部分未做其他引用说明，大致可判断其应为译者翻译著作时的英译汉版本（下文中前者简称"译本一"，后者简称"译本二"）。

梁启超在《论译书》中曾写道："凡论一事治一学，则必有其中之层累曲折，非入其中不能悉也"[②]，翻译过程中的不易或也适用这一道理。经比对，笔者大致总结出以下四方面内容对两个译本进行探究：

一、略译与译文的忠实性

两个译本中的省略现象较少，但下面一例却不得不提。

例：Hỡi đồng bào cả nước

越南《独立宣言》以该句开头，"hỡi"为语气词，表招呼人，"đồng bào cả

---

① *Tuyên ngôn Độc lập năm 1945 - Giá trị lịch sử và ý nghĩa thời đại*［N］. TTXVN. 2015.9.2.
② 梁启超：《变法通议附开明专制论》，扬州：广陵古籍刻印社，1990年，第65页。

nước"意为"全国同胞",其作用有二:一是引起大家的注意,二是拉近宣读者(即胡志明主席)与听众的距离。但两个版本的译文中均省略了该句,这不免对原文的完整性和感情的表达有所影响。

原文在开头引用美国《独立宣言》与法国《人权宣言》中的经典语句,译本一中为"一切人生来就是平等的。他们享有天赋的不可侵犯的权利,这就是:生存、自由和追求幸福的权利。""天赋人类自由和平等的权利,而且人类应该时时享有自由和平等的权利。"译本二中为"人生而平等,造物主赋予了他们若干不可剥夺的权利,其中包括生命权、自由权和追求幸福的权利。""人生而自由并享有平等的权利,且这种自由和平等的权利是永恒的。"美国《独立宣言》与法国《人权宣言》均诞生于18世纪,早已有中文译本,且此处为引文而非原文,故忠实于英文原句,选用前人的译文较好,而不必自行翻译,这点译本二优于译本一。

继上一引用句之后,有"Đó là những lẽ phải không ai chối cãi được"。

译本一中译为"这是谁也不能否认的真理。"译本二中译为"以上乃无可辩驳的真理。"显然,译本一的译法更强调与原文的对应,但从译入目的语的流畅程度看,译本二似乎略胜一筹。另还有一例:

"Trước ngày 9 tháng 3, biết bao lần Việt Minh đã kêu gọi người Pháp liên minh để chống Nhật."

译本一中译为"在3月9日之前,越盟就曾经屡次呼吁法国人同越南人民共同抗日。"译本二中译为"3月9日前,越南独立同盟会曾数次敦促法国人与其联合对抗日本。"其中,这里的"kêu gọi"意为"呼吁,号召",译本二中选用的"敦促"一词有"催促和施加压力使尽快执行"之意,语气较强烈,但结合当时越方处于弱势的历史背景看,越盟恐怕暂时没有能力对法国施加压力,相反,呼吁的可能性则较大。因此,此处选用"呼吁"应更为合理。可见,一个外文词汇可能对应着多个中文意思,但译者对词语的选用却可能表达不同的感情,这种选择的影响却是十分微妙。

"Về kinh tế, chúng bóc lột dân ta đến xương tủy…"

译本一将该句译为"在经济方面,他们吸尽我们人民的膏髓",译本二译为"在经济方面,他们对我们实行敲骨吸髓式的欺诈和盘剥",这两种译法似乎均归属于忠实原文的范畴,不过译本二中所用的"敲骨吸髓式"似是更具异国语言风格一些。

"Mùa thu năm 1940, phát xít Nhật đến xâm lăng Đông Dương để mở thêm căn cứ đánh Đồng Minh, thì bọn thực dân Pháp quỳ gối đầu hàng, mở cửa nước ta rước Nhật."

译本一译为"1940年秋,在日本法西斯侵入印度支那,增辟了一个进攻盟国的军事基地时,法国殖民主义者却屈膝投降,打开了我国的大门迎接日寇"。译本二译为"1940年秋,日本法西斯主义者公然对抗盟国,违反印度支那中立原则,试图建立新的基地,法国的帝国主义分子卑躬屈膝,将我国拱手让与日本。"在不参照原文的情况下阅读译文二似乎并没有不妥,但对照原文后再阅读却不免有些不知所云,其中增加了"违反……原则""试图……"的内容,原文中并未包含这些部分,而译文一则显得较为忠实原文。

二、直译与意译

直译和意译是两种重要的翻译处理方式。直译强调逐字逐句一对一的翻译,尽可能保持原文的用词和形式,而意译则强调在忠实原文的基础上,选词用字应符合译入语读者的阅读习惯。我国著名翻译家朱光潜先生在《谈翻译》一文中曾说道:"所谓'直译'是指依原文的字面翻译,有一字一句就译一字一句,而且字句的次第也不更动。所谓'意译'是指把原文的意思用中文表达出来,不必完全依原文的字面和次第"。当然,在翻译过程中,直译与意译并非是两种完全对立的处理方式,甚至在很多时候会出现两者在译文中相互交叉和补充的情况。

在"Chúng thẳng tay chém giết những người yêu nước thương nòi của ta"一句中,"những người yêu nước thương nòi"在译本一中译为"爱国家爱民族的人",译本二中译为"爱国同胞"。相较之下,译本二的用词显得更简练,亦更适用于书面文本,此处译本一就有些过分强调字词对应了。

中越两国有着特殊的历史渊源和传统友谊,现代越南语中也还保留着大量的汉语借词,这为翻译提供了不少便利,但在翻译过程中也应当具体问题具体分析,减少汉越词在译者进行词汇选择时所带来的负面影响。原文中有:

"...bọn thực dân Pháp lợi dụng lá cờ tự do, bình đẳng, bác ái, đến cướp đất nước ta, áp bức đồng bào ta."

译本一译为"法国殖民主义者却利用'自由''平等''博爱'的旗帜来侵略我们的国家。"译本二译为"法国的帝国主义分子却不顾自由、平等、博爱的标准,侵犯我们的祖国,压迫我们的同胞。"前者直译,后者意译,对照原文看,前者的准确性似乎更高些,因为原文中并未提到"自由、平等、博爱"作为"标准"的含义。但值得注意的是,前者将"lợi dụng"直译为"利用",与后文的"旗帜"似乎有些搭配不当,笔者窃以为此处译为"打着……的旗号"更为妥当。

文中还有一句"Chúng tắm các cuộc khởi nghĩa của ta trong những bể máu."

该句中的"tắm"一词意为"洗澡，沐浴"，在这里为使动用法"使……洗澡/沐浴"，译本一中译为"他们把我们的每次革命起义浸浴在血海中。"而译本二中译为"他们镇压起义者，以至血流成河。"相较而言，前者更能表达出原文的用词方法与韵味。但在另一句"Chúng thi hành những luật pháp dã man"中，译本一译为"他们施行野蛮的法律"；译本二译为"他们施行非人道的法律"。原文中的"dã man"为汉越词"野蛮"，但该词在越南语中的含义有所扩大，如在"Khởi tố kẻ chích điện hành hạ dã man bé trai ở Campuchia"这样一则新闻标题中可理解为"残忍"之意。故笔者认为就原文的句子而言，采用意译的译本二译文更为妥当。

三、误译与漏译

在翻译的过程中，译者应尽可能地用目的语表达出原作者想要表达的意思，因此，保持翻译的完整性十分重要。但通常我们在对照原文看译文时又会发现译文中存在误译或漏译的现象，笔者在比较时发现译本二中的误译、漏译现象多于译本一，现举以下例子进行说明。

"...tất cả các dân tộc trên thế giới đều sinh ra bình đẳng."

该句在译本二中译为："地球上所有的人从出生那一刻便是平等的。"其中，"地球上所有的人"与原文的"全世界各民族"的意思有一定差别，译文中不能表达原文所要强调的"民族"概念，此处应为误译。

除误译的情况外，译本二漏译的现象则更多，如：

"Chúng lập ba chế độ khác nhau ở Trung, Nam, Bắc để ngăn cản việc thống nhất nước nhà của ta, để ngăn cản dân tộc ta đoàn kết."

该句在译本二中被译为："他们在越南的北部、中部和南部分别建立了三个互不相属的政体，目的就是要破坏我们的民族团结，让我们的人民无法团结在一起。"但原文中表达了两层意思："破坏我们祖国的统一"与"民族团结"，译文中漏掉了"破坏祖国统一"这一层含义。而译本一中译为"以阻挠我国的统一和我们民族的团结"在表达原意方面则显得更为贴切。

"Từ đó dân ta chịu hai tầng xiềng xích: Pháp và Nhật. Từ đó dân ta càng cực khổ, nghèo nàn."两句中，译本二漏译了后半句"自此，我们的人民更加贫苦。"这两句连用了两个"từ đó"，对当时处于水深火热之中的越南及其人民之不幸遭遇起强调作用，故此处漏译对传达原文的意思有一定的影响。

"Chúng giữ độc quyền in giấy bạc, xuất cảng và nhập cảng."

译本二将该句译为"他们垄断货币发行权和出口贸易。"

"...làm cho dân ta, nhất là dân cày và dân buôn trở nên bần cùng."

译本二译文为"致使我国民,尤其是农民,陷入极端的贫困。"

在上述两例中,前一句原文中为"进出口",但译文中则只译了"出口",后一句中原文为"尤其是农民和商人",而译文中只译了"农民",这应该是较为明显的漏译现象,并且对原文的完整性有一定影响。

四、语气的翻译

通过对译文与原文的比较,笔者发现译文中存在原文语气被弱化的现象。现举例说明:

"Chúng dùng thuốc phiện, rượu cồn để làm cho nòi giống ta suy nhược."

该句译本一译为"他们用鸦片和酒精来腐蚀我们种族的健康",译本二译为"为弱化我们的民族力,他们强迫我们吸食鸦片和酗酒"。该内容为胡志明主席沉痛声讨法国殖民者恶行的部分,译本二的译文语气显然有些弱化了,而译本一的语气则更贴近原文,且较为精炼。

"Hành động của chúng trái hẳn với nhân đạo và chính nghĩa."

该句中的"hẳn"意为"完全",有增强句子语气的效果,而译本二译文为"他们的作为与人道和正义的理想背道而驰。"这样翻译似乎显得过于平淡。

又如:"Một dân tộc đã gan góc chống ách nô lệ của Pháp hơn 80 năm nay, một dân tộc đã gan góc đứng về phe Đồng Minh chống phát xít mấy năm nay, dân tộc đó phải được tự do! Dân tộc đó phải được độc lập!"

译本二将该句译为"我们人民曾勇敢地反抗法国人的殖民统治长达八十多年,而近年来,我国人民又与各盟国一道共同抗击法西斯主义者,这样的一个民族必然应该是自由和独立的。"译本一译为"一个八十多年来敢于反抗法国殖民主义者奴役的民族,一个数年来敢于站在盟国一边共同反抗法西斯的民族,这个民族应该获得自由,这个民族应该获得独立!"该段话位于宣言的倒数第三段,当时胡志明主席的宣读即将接近尾声,其心情与内容都理应得到升华,而原文表达的也正是一种慷慨激昂的情绪,但译本二的译文语气则较为平淡,没能有效传达出原文所表达的感情,相比之下译本一的语气要强烈许多。

五、结语

通过将两个版本的译文与原文进行比对,笔者发现两个版本的译文中均存在一些值得商榷之处。除上述内容外,两篇译文的篇幅都长于原文(一般来说,越译汉的译文篇幅大多不超过原文),说明译文中包含了对原文的补充说明,且通过对比,笔者发现译本二中补充的内容较译本一多,但又并非全都必要,如"他们在这里建造的监狱比学校还要多。""他们对我们的人民实施蒙昧主义的愚民政策。""日本法西斯主义者公然对抗盟国,违反印度支那中立原则,试图建立新的基地,法国的帝国主义分子卑躬屈膝,将我国拱手让与日本。"几句中都含有补充成分。且正如上文所说,译本二中的漏译与失真的部分也多于译本一,或许有就此下结论会有"证据不确凿"之嫌,但至少本文能说明就选用的两篇译文而言,译本一的译文在忠实原文及准确性方面,其总体质量优于译本二,这其中或许有受英文转译的影响,但也不能否认,译本二在用词方面也有可借鉴之处。从转译的影响与译者用词两方面看,我们不得不承认,转译会对译文的忠实性产生一定的影响,但并非全部,译文的质量在很大程度上还取决于译者的语言素养及文字功底。朱光潜先生在《谈翻译》一文中曾写道:"阅读只要精通西文,翻译于精通西文之外,又要精通中文。"这在越译汉过程中同样适用。早在1953年,麦克法兰(McFarlane,2004)就曾表达过这样的看法:"每一个翻译文本都是'正当的'(valid),但没有一个是'理想的'(ideal)、'真实的'(real)。"[①]所以,实际上两篇译文的质量都还有提升的空间,不可否认的是,译者的中文功底与责任感是汉译过程中的重要影响因素。翻译并非简单的语言转换,译者在选用词语时尤其应综合考虑对象国文化、原文诞生的背景等因素,在此基础上的创新方才有其意义。

参考文献

[1][美]阿米蒂奇著,孙岳译.独立宣言 一种全球史[M].北京:商务印书馆,2014.

[2]谢天振.译介学 增订本[M].南京:译林出版社,2013.

[3]梁启超.变法通议 附开明专制论[M].扬州:广陵古籍刻印社,1990.

[4]穆雷主编.翻译研究方法概论[M].北京:外语教学与研究出版社,2011.

---

① 转引自穆雷:《翻译研究方法概论》,北京:外语教学与研究出版社,2011年,第112页。

[5] 许钧. 从翻译出发 翻译与翻译研究[M]. 上海：复旦大学出版社，2014.

[6] 曹明伦. 论以忠实为取向的翻译标准——兼论严复的"信达雅"[J]. 中国翻译，2006，（4）.

[7] 黎学军编著. 继承与创新 胡志明思想研究[M]. 北京：人民日报出版社，2014.

[8] YẾN THANH. *Tuyên ngôn độc lập của Hồ Chí Minh từ gốc độ tu từ học và nguyên lý đối thoại*[J]. Tạp chí Sông Hương số 319（T.09-15）.

[9] Nguyễn Thường Lạng. *Bản Tuyên ngôn độc lập và trí tuệ lỗi lạc của Chủ tịch Hồ Chí Minh*[J]. Tạp chí Cộng sản. 2012.9.

[10] *Tuyên ngôn Độc lập năm 1945 - Giá trị lịch sử và ý nghĩa thời đại*[N]. TTXVN. 2015.9.2.

汉韩零声母历史演进中的变异

赵天翔[①]

The historic developments of 'Zero Initial' in Chinese and Sino-Korean

【摘　要】 汉语和韩国语虽不为同语系下的亲属语言，却因为古代朝鲜半岛诸政权历史上长期、频繁、深入的文化交流，积极融入汉字文化圈的举措使中国文化和语言文字在其民族发展历程中层层积淀而成为朝鲜民族文化的重要载体，在语音和词汇方面更是因其大量的具有韩国语发音特征的"汉字词"吸引了大量中外学者，特别是中日韩学者的关注。本文以现代汉语中存在的"零声母"为切入点，结合词汇扩散和生成音系等理论基底，历时地考察汉语和韩国语（汉字音）零声母及演化为零声母的部分声母发音嬗变，试图厘清汉韩零声母的发展脉络和音值分布，以期对作为外国语言的韩国语的教学提供历史脉络和实践案例。

【关键词】 零声母　韩汉音　音变　生成音系　底层

Abstract: Not as relative languages in a same language family, by the use of frequently and closely communications between central dynasties of ancient China and Korean peninsula, Chinese and Sino-Korean got many common features in literature, education and characters. Especially in pronunciation of Chinese character and loanwords from Chinese, due to pronunciation rule set of Korean, there are so many differences between underlying representations and surface representations in phonology. 'Zero Initial' in Modern Chinese (Putonghua) and Korean is an aspect to observe the various evolution routes, also can take advantage in Korean pronunciation teaching for Chinese students.

Keyword: Zero Initial; Sino-Korean pronunciation; sound change; Generative phonology; underlying representations

---

[①] 赵天翔，信息工程大学洛阳校区亚非语言文学朝鲜语言学方向硕士（在读），研究方向：中韩音韵对比、中韩文化交流史。

关于何谓"零声母",各家各派从传统音韵学声、韵、调以及现代音位学等多个角度做出了解释。赵元任先生曾说,传统的中国音韵学认为声母作为音节的开头,一般是一个辅音,少数音节开头没有辅音,我们说它们的声母是零(或零声母,用Ø表示)。李兆同(1985:25)根据当时《现代汉语词典》统计其音节总数为1327个,其中辅音声母开头的有1193个,不用辅音声母开头的音节有134个,约占总数的10%。汉语拼音方案中规定辅音声母21个,由此可见零声母作为一类特殊的"声母"在声母体系中是占有可观的比例的。在韩国语中大量的汉字音保留着部分中古汉语各层次的发音特点,也根据韩国语的音系特征发生了具有特色的改变。由于韩国当局语言规范机关在拼写规范中遵循头音原则[1],汉字词词头为Ø的现象更为普遍。因此,泛时性地考察汉语音和韩国语汉字音[2]合流与分化在汉语音韵和韩汉音教学等诸多方面存在巨大需求。

而有关现代汉语普通话中零声母的本质,即如何认定零声母的地位,有不承认零声母是声母、承认零声母是一种"虚位"声母、回避等不同的观点。考虑到现代普通话零声母类在古代汉语中呈现着较为多样的分布形式,在无论是古代还是现代韩国语中都表现出不同的形式,本文将现代零声母类字所体现的音节开头无辅音声母的现象统称为"零声母现象"。

朝鲜半岛自古与中原文明交流密切,礼仪文物、典章学问无不受到中华文化的浸润。当前的中韩两国作为东北亚地区的重要行为体,在经贸、安全、文化等多领域开展着不同层次的合作与竞争。韩国语学习者(包括高等教育和社会教育)数量也在逐年增加、热度不减,深入了解汉韩语音差异及成因能够方便汉语为母语的韩国语学习者掌握发音规律和特征、激发研究语言文化的兴趣,以加深对中韩文化发展和交流史的理解。

一、现代汉语零声母字在古代的分布与演变

自古就存在不以辅音声母开头的零声母现象。王力先生在《汉语语音史》中指出:先秦音系声母中的影母是零声母,记作喉塞音[ʔ],包括了半元音[j][w][o]等变体;南北朝至五代,喻母逐渐变为零声母,记作半元音[j][w];宋代喉塞音消失,影母并入喻母,记作半元音[j][w];元代以后,零声母字

---

[1] 即按照阿尔泰语系流音、鼻音不能出现在词头位置的语音规律,韩国语汉字词头音为[l]、[r]、[n]的按照规定脱落或腭化,但实际上不影响该字在非词头位置的发音。

[2] 下文为了行文方便,统一使用"韩汉音"指称。

大量增加，除影、喻二母外，疑母大部分也变为零声母，记作［j］、［w］，"微"母变为唇齿浊擦音，接近零声母，记作［v］；明清以后，部分日母字"儿、而、耳、尔、二、贰"等也转入影母。古汉语零声母字的数量随时代发展不断增加，反映了汉语声母是朝着归并简化的方向发展的。即现代的零声母字主要来源于古代汉语中的影母、喻母、疑母以及从明母中分化出的微母字。

众所周知，《广韵》中记录的上述声母尚未发生合并和消减，除影母外，疑、以（喻四）、明（微）都有能够区别意义的具体音值。而1241年南宋理宗淳佑元年编纂的《皇极经世解起数诀》中《韵谱》部分已经记录了影、喻、为相混的现象。(竺家宁，2005:3)

成书于1324年的《中原音韵》中，大部分疑母字都失去了原来位于音节开头的舌根鼻音［ŋ］，变为零声母，只有少数，例如"虐""疟"演化成［n］，其他都已变为零声母。

明代编纂的《洪武正韵》(1375)是一部古今南北杂糅的韵书（王力：1996）。《洪武正韵》中大量出现的"影喻互用"现象，可以证明影母所带有的喉塞音脱落，因而才与发音相近的喻母合并。《洪武正韵》是在重新建立汉人政权、宣示中华正朔的明朝开国之初组织编纂的，对比《中原音韵》来看有较为显著的"拟古"色彩。书中仍将疑母作为独立的一类声母，但已"为数无多"（竺家宁：2005），大部分已归并到了以类。以类主要包括中古为、喻母的全部以及疑母的大部分。当时不论哪一种方言，疑母字逐渐减少是不容否认的事实（应裕康：1970）。而此时轻唇音的微母仍是独立的。

1442年成书的《韵略易通》以《早梅诗》来代表当时官话的声母系统。这首诗为：

东风破早梅，向暖一枝开。

冰雪无人见，春从天上来。

韵书中将疑母字归并到包括喻母、影母、疑母的"一母"之中，一律变为零声母。而此时微母（即《易通》中的"无母"）尚与零声母有明显界线，并且与零声母开头的合口音节形成对立，故无母应读微唇齿浊擦音［v］。

万历年间编纂的《切韵枢纽》(1582)之中微母合并入喻母内。1587年的《书文音义便考私编》中影、喻完全合流。

永 莹 中古于类 切韵枢纽中归影母

恶 耍 中古影母 切韵枢纽中归影母

吕坤编交泰韵(1603)中影、疑、云（喻三）、以（喻四）母已经合并成一个零声母，[①]如：

    影喻合流　　一东　雍（影）勇（喻）

    影为合流　　六先　渊（影）远（为）

    影疑合流　　三文　温（影）稳（影）

    喻为合流　　三文　运（为）幸（喻）

    喻疑合流　　六先　延（喻）曳（疑）

    影喻疑合流　二真　淫（喻）饮（影）逆（疑）

  由此可观察到影、喻、疑三母相混已逐渐走向普遍化。而成书于两年之后的《韵表》疑母已完全混入喻母。

  李新魁（1983）将《韵法直图》（1612）归为体现明清读书音的等韵图一类，其中疑母来自《洪武正韵》"五母"的部分，就是中古的疑母。而来自《洪武正韵》以母的部分，等于中古的疑、喻（包括喻三，即于类）二母。尽管疑、喻合流的数目不多，但在《韵法直图》中已开始合流，可以以此推测疑母已经逐渐向零声母方向发展。声母体系中疑母、影母、喻母、微母仍分别开列。将《直图》收录《字汇》的梅膺祚在序中指出："读须读汉音，若任乡语，便致差错。若首差一音，后皆因之而差，不可忽也。""早梅诗"时代体现出的浊音大规模清化现象在直图中仅出现崇、船合并，其余9个全浊声母均独立表示。具有一定的保守性，体现了它力图反映官方通用语、读书音的编制追求。

  直图中将唇齿合音安排在第27—30位，以对应三十六字母中的"非敷奉微"。京韵第29、30位皆为影母，而坚韵分别是影母和以母。假设这四位底层确实按照"非敷奉微"排列，27、28位已经清楚的体现出非敷相混的现象，29和30两位也应该有密切的关系。京、坚二韵的29位是影母字，它们的音值应该与影母相近。而29位在江、规等8韵中又主要是用小字标记的微母字，一定程度上体现了微母已趋于零声母化。

  《韵法横图》（1614）方面疑喻二母并未合并为零声母，疑喻二母的界限相当分明。但在和《洪武正韵》的对应中，于疑母部位可见大量疑喻合并现象。其差异基于几个原因：一是反映疑母由舌根鼻音转为零声母的阶段；此项音变初露端倪，正在进行中。部分字已变，另一部分字尚未发生变化。可以说这是方言地理学派

[①] 赵恩挺：《吕坤〈交泰韵〉研究》，中国台湾师范大学博士学位论文，1998年，转引自竺家宁：《12世纪至19世纪汉语声母的演化规律与方向》，《励耘学刊·语言卷》，2005年第12期：第1–23页。

"每个词都有它自己的历史"观点的印证，也可视为词汇扩散现象的生动阐释。

收录在《通雅》中的《切韵声原》最终成书于1650年，其中疑母、微母保持独立。疑母所收字主要来源于影、喻、疑。疑母已变为零声母。"张洪阳定二十字，李如真存影母，扩二十一字。"但"中土用二十字足矣。"声母分立的情况与"早梅诗"保持一致。轻唇音序列的非、敷、奉三母已合并为"夫"，微母下仅收18字，"微字之用最少，唯万物无文问味等字中原人多读深喉影母"，"晚"字与疑母字相混可视为浊擦音的微母已逐渐向半元音［w］、元音［u］方向转化。

康熙敕撰《音韵阐微》，始于康熙五十四年（1715），成书于雍正四年（1726），其中收录的疑、影、喻三母北音皆读零声母，南音则各不相同。

自称长白县人的都四德编著的《黄钟通韵》（1744）中，齿音下日母字，如"日""肉"等皆读为零声母字，由此得知辽宁一代方音中日母此时已发生脱落。朝鲜王朝时编纂的对译材料也印证了这一点，同时现代汉韩音中日母字也读做零声母。

现代汉语中存在的零声母自先秦时代就以音位变体的形式存在，中古时期缓慢发展，到元明时期逐渐固定下来。其中各类声母进入零声母的时间互有参差，喻三早在唐代开始变为零声母，喻四在宋代以后普遍进入零声母之中，疑母的音变大多发生在明代以后，微母则是明代后期其浊声性质逐渐淡化，从而转为零声母。

二、韩汉音对应字零声母的保留和新增

本文所考察的韩汉音零声母是指韩国语汉字词发音中头音为ㅇ（이응）即Ø的语音现象，其嬗变过程主要参考朝鲜古代吏读材料、朝鲜韵书以及针对上述资料的相关研究成果，包括李得春、金基石、权仁瀚、申佑先、尉迟治平、蔡瑛纯、宋兆祥等在内的中韩学者先行研究成果。

宋兆祥（2008:72）根据日本在朝鲜半岛的殖民统治机构——朝鲜总督府下设的中枢院搜集朝鲜吏读、乡歌等古代语言材料编纂而成的《吏读集成》，对吏读的历时分布进行了统计研究。据宋兆祥（2008）总结，中古吏读音无疑母对应字，疑母［ŋ］系类推所得，亦无晓母字。影母为喉塞音，中古云母作零声母（从匣母中分化出来，与以母合流进入喻母）。疑母吏读音作零声母，其音值应为舌根鼻音［ŋ］，但受到朝鲜语中舌根鼻音不能出现在词头的限制，因此变成零声母Ø。从上古到中古，吏读读音中的影母由小舌音［*q］变为喉塞音［ʔ］。

	制字之始	不送气音	送气音
牙	(ㅇ [ŋ])	ㄱ [k]	ㅋ [kʰ]
舌	ㄴ [n]	ㄷ [t]	ㅌ [tʰ]
唇	ㅁ [m]	ㅂ [p]	ㅍ [pʰ]
齿	ㅅ [s]	ㅈ [ts]	ㅊ [tsʰ]
喉	ㅇ (Ø)	ㆆ [ʔ]	ㅎ [h]

汉语的影、喻、疑、微母字的发音位置分别是喉、牙和唇，韩汉音中也按照此分布进行对应。按照《训民正音》的原理和《东国正韵》的表音方法，可以确认影母ㆆ、喻母ㅇ、疑母ㆁ、微母ㅱ的对音关系。韩国语音系底层并没有影母 [ʔ]，ㆆ的创制完全是为了拼读汉语语音需要，最终也避免不了同化的命运。《训民正音》合字解部分指出，"ㆆㅇ相似，于谚可以通用也"，可知在15世纪中叶前韩汉音影母字和喻母字或已丧失差别，且除东国正韵式注音外只是用ㅇ而不用ㆆ。但在标记汉语辅音韵尾 [t̚] 时采用"以影补来"的方式补偿促声效果，也体现了其带有喉部紧缩的语音特色遗留。

"唯牙之ㆁ，虽舌根闭喉，声气出鼻，而其声与ㅇ相似，故韵书疑与喻多相混用，今亦取象于喉，而不为牙音制字之始。"在创制《训民正音》时因"其声最不厉"，而选用ㄴ [n]、ㅁ [m]、ㅅ [s]、ㅇ (Ø)作为"制字之始"（具有显著的[+cons][+cont]特征即"最不厉"，对应舌、唇、齿、喉音中最弱、最初始的发音，通过增加笔画的方式创生其他字母），空缺了牙音的初始位置，以喉音ㅇ为基础创制出属于牙音ㆁ。这一现象也与元以来口语音的影、喻、疑相混的语言实际相匹配，再次印证它们听感上的差异逐渐消失。

申祐先（2015：295）对疑母字读音在韩汉音中的发展也提出了有意义的假设。他以疑母字"鱼"和鱼类词汇为例，将붕어（鲋鱼）、잉어（鲤鱼）首字的鼻韵尾解释成疑母前移到上一音节作鼻音韵尾的现象。

《切韵》时代重唇、轻唇尚未分化，到晚唐时合口三等字变为唇齿擦音（即轻唇），其余仍读双唇音（即重唇），形成帮滂并明、非敷奉微的对立。而韩国语中没有轻重唇的对立。正如《训民正音》序中所述，"国之语音，异乎中国"编制朝鲜民族文字的学者们注意到两国口语的这一差异，创造了初声[①]的"连书"规则，将喉音ㅇ写在重唇音下作为轻唇音，即创造ㅸㆄㅹㅱ四个字母来对应非敷

---

① 依照《训民正音》体例，朝鲜语音节被划分为"初声""中声"和"终声"三部分，"初中终三声合而成字"。在标记汉字音时对应声母（包括零声母）、韵头韵腹和韵尾。

奉微。李得春（1979：80）已阐明"微母"放置在流、效二摄字的韵尾位置时并不同于其他辅音韵尾，在《训民正音》中代表着韵腹，而在注音教科书中则代表韵腹后的元音韵尾。金基石（2000：34）则凭借ㅱ既可以出现在词首辅音位置，又可出现在韵尾位置，推测ㅱ具有一定的元音性，并指出从《洪武正韵译训》（1455）到《四声通解》（1517）是韩汉音中微母逐渐演变为零声母的过渡期。

朝鲜对音文献虽体现着微母元音化、零声母化的趋势，但随着"连书"系列字母的弃用，"连书"系列字母中除"ㅸ"曾经用于谓词的不规则活用，其他都只用于标记汉字音，在实际语言应用过程中不免走向衰弱。相应的汉字音也向韩国语异于汉语的发音习惯妥协，保留下全部发作重唇的明、微二母，形成韩汉音具有自身特色的音系分布。即：

微母再重唇化［LABIALDENTAL］→［BILABIAL］/(##)_VC$_0$

由上文我们可以得知，在元代《中原音韵》时代，口语中已经出现大面积的零声母化倾向，自然存在疑母字直接以零声母化后的读音形式进入韩汉音体系的可能。系统性的差异主要体现在来、日二母的读音上。

语音随时代发展发生众多变化，所谓"正音"和"俗音"的关系也不是一成不变的。自《四声通考》编纂以来，正音已不等同于传统韵书中的洪武正韵式的记音，而是体现出当代语音变化前的现实音体系，俗音则跟踪着变化之后的现实音体系。根据词汇扩散理论的阐释，音变最初是以突变形式触发，而音变结果渐变扩散到整个词汇体系中，因而正俗音关系发生俗音滚动成为新的正音，新的俗音随着扩散再次替代从俗音演变而来的正音。《变异》中除表现大量见系字分化现象之外，还明显地体现出日母字的零声母化。（李得春：2000）18世纪刊行的《朴通事新释谚解》中便体现出零声母化的倾向，其收录日母字28个，变为零声母字的达6个，例如"肉""然"字等。1779年成书的《汉清文鉴》以清廷编纂的《御制增订清文鉴》（1771）为蓝本，收录的50个日母字已有6个变为零声母。《重刊老乞大谚解》（1795）收录的20个日母字有8个日母脱落变为零声母。到了百年之后的《变异》中除"芮"字俗音变为来母外，其余均变为零声母。

明清两代，朝鲜使臣来华朝贡路线主要集中在经过辽宁、河北、山东和江苏四省，自然受到东北官话、北方官话、胶辽官话、中原官话、江淮官话等不同方言的影响。而部分朝鲜译音展现出了异于以北京音为代表的北方官话的特点，其中一项便是日母的零声母化。综合蔡瑛纯（1999：88）对朝鲜使臣来华路线和方言差异的分析，我们可以推测，分布在辽宁省的东北官话长锦小片、通溪小片以及胶辽官话大部与朝鲜地理上接近，且为海陆朝贡必经之地，朝鲜汉音译写中出现零声母的不规则分布可能受此方言区特色的影响。

不考虑词库的影响（如在合成词中分布位置和约定俗成的特殊发音等）相关规则书写如下：

$$日母整体脱落\ ȵ(z_{\iota})\rightarrow Ø/(\#\#)\_VC_0$$
$$泥、来母脱落\ n,l\rightarrow Ø/\#\#\_V[+high][+front]C_0$$
$$来母鼻化\ l\rightarrow n/\#\#\_V[-high][-front]C_0$$

反映中原王朝发音自然是韩汉音变化的指针，但由于流入途径繁多、字形谐声复杂、文化水平差异、方言因素影响等，韩汉音出现许多例外发音，其中最常见的原因就是类推。类推是指某字受到字形相近或含义相近的另一字影响而改变原有音读的现象，也包含某字习惯被用作另一字的异体形式而增生异读的情况。

三、总结：现代普通话和韩汉音中的零声母分布样相

来源于唐守温和尚三十六字母中的影、喻、疑、微四母区别意义消失，逐渐合成一类零声母，相对中古汉语声母序列所占比例较大，成为现代汉语中不可忽视的一大特点。它们的变化过程被记录在各类韵书（图）中，展现出一幅生动的词汇扩散动态图景，反映出汉语语音不断归并、简化的趋势。而作为汉语的"邻居"，韩国语中的汉字音即"韩汉音"中对应字的音变规律既有相同也有差异。

现代汉语中零声母字的主体是原来影、喻、疑、微母字，现代韩汉音中影喻疑三母与现代汉语类似，但微母、来日泥娘系列字有着与汉语不同的变化。为了表现出中古汉语自晚唐以后分化出的轻唇音，《训民正音》中曾有"连书"的设计，但毕竟韩国语底层音系中不存在轻重唇的对立，这种生疏的发音随着民族文字和文学的发展逐渐为韩国语母语者所弃，因此曾体现出的零声母倾向也随之消失。日母则受到辽东方言的影响独自率先完成了零声母化。

也因为韩国语固有音系的变化，在韩文创制之初存在大量位于词首位置的[n]，包括固有词在内（如녀름[niʌrɯm]）在口语中时常受到后接高元音[i]的影响腭化甚至脱落，对应到韩汉音里的泥娘类字也处于一种混乱的标记状态中，在发音上逐渐倾向脱落变为零声母。来母也存在着标记上的混乱，《法华经谚解》《训民正音解例本》《训蒙字会》等文献中均出现未脱落的标记形态，这样的并存标音的情况一直持续到近代。在韩国建国后制定的《韩文表记法》中明确规定坚持"头音原则"，造成了大量泥来母字出现在词头时零声母化的现象，导

致同一汉字不同位置标记形态存在差异的羡余（redundancy）现象，[①]同时也为韩国语学习者带来一定程度的不便。

汉语普通话和韩汉音零声母的相同来源和特殊分布如下表：

	共同来源	特殊分布
汉语普通话	影、喻、疑	微（重唇音轻唇化后零声母化）
韩汉音		头音原则

韩汉音作为一种域外语言的发音体系，在历史上受到不同时期汉语语音的影响，并在韩国语底层音系的影响下发生了异于中国官话系统的音变。不论学习韩国语的中国学生来自赣方言区、湘方言区、吴方言区、闽方言区，还是粤方言区，亦或是广义的北方方言区，总能在韩国语汉字词习得过程中感受到与家乡方言的相近的发音或语感。因此，在教学中巧妙地利用明了的生成音系学和汉语音韵学基础知识对学生加以引导，将对学生科学认识韩汉音体系和汉语与韩国语关系提供有益帮助，从而进一步深化学生对韩国语语音特征和中韩文化交流史的理解也将成为一项重要课题。

参考文献

[1] 王力. 汉语语音史[M]. 北京：商务印书馆，1985.
[2] 王力. 汉语音韵[M]. 济南：山东教育出版社，1986.
[3] 徐通锵. 历史语言学[M]. 北京：商务印书馆，1991.
[4] 唐作藩. 音韵学教程[M]. 北京：北京大学出版社，2002.
[5] [韩]姜信沆. 汉韩音韵史研究[M]. 首尔：太学社，2003.
[6] 安炳浩. 韩语发展史[M]. 北京：北京大学出版社，2009.
[7] [韩]郑荣芝.《韵法横图》与《韵法直图》研究[D]. 中山大学博士学位论文. 1999.
[8] 张小英.《切韵声原》研究[D]. 山东师范大学硕士学位论文. 2002.
[9] [韩]李准焕. 近代国语汉字音的体系与变化[D]. 成均馆大学硕士学位论文. 2007.
[10] [韩]尹佑晋. 韩国釜山华侨的荣成方言与中国荣成本土方言的语音比较研究

---

① 详情参见《韩文拼写法》（2017版）第5节"头音法则"的第10、11、12项，包括10条补充规则和3类例外情况。

[D].山东大学博士学位论文.2007.

[11]宋兆祥.中上古汉朝语研究[D].华中科技大学博士学位论文.2008.

[12]丁文艳.《韵法直图》音系研究[D].苏州大学硕士学位论文.2009.

[13]卢红红.《韵法横图》音系研究[D].苏州大学硕士学位论文.2009.

[14]卢慧静.语言接触与语言层次研究[D].北京大学博士学位论文.2013.

[15][韩]申佑先.韩国汉字音历史层次考察[D].中国台湾大学博士学位论文.2015.

[16]李得春."ㅁ"终声考[J].延边大学学报,1979,(2).

[17]胡先泽.影母考[J].社会科学研究,1983,(2).

[18]李兆同.关于普通话零声母的分析问题[J].语文研究,1985,(1).

[19]尉迟治平.老乞大、朴通事谚解汉字音的语音基础[J].语言研究,1990,(1).

[20]李得春.老乞大朴通事谚解朝鲜文注音[J].延边大学学报(社会科学版),1992,(1).

[21]潘悟云.喉音考[J].民族语文,1997,(5).

[22][韩]蔡瑛纯.试论朝鲜朝的对译汉音与中国官话方言之关系[J].语言研究,1999,(1).

[23]金基石.朝鲜对音文献中的微母字[J].语言研究,2000,(2).

[24]朱英月.韩国语汉字音声母与普通话声母的比较[J].汉语学习,2000,(2).

[25]汤幼梅.现代汉语零声母的本质特性及理论定位[J].华南师范大学学报(社会科学版),2003,(2).

[26]竺家宁.12世纪至19世纪汉语声母的演化规律与方向[J].励耘学刊·语言卷2005,(2).

汉缅宾语成分的比较研究

马思妍[①]

The Comparative Study on Objects between Chinese and Myanmar language

【摘　要】缅甸语是汉藏语系中一种重要的语言，与汉语同源，而宾语是句子里的连带成分，是指动作或者行为支配、涉及的对象（人或事物），它是句子的主要成分之一，所以要研究两种语言的语法异同，对宾语的研究是必不可少的。本文主要采用对比语言学的方法将汉语和缅甸语中的宾语成分的构成、类型以及用法等特点进行比较，得出两种同是汉藏语系语言的语法中，宾语成分用法的共性特征和个性特征；并从两国历史往来看两种语言的联系和变迁，从而说明汉语和缅甸语的比较研究，对研究语言的谱系以及语言的历史，甚至是人类的历史，都具有重大的意义。

【关键词】汉语　缅甸语　宾语　比较研究

Abstract: Myanmar language is one of the important languages in Sino-Tibetan Family, which contains Chinese. Objects are the grammatical parts connected with verbs, and they play significant roles in sentences. So the research on grammar wouldn't be perfect without studying objects. This paper compares Chinese with Myanmar language on the structure, the form and the usage of objects by the way of comparative linguistics. The similarities and the differences between the two languages are revealed by the comparison. After seeing the relation and transform of the two languages from the historical perspective, the paper argues that the comparative study of Chinese and Myanmar language has a great significance to the research of languages' ancestry, history of languages, even history of humanity.

Key words: Chinese; Myanmar language; objects; comparison

---

① 马思妍，云南大学外国语学院亚非语言文学硕士（在读），主要研究领域：缅甸语言文学和文化。

缅甸语是缅甸的官方语言，属汉藏语系藏缅语族缅语支。国内对缅甸语的研究可以追溯到明代。明朝永乐五年（1407）朝廷设立"四夷馆"，专门翻译边疆少数民族及邻国语言文字，设有蒙古、女直、西番、西天、回回、百夷、高昌、缅甸八馆，后增八百、暹罗二馆。[①]

缅文有近千年的历史，研究缅语不仅可以了解缅语乃至缅甸的历史发展，并且可以为汉语等亲属语言的研究提供参考和借鉴。那么，如果将汉语和缅甸语进行比较研究，分析两者的共性特征和个性特征，除了可以完善缅甸语语法理论，并有助于缅语学习者和研究者构造系统全面的语言框架外，还可以洞察两个民族的历史联系和相互影响。

一、汉缅语比较研究回顾

近年来中国各高校相继开设了缅语专业，缅甸语和其亲属语言的比较研究也取得了一定的成果。汪大年教授的《缅甸语与汉藏语系比较研究》（2008）分别在语音、词汇、词法、方言和文字等方面将缅甸语与汉藏语系语言作共时和历时的比较研究，之后又编著了《缅甸语汉语比较研究》（2012），针对缅甸语和汉语的比较进行了更全面的概括和更深入的剖析，书中第八章对缅汉同源词进行比对和构拟，对于汉藏语比较研究来说具有非常重大的意义和研究价值。

更早的还有丁椿寿的《汉彝缅语比较研究》（1991），作者主要是从语音、词汇、语法三个方面系统地对汉、彝、缅三种语言进行比较，而此书的特别之处在于通过地理关系、历史关系等来进行语言研究，并得出结论：彝语所处的地理位置在汉语和缅语区域之间，由此研究彝语可以看出三者关系。

黄树先《汉缅语比较研究》（2003）运用历史比较语言学的理论和方法对古代汉语和书面缅文进行比较，书中第四章是本书精华之处，作者找出654对缅汉同源词，对汉缅语的韵母进行了比较，作为其他部分章节观点的论证和材料支持，书后也另附有《汉缅语韵母对应简表》，更为直观、简明了当。缺陷在于这六百多对关系词当中可能包括二者的接触词，但是书中并没有将它们分类成同源词和借词两类来分别研究，对此作者也曾在书中提出。

相比著作而言，研究缅语的论文涉及面要广泛一些，汉缅语比较方面的文章主要有黄树先的《汉语缅语的形态比较》（2003），此外，随着学科的发展，近几年相关的硕士论文也越来越多，能够对缅甸语研究者、学者们提供极具参考价值

---

① 岳麻腊：《缅甸语研究综述》，《南开语言学刊》，2008年第2期，第154页。

的资料。如余金贤《汉缅拟声词对比研究》(2015)、吴爱菁《缅汉量词比较研究》(2011)、克自雄《现代汉缅语亲属称谓比较研究》(2012)、王青华《现代汉语缅甸语形容词重叠式比较研究》(2012)、杨汉鹏《缅汉比较句对比研究》(2016)等等。

但是，笔者并没有找到专门论述汉缅宾语比较的文献，仅有一些论文涉及此研究，比如云南大学缅甸留学生汪文婷的硕士论文《缅汉语述宾结构对比分析》。但是她主要讨论的是述宾结构这个整体，并没有采用更有利于对比研究的单独分析汉语的宾语成分，再参照汉语的分类来研究缅语的方法。所以，笔者将宾语成分的使用提炼出来深入讨论，更加简练地总结宾语分类以及两种语言的共性特征和个性特征，并延伸出关于汉缅比较研究的一些思考。

二、汉语中的宾语成分

（一）宾语的构成

1. 名词作宾语。

例如：他正在慢悠悠地吃饭。（"饭"是名词，是这个句子中的宾语。）

2. 代词作宾语。

例如：老师在班上表扬了他。（"他"是代词，是这个句子中的宾语。）

3. 各种基本短语、的字短语、同位语短语等均能充当宾语。

例如：这次晚会的圆满举办多亏了老师和同学们。（"老师和同学们"是联合短语，是这个句子中的宾语。）

他是送快递的。（"送快递的"是的字短语、充当这个句子的宾语。）

小李能够找回在会场丢失的手机多亏了会议主持者张扬。（"会议主持者张扬"是同位语短语，充当这个句子的宾语。）

4. 数量词作宾语。

两地之间的路程有25公里。（"25公里"为数量词，充当这个句子里的宾语。）

5. 动宾短语、主谓短语或者是句子作宾语。

我以为他在看书。（"他在看书"是主谓短语，也可成立为一个句子，在这里充当句子宾语。）

但是，除了这几条规则外，汉语中还是存在特殊情况的，这里要特别说明两种情况。

第一，有的动词后面要带非名词性的宾语，如"给予、禁止、打算、希望、严禁、加以"等动词。这时候，动词、动词性偏正短语或形容词等可以作宾语。①

例如：对于没有完成作业的同学要给予批评。

第二，有的动词后面既可以跟名词性宾语，也可以跟动词性宾语。如"喜欢、爱、怕、敢、批准、同意"等等。②

如：张娟娟爱唱歌。("唱歌"是动词，在这里充当句子的宾语。)

我喜欢红色的水杯。("水杯"是名词，在这里充当句子的宾语。)

(二) **宾语的类型**

1. 受事宾语：宾语成分为动作行为的承受者，而动作的发出者为主语。这种是最常见的宾语情况。如：

那个小孩儿正在池塘边玩水。("水"是动作"玩"的承受者，所以为句子的受事宾语。)

2. 施事宾语：宾语是动作行为的发出者，而动作的承受者为主语或其他。这种句型不是很常见。如：

水里游着四条鱼。("四条鱼"是句子的宾语，但是它才是动作"游"的发出者。)

3. 中性宾语：周建设的《现代汉语》中，将与动词不存在施事或受事关系的宾语归为一类，统称为中性宾语。③

(1) 判断宾语

中国共产党是中国工人阶级的先锋队。(什么是什么，属于一个判断句，所以"中国工人阶级的先锋队"是判断宾语。)

(2) 处所宾语

他去了上海。("上海"是"他"去的处所，所以为处所宾语。)

(3) 存现宾语

山上有座庙。(哪里有什么，表示存现关系，所以"庙"是存现宾语。)

(4) 工具宾语

他在扇扇子。("扇子"是动作"扇"凭借的工具，所以为工具宾语。)

他在看显微镜。("显微镜"是动作"看"凭借的工具，所以为工具宾语。)

---

① 周建设:《现代汉语》，北京：人民教育出版社，2001年，第295页。
② 周建设:《现代汉语》，北京：人民教育出版社，2001年，第296页。
③ 周建设:《现代汉语》，北京：人民教育出版社，2001年，第297页。

（5）其他类型

他女朋友姓王。

他俩在比高。

西瓜买了六个。

4. 双宾语

我把礼物送给了老师。（"礼物"是直接宾语，"老师"是间接宾语。）

三、缅甸语中的宾语成分

（一）宾语的构成

缅甸语的语序为"主——宾——谓"，宾语在谓语前面，且紧挨着谓语，但是有时为了起到强调宾语的作用，从而提前到主语前面远离谓语。在缅甸语中，宾语的类型大致有以下几种：

1. 名词作宾语。

ဒီနေ့ ပြည့်စုံဖွယ်လို့တဲ့.အစားအစာ ကို စား.ခဲ့.တယ်။

今天+丰盛的食物+宾语助词+吃（今天吃了一顿大餐。）

"一顿大餐"是名词，充当句子的宾语。

2. 代词作宾语。

သူ့ ကို မယုံတော့ဘူး။

他+宾语助词+不再相信（不再相信他了。）

"他"是代词，充当句子的宾语。

3. 数量词作宾语。

တစ်ခေါက် သွားလိုက်ပါ။

一趟+走（跟我走一趟吧。）

"一趟"是数量词，充当句子的宾语。

4. 名词化了的动词、形容词、主谓结构词组或宾动结构词组等作宾语。

သူ့အဖေက သတင်းစာဖတ်တာ ပါ။

他的父亲+正在读报纸的那个+判断助词（他爸爸是在看报纸的那个。）

"在看报纸的那个"是宾动结构词组，充当句子的宾语。

5. 句子作宾语。

သူအိမ်ပြန်ခဲ့.ပြီ ကို ကျွန်မ မသိဘူး။

他已经回家+宾语助词+我+不知道（我不知道他已经回家了。）

"他已经回家了"是句子，充当整个句子的宾语。

（二）宾语的类型

汪大年编写的《缅甸语概论》一书中，将缅甸语宾语大概分成三类，分别是：宾语是动作行为的对象；宾语是动作行为的结果；宾语是动作行为所凭借的工具。[①]但是他的这种分类概括性很强，对一些其他的情况并没有详细说明。为了便于和汉语进行比较，笔者参照上文中对汉语宾语的研究，对缅语的分类归纳如下：

1. 受事宾语

လယ်ယာထဲမှာ လယ်သမားဦးကြီးက ကောက်စိုက်နေပါတယ်။

在地里+农民伯伯+正在插秧（农民伯伯在地里插秧。）

2. 判断宾语

ဒီနှစ်မှာ တရုတ်ပြည်ကို လယ်ပတ်ကြည့်ရှုတဲ့ မြန်မာကိုယ်စားလှယ်က

今年+中国+访问的缅甸代表

ဒေါ်အောင်ဆန်းစုကြည် ပါ။

昂山素季+判断助词（今年代表缅甸访问中国的是昂山素季。）

这句是判断句，所以"昂山素季"为判断宾语。

3. 处所宾语

ရန်ကုန်သို့ကို သူ့တစ်အိမ်သားလုံး သွားရမယ်။

仰光+他们全家+要去（他们全家要去仰光。）

"仰光"是他们要去的处所，所以为处所宾语。

4. 工具宾语

သူ ယပ်တောင် ခပ်တယ်။

他+扇子+扇（他在扇扇子。）

"扇子"是动作"扇"凭借的工具，所以为工具宾语。

5. 存现宾语

တောင်ပေါ်မှာ ဘုန်းကြီးကျောင်း ရှိစ်တယ်။

山上+寺庙+有（山上有座庙。）

这句表示存现状态，所以"庙"是存现宾语。

6. 双宾语

ဆရာက ကျွန်မတို့ ကို ပညာ သင်ပြပေးခဲ့တယ်။

---

① 汪大年：《缅甸语概论》，北京：北京大学出版社，1997年，第374页。

老师+我们+宾语助词+知识+教授（老师教给我们知识。）

这句属于双宾语句型，"我们"是间接宾语，"知识"是直接宾语。

（三）缅甸语宾语的特点

1. 单宾语情况

缅甸语中有宾语助词"ကို"，一般情况可以省略。但是，因为缅甸语中只要保持谓语在句末，其他成分语序都可以进行变换，所以在句型较复杂、涉及对象较多的句子中，或者是在语义容易产生歧义的句子中就必须要有宾语助词"ကို"进行标记，如：

မောင်ကျော်ဦး မမင် ကို ရိုက်လိုက်တယ်။

貌觉吴+玛敏+宾语助词+打了（貌觉吴打了玛敏。）

如果没有宾语助词"ကို"，那么这句里面就无法判断谁是主语谁是宾语，是貌觉吴打了玛敏，还是玛敏打了貌觉吴。

在涉及方向问题时，必须要用"သို့""ဆီ"等标记词才能分清楚方向。如：

သူ မြန်မာပြည်က တရုတ်ပြည် သို့ လာတာပါ။

他+从缅甸+中国+表方向的宾语助词+来到（他从缅甸来到中国。）

2. 双宾语情况

主语发出的动作涉及两个相关的事物，所以句子中就出现了两个宾语的情况，这种情况叫做双宾语结构。而双宾语情况中，往往是一个宾语指人或人组成的集体、单位等，另一个宾语指事物，那么指人的宾语为间接宾语，指事物的为直接宾语。遇到这种情况，如果是书面体则直接宾语后面跟宾语助词"ကို"，间接宾语后面则跟宾语助词"အား"，转换为口语体之后，则间接宾语后面跟宾语助词"ကို"，直接宾语后面的宾语助词则省略，且省略后直接宾语要紧跟在谓语前面。如上面提到的例子：

ဆရာက ကျွန်မတို့ ကို ပညာ သင်ပြပေး ခဲ့ တယ်။

老师+我们+宾语助词+知识+教授+表示过去时的标记词+句尾助词

（老师教给了我们知识。）

这句正是把直接宾语"ပညာ"（知识）的宾语助词"ကို"省略了，把间接宾语的宾语助词"အား"转换为"ကို"。如果按照书面体来，完整的说法应该是：

ဆရာ သည် ပညာ ကို ကျွန်မတို့ အား သင်ပြပေး ခဲ့ သည်။

老师+主语助词+知识+直接宾语助词+我们+间接宾语助词+教授给+表示过去时的标记词+句尾助词

四、汉语与缅甸语的比较

经过以上的对比得出，两种语言的共性特征有：

1. 构成材料中名词、代词、数量词、词组、句子都可以充当两者的宾语成分。
2. 宾语类型中都有受事宾语、判断宾语、处所宾语、工具宾语和双宾语的情况。
3. 两者都可以有"去游泳"这种连带动词的说法。

两种语言的个性特征有：

1. 缅语语序为"主语——宾语——谓语"或"宾语——主语——谓语"，缅甸语中有宾语助词，所以宾语易识别；汉语的语序为"主语——谓语——宾语"，且无宾语助词，宾语是靠语义来体现。
2. 因为缅甸语有宾语助词，所以句子的主语和宾语顺序可以改变，只要谓语保持在句末；而汉语则不可以随便改变主语和宾语的语序，否则句子的意思就随之而变。
3. 虽然汉语的主语和宾语语序不能改变，但是汉语中有主动句和被动句之分，若要改变语序，可通过这两种句型来实现，例如：

主动句：小米吃了昨天剩下的那个蛋糕。

或：小米把昨天剩下的那个蛋糕吃了。

被动句：昨天剩下的那个蛋糕被小米吃了。

缅甸语中有宾语助词，语序可以进行变换，而语义都不会改变，所以就没有被动句和主动句之分。

4. 汉语中存在施事宾语，例：这间屋子能住三个人。"三个人"是句子中的宾语，但是实际上，从句义上来说，"三个人"才是谓语动作"住"的发出者，所以属于施事宾语。

而缅甸语中没有这样的说法，在缅甸语中，施事成分与主语相对应，施事不具有受事性，不能作宾语。上面那个例子只能这样表达：

ဒီအခန်းထဲမှာ လူ(၃)ယောက် နေရယ်။

这间屋子里+三个人+能住。(这间屋子里能住三个人。)

这个句子中，三个人就变成了主语，屋子是地点状语，而不能理解为汉语里的语法情况。所以缅甸语中没有施事宾语。

5. 汉语中有的谓语后面可以带非名词性宾语，但是在缅甸语中不能这样用，除非把动词名词化以后才可以。例：我正打算去吃饭。这个句子中，"打算"是动词，"去吃饭"也是动词，但是在缅甸语中，"去吃饭"就要被名词化以后才能放在谓语动词后面。

ကျွန်မ ထမင်းသွားစား ဖို့. စိတ်ကူးနေတယ်။

我+去吃饭+表目的的名化虚词+正打算（我正打算去吃饭。）

这句中的"去吃饭"要用"zı"这个虚词名词化以后才能和"打算"这个动词连用。同样地，上文中提到的"害怕、敢"等等汉语谓语动词后面可跟名词或动词，但是在缅甸语中还是得把动词名词化以后才能连用。

6. 在上文中提到，缅甸语汉语都有工具宾语这种类型的宾语，但是在缅甸语中有的地方应将工具转换为方式状语，并伴随有介词。

例：汉：班长在看望远镜。（汉语中"望远镜"正是宾语）

缅：အတန်းမှူး အဝေးကြည့်မှန်ပြောင်း နဲ. ကြည့်နေတယ်။

班长+望远镜 +介词+正在看（班长在用望远镜看。）

缅甸语中，只能用介词"e."连在"望远镜"的后面表示方式，如果把介词省略就会产生歧义，句子的意思就变为了班长在看着望远镜这个物品，而不是用望远镜看远方。同样地，用汉语可以说，我写钢笔，但是缅语中只能说我用钢笔写字，用介词把钢笔变为一种工具或方式，而不是宾语。

7. 有的句子用缅甸语表达时，某个充当句子宾语的成分转换为汉语表达后，则变成了其他句子成分。

如：ကျွန်မ နှစ်ခေါက် ကြည့်ခဲ. ပြီ။

我+两遍+看了 + 句尾助词［意为：我看了两遍。"နှစ်ခေါက်（两遍）"充当宾语。］但是在汉语句子中，"两遍"不再是宾语，而是补语。

说明：其实谓语和宾语之间的关系是繁杂的，上面所说的情况不可能将全部类型都囊括，只是列举了比较常见的、特点鲜明的几种情况进行两种语言的比较。实际操作当中，只要你掌握基本语法，用心体会句子的意义，还是可以弄清楚各个成分以及它们之间的关系的。

五、从历史渊源看汉缅语比较

北京大学汪大年教授认为，从中国的西南部落史来看，缅甸族肯定是由中国黄土高原的氐羌族发展而来。到东汉时期，筰地分为白狼槃木和白狼楼薄两大部分。到晋与北周时，白狼又称为白兰、白兰羌。公元7世纪时，由于唐、吐蕃、南诏之间争战，一部分白兰族内迁，融入大唐；一部分被吐蕃并吞；另一部分则被迫继续向南迁徙,进入南诏,成为南诏军队的开路先锋,为南诏立下汗马之功。公元9世纪初(832),南诏摧毁了缅甸的骠国,故部分白兰族迁徙到了今缅甸地区。他的《缅甸语与汉藏语系比较研究》一书还对远古汉藏语诗歌《白狼歌》进行了解析,指出白狼语便是古缅语的前身。①

此外,历史上中缅两国往来甚是频繁。唐贞元十七年(801),骠国王雍羌由南诏王异牟寻引荐,派遣皇子舒难陀率乐队和舞蹈家来到唐朝献乐。中国诗人白居易还为此作了《骠国乐》这首诗。缅甸的第一个王朝蒲甘,也是东南亚的第一个王国,向宋朝纳贡了约一百年的时间,后因不愿向灭了北宋的忽必烈臣服而被元朝军队覆灭。明清时期,中国云南人民通过陆路大量进入缅甸北部,南部沿海的福建、广东人民则通过"海上丝绸之路"来到缅甸南部经商、定居,对中缅经济以及文化交流起到了促进作用。

16世纪中期,明朝开始衰败,统一了缅北的东吁王朝与之断断续续地打了七十来年的仗。直到1659年,明末皇帝朱由榔的流亡朝廷从铜壁关逃入缅甸并在皇都阿瓦城外落脚,后来,吴三桂大军越过缅北边境直逼阿瓦城捉拿永历帝,缅甸国王为求保境安民,送出朱由榔父子。乾隆年间,因为中缅之间耿马、孟连等地臣属之争,1765年,清朝发起对缅战争,双方损失惨重。之后双方议和,缅甸派使节朝贡清王朝,再度表示臣服。②第二次世界大战后,两国不论是政府层面的合作还是民间来往都更加频繁了。而双方的文化交流与融合,也使得缅甸语中出现了很多汉语借词,如现在缅甸语中的"包子""米线"等都和汉语近音且同义。

所以说,地理、历史等方面因素都影响着语言的发展,并且起着非常重要的作用,任何一种语言除了遵循自身发展规律而发展演变,还会受到地理上邻近语言的影响。③汉缅语本同源,这是学术界普遍承认的,但是随着历史的发展,人类的迁徙,以及政治、军事、经济、文化的互相接触与交融,使得现今缅汉语成为了两种不同的语言,但是不可否认的是,它们之间包括语法在内的很多方面仍有许多相似点。

正如孙宏开先生评价黄树先的《汉缅语比较研究》所说,他的著作"虽然讨论的是汉语和缅甸语的发生学关系,但作者已经跳出了两个具体语言的藩篱,着

---

① 汪大年:《缅甸语与汉藏语系比较研究》,北京:昆仑出版社,2008年,第8页。
② 覃里雯.从大历史看中缅关系——缅甸:中国的盲点.http://blog.sina.com.cn/s/blog_63ec24f50102viop.html, 2015-02-02.
③ 丁椿寿:《汉彝缅语比较研究》,贵阳:贵州民族出版社,1991年,第1页。

眼于汉藏语系特别是藏缅语族语言历史比较研究的大格局来做文章。"[1] 而我们缅甸语学习者、研究者们，也应该具有这样的远见和精神，挣脱单一语言或是单一学科的束缚，不要局限于就事论事，应该站在语言大格局或是跨学科的多角度视野下看待问题、研究问题。所以，汉语缅甸语的比较研究，对研究语言的谱系，以及语言的历史，甚至是人类的历史，都具有非常重大的意义。

参考文献

[1] 岳麻腊.缅甸语研究综述[J].南开语言学刊，2008,(1).
[2] 汪大年.缅甸语概论[M].北京：北京大学出版社，1997.
[3] 汪大年.缅甸语与汉藏语系比较研究[M].北京：昆仑出版社，2008.
[4] 汪大年.缅甸语汉语比较研究[M].北京：北京大学出版社，2012.
[5] 丁椿寿.汉彝缅语比较研究[M].贵阳：贵州民族出版社，1991.
[6] 黄树先.汉缅语比较研究[M].武汉：华中科技大学出版社，2003.
[7] 汪文婷.缅汉语述宾结构对比分析[D].云南大学硕士学位论文，2012.
[8] 周建设.现代汉语[M].北京：人民教育出版社，2001.
[9] 覃里雯.从大历史看中缅关系——缅甸：中国的盲点[EB/OL]. http://blog.sina.com.cn/s/blog_63ec24f50102viop.html.
[10] 王何忠.缅甸语虚词用法例释[M].昆明：云南民族出版社，2004.
[11] 曲永恩.实用缅甸语语法[M].沈阳：辽宁民族出版社，2000.

---

① 黄树先：《汉缅语比较研究》，武汉：华中科技大学出版社，2003年，第2页。

试论越南《翘传》喃诗传中的汉注部分作用：
以1902年乔莹懋版为研究文本

Nguyen Thi Tuyet（阮氏雪）[①]

On the role of Han character annotations in Nom versions of the poem titled "*The Tale of Kieu*" in Vietnam: A case study of Kieu Oanh Mau's annotation version（1902）

【摘　要】汉字和喃字是越南前现代共存的两种主要文字。现在越南收藏大量汉字和喃字文献，并有不少喃文中含有汉文的书籍，笔者从这种特殊的书籍入手，以越南《翘传》喃诗传作为研究对象，首先概括《翘传》的各汉注版情况，再对乔莹懋1902年版的《翘传》汉注部分进行分析，进而论述越南《翘传》喃字版本中的汉注部分的作用，最后得出几点认识：（一）乔莹懋考注版属于京派注释版，有明确、严谨的注释原则及方法。（二）乔莹懋的汉注版代表了传统高级知识阶层的注释方法，是《翘传》注释派系中影响最大的注释版本。（三）乔莹懋的汉注内容体现古代注释过多注释汉籍典故及出处的特点，原因在于过去特别注重文章字句的来源和慕华心理。（四）《翘传》汉注部分，在一定程度上，反映了汉字在越南19世纪末20世纪初共存多种文字阶段中仍体现其传统的地位。

【关键词】翘传　汉注　乔莹懋　汉喃文献　汉字作用

Abstract: Han characters and Nom characters are the two major Chinese scripts coexisting in pre-modern Vietnam. These days, a large amount of literature in Han and Nom characters, including many using both scripts are preserved in Vietnam, which forms the basis of the author's study of the classic Vietnamese poem "*The Tale of Kieu*". By summarizing different versions of Han annotations of "*The Tale of Kieu*" and analyzing the Han annotation of Kieu Oanh Mau's 1902

[①] 越南社会科学翰林院汉喃院研究员，广西民族大学，博士研究生。

version in particular, the author further discussed the role of Han annotations in the context of *"The Tale of Kieu"* and reached the following conclusions: (1) Kieu Oanh Mau's annotation falls into the category of Kinh annotation, characterized by well-defined and rigorous rules and methods. (2) Kieu Oanh Mau's annotation belongs to the 'scholarly' annotation school, which is the most influential among all annotations of *"The Tale of Kieu"*. (3) Kieu Oanh Mau's version is highly representative of ancient annotation due to the profuse references of classical literature, which reflects the mentality of then scholars being overly-critical towards diction and worshiping classical works. (4) The Han annotations of *"The Tale of Kieu"*, to a certain extent, bears proof of the dominance of Han characters at a time when multiple Chinese scripts coexist in Vietnam at the end of the 19th and the beginning of the 20th century.

Key words: The Tale of Kieu; Han annotations; Kieu Oanh Mau; Han and Nom literature; role of Han characters

一、越南《翘传》的各汉注版概况

从19世纪初《翘传》问世到20世纪中期（1945年前），经过差不多150年。《翘传》喃字版存在两种形式：刊本和抄本，刊本由十多家书坊刻印出版，抄本由个人抄写，用来保存和普及。在流传过程中，有两条流传途径：一是在文人层次的古版，此类官方版刻印精美、错误较少；二是普通版，一般仅刻印《翘传》六八句，而且刻印数量多、质量差、字句错误较多，主要满足平民阅读、吟咏、欣赏《翘传》的需求。我们可以将《翘传》喃字版分为三种：京版、坊版（古版）和近版（也有人称作为北方版或升龙版、顺化版和南方版）。《翘传》原名称为《断肠新声》，但原作已经失传。坊版即指在河内麻业街刻印的版本。相传阮攸写完后将其拿给范贵适看，范贵适润色后写诗题序并改名为《金云翘新传》，并交给河内麻业街的书坊刻印，后来在河内很多书坊，如柳文堂、盛美堂、观文堂、聚贤堂、福文堂、广盛堂等书坊都按照该版刻印，其所形成的这类称为坊版。坊版类的代表本有柳文堂藏板1866版和1871版、观文堂藏板1879版、朱孟桢1906版、汉喃院收藏的VNb.60版，其中柳文堂藏板嗣德十九年（1866）版是《翘传》

目前最古老的版本。而京版即阮朝皇帝与文臣在顺化京都评阅删改的版本，其中有一本陶源普从顺化京师带回河内送给蔗山乔莹懋，乔氏编辑注释刻印于1902年，现为京版类的代表本。另外顺化还有儒夫阮有立1870抄本，也是京版类的珍贵版本之一。南方版是指惟明氏藏板1872年版，后来雇人在广东佛山镇刻印，在南方颇有影响，所以也称为南方版。

根据越南"翘学界"的统计，现在越南收集了60多个《翘传》喃字版本，按照现代人称法，《翘传》喃版分为古版（即19世纪内的版本）和近版（即20世纪前半段的版本），其中有一些《翘传》喃字版使用汉字来注释。这类版本属于越南喃文中含有汉文的书籍之一，也是越南汉喃书籍的明显特点。《翘传》汉注版是一个综合的称法，指《翘传》的各喃字版中有汉字注释部分的版本，汉注部分包括注、解、考、评、批等内容。因为考、注、释、评等往往是互相联系、互相渗透的，所以笔者统称为汉注部分。笔者从《翘传》各喃版中统计了九个《翘传》的汉字注释的版本，分别是：（1）惟明氏的《金云翘传释注》；（2）英国图书馆收藏的《金云翘新传》；（3）乔莹懋的《断肠新声》；（4）《金云翘传合集》；（5）《金云翘广集传》；（6）《金云翘传注》；（7）瞻云氏的《翠翘传详注》；（8）仙田阮族所藏《金粹情词》；（9）《王金演字传》第二卷。

二、乔莹懋《断肠新声》及其汉字注释内容

（一）乔莹懋与其的《断肠新声》

乔莹懋（1854—1911）号蔗山，籍贯山西唐林村（今属河内），嗣德帝1880年考中榜眼，当官一段时间后，转做同文报社主笔。乔莹懋曾经写过《本朝叛逆列传》《琵琶国音新传》《僎谱译录》《香山观世音真经新译》。另外，乔氏还给其他作者的作品进行题序、评阅、校订、注释等。《断肠新声》是乔莹懋几十年对阮攸《翘传》的考注。如今该本由汉喃研究院所藏，典藏号AB.12，在1902年刻印，印刻正规清晰，封面详尽记录蔗山乔莹懋注释及奉检、奉读与书写人。乔氏以陶源普从顺化京都带来送给他的版本来注释，所以学界常叫京版。书中有陶氏题序，还有《新刻断肠新声例言十则》部分，详细说明《断肠新声》的名称、文本情况以及编辑刻印的动因、目标、原则等内容。该书正文分为四层：第一和第三是注释内容，第二和第四层是《翘传》的六句和八句。笔者认为乔氏的《断肠新声》版是柳文堂及当时刻印《翘传》书坊中最精美、最典范的版本，该书结构、信息体现出作者严谨、科学的注释方法。

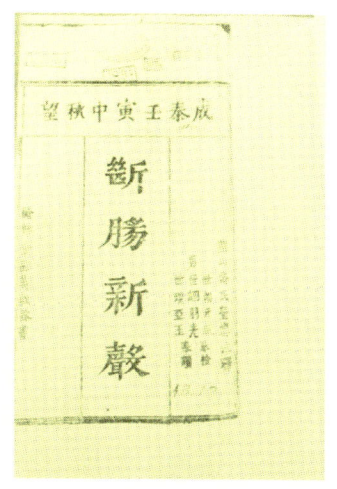
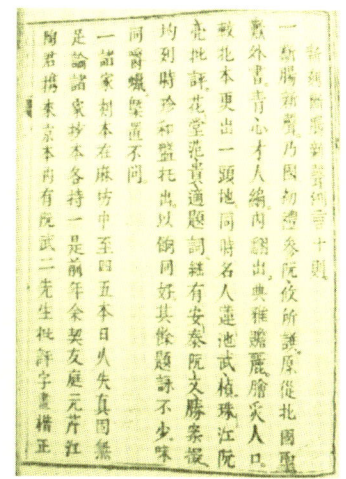

（二）《断肠新声》的汉注观点与内容[①]

古代孔子教孔鲤及其弟子"不学诗无以言"。乔莹懋因培养自己文章写作的需求而与《翘传》结缘。他得到"先辈们有教读《翠翘传》自易著笔……自是而后因事搜索虽在参订一句一字凡有意义要期明晰以明作者苦心凡四五易稿始敢出以问世。"[②]乔莹懋明确地说明他对《翘传》的考注原则："兹凡意义一以圣叹北本为的，字句一以京版为正，庶有所准。"[③]乔氏大宗旨"均依京版，参酌诸家正之"[④]。在读音考异上按押韵规律来校订，在内容释义上"至于误谬难通之处，细查参订，因韵直改，以合文理，极知僭笔，已有注详。览者谅之。"[⑤]

乔莹懋《断肠新声》的汉字注释内容可以分为四个内容：（1）典故与本书[⑥]摘录注释；（2）词语、内容注释；（3）字样、读音注释；（4）文章艺术批评。典故典迹与出处的注释是一部起源于中国小说并具有众多典故的《翘传》不可缺少的部分。关于《断肠新声》的汉字注释内容，陈廷史教授认为："这是一部编辑功夫深厚、对后代大部分国语版影响深远的《翘传》版本"，但"作者探望指出阮攸已使用的所有汉文的来源"，所以书中太多"不必要、不相关的汉源注

---

① 本文章后面附有汉字注释部分及影印对照的附录。
② ［越］乔莹懋：《断肠新声》，越南汉喃研究院，典藏号AB.12,：3b页。
③ ［越］乔莹懋：典藏号AB.12, 2b页。
④ ［越］乔莹懋：典藏号AB.12, 2b页。
⑤ ［越］乔莹懋：典藏号AB.12, 2b页。
⑥ 本书即指中国青心才人编次的《金云翘传》小说，有时亦写本传、原作等等。

释"①。陈廷史教授指出:"在581注释中有许多内容是炫耀作者的学问而不符合需要注释的语境。"比如:禀年(百年)、溂榄(一场沧桑的改变)、香乘(余香)、绝妙等词语越南平民一听就懂,不必注释,但乔莹懋却引出中国的《庄子》《神仙传》《西厢记》《蔡邕批碑》的内容以归结为《翘传》的汉籍来源。"花瀳蘋溰匒忊"(花落萍飘的身份也只好如此)(第219句)这一句似乎是越南老百姓生活常用的词语,乔莹懋反而要找出唐人《萍赋》:"共落花而相逐"作为来源。另外一句"共勩没会没船兜賖"(都是同船共济的人,哪儿还算遥远呢?)(第202句),这句出于越南的俗语,人人皆知,何必引出中国原传小说"前船后船安知你我非再来人?"②上述的这些诗词从汉籍来源传到越南还是越南语言文化固有?由于文化交流互相影响还是共同属于一个文化地区而互相相同?有些诗词确实难以清清楚楚地分割。陈廷史教授认为:如果简单易懂的诗词,乔氏也指出他的汉籍来源,那么"这样注释含意着读者读《翘传》的时候必须要与中国《金云翘传》共读才能读懂《翘传》吗?""似乎创造《翘传》的时候,阮攸必须要翻动中国所有的典故、书籍才能创造出来吗?""我估计乔莹懋以中华诗文的视角来欣赏《翘传》,也许这是整个19世纪上,各世系未接受新学、绝对崇拜中华文章并且一直以固有自卑逊色于中国的心理来欣赏《翘传》。如果不能将《翘传》的诗句跟中国的《金云翘传》对比就看不出越诗的美?……慕华(喜欢、羡慕中国文学)的心理严重支配了他们的注释工作。"③笔者统计了在《断肠新声》前100个注释中,有50个属于典故典迹和摘录出处的注释,即占50%注释总数量,比重最高。笔者认为乔氏过多使用典故典迹及摘录原作的原因有三:一是,乔氏和传统儒士都特别注重文章字句的来源,所以都尽量找出它们的源头;二是,"礼参阮候学问既洽,阅历又深,是传内外取材不一而足,细查出处方可了然"④。三是,"诸家课本参之圣叹本间多误谬难通之处或系后人率改……快笔偶不及检。"所以需要详细注释。从典故及来源注释比重来看,《断肠新声》确实有慕华心理。这是悠久传统的儒家产生的影响,越南儒士崇拜中华文化,许多中华文学典故、诗词已被典范化与形象化。这也是乔莹懋与古代人对文学作品赏识的观念与方式以及乔莹懋根

---

① 参见: Trần Đình Sử:" Suy nghĩ về vấn đề chú thích chú giải Truyện Kiều", in trong Đại thi hào dân tộc Danh nhân văn hóa Nguyễn Du (Kỉ niệm 250 năm năm sinh Nguyễn Du), Nxb DHQG TPHCM, 2015, tr. 250-251.
② 段文引用证据,参考: Trần Đình Sử: 2015, 251 页。
③ 参见: Trần Đình Sử: 2015, 249—259 页。
④ [越]乔莹懋:典藏号 AB.12, 2b 页。

据阮攸学问深厚及《翘传》版本情况而自定注释原则所导致的，而不是为了炫耀自己的见闻。

至于词语和内容释义部分，乔莹懋释义简练、精确并很有创新的见解。比如注解158句中的"哂"字："哂亦夭也"；注解160句中的"红叶"："红叶是良媒"；注解20句："面如满月，眉如卧蚕。盖福厚相"；注解第97句中的"骷暖"："衰草斜阳古墓景日景不及，谓之暖"。注解第35句："言二娇年齿相近而皆已笄也"，这个解读被阮俊强运用并校订学界对翠翘、翠云姐妹的年龄的争论。在《断肠新声》前100个注释中，词语内容注释有28个，即占28%。对于一部古典文学的注释工作而言，这个比例太低。词语内容注释就是注释工作中最具有本质性的内涵，偏向注解，即讲解词语、内容难懂的部分与其意义（也称为释义）。但是乔莹懋对这类注释较少，甚至他引出典故典迹，也没有注解典故典迹与被注释的词语的关联意义。这一点陈廷史教授认为"乔氏不会注释操作"。其实在《新刻断肠新声例言十则》中，乔氏已说明"足细查出处方可了然，精者自辨"。他尊重读者的知识与辨解，所以不多做不必的解释。这也许符合《断肠新声》的四层结构，包括原作20诗句与注释内容一起展示在一页内的简练需求。另外，在当今越南使用国语字、汉字、喃字已成为过去的古文字的背景下，虽然现代读者认为词语内容难懂需要解释，但是对当时熟练汉字及熟悉汉文化的儒士却太通用易懂，如果非要注释的话，那也只是列出词语的来源与出处，以了解文章中字句的根源，而不必注释意思。那是时代文化背景的特点，而不是乔氏不会注释操作或是缺少注释。

至于字样、读音考异，乔莹懋结合多方法与多角度来简短注释：（1）根据汉字字样，如12句："佽或作扲，非"；（2）根据诗句意思，如265句："情，或作妆，恐误"；（3）根据押韵原则，如240句："原尨昂㺎萌，失韵"；（4）根据反切法，如139句："眒咦群切"；（5）根据地方音对照，如76句："乂安人俗语，或作㬥约，非"；（6）根据语言审美观，如78句："潟红或作搢農，亦通，但梓、珠、红文字穷也"。这类注释占20%注释总数量。乔氏说明：由于"我国国音字自来随意通读而已固有一字而三四音者以至说者分然未有折中"[1]，并且阮攸还"用今方言，南北土蛮各处俗音"[2]，所以读音和字样注释是很必要的。

《翘传》语言及内容批评是进一步的注释，体现注释者的评价观点。乔莹懋

---

[1] ［越］乔莹懋：典藏号AB.12，2b页。
[2] ［越］乔莹懋：典藏号AB.12，3a页。

摘选武桢和阮亮的批评并加上自己本人的见解，如41—42诗句："此以草比众女，以梨比二娇"；或评论《翘传》最先六句诗时，乔氏引用武桢的注释："恸哭古人，留赠后人，圣叹语也，此数句尽之"。摘录先辈的评论佳言并参以己议论是现代做法，只不过《断肠新声》的汉字批评部分太少了。

总体来看，笔者阅读该版时，自认为这本编辑、校订宗旨十分严谨，具有鲜明的科学性和逻辑性，虽然过多注释典故，甚至多处摘录中国本传，但是乔氏从多方面注释，包括典故注释、词语内容释义、京版与坊版考异、文学批评等内容已经体现出其为一本具有较高价值的考证性著作。后代汉注版继承该本并不断增加典故以及摘录中国本传等注释，才导致《翘传》汉典注释如此繁杂的现象。

三、乔莹懋《断肠新声》中汉字注释部分的作用

越南国语字萌芽于17世纪，到19世纪末开始快速度地发展。1885年前学界已见《翘传》的两个国语字译本①，为何乔莹懋还是用汉字来注释《翘传》呢？乔莹懋本身是一位儒士，他修养与成长于儒学科举制度中，熟知儒学传统文化，纯熟阅读汉文及使用汉字，每次动笔皆用汉字来著述。而且当时大部分知识分子还是旧儒士，《翘传》的读者就是这些人。所以乔莹懋用汉字来注释《翘传》是理所当然的，也是符合时代文化背景的。中国汉字近千年是越南正统文字，占据官方行政、教育、学术等方面上的主导地位，到1858年法国侵略后法语跟法文传入越南，同时越南国语字得到法国殖民政权和越南一些西学知识界人士推动而迅速发展，形成四种文字共存的时期②，但是汉字还是儒士阶层心中习惯并喜欢使用的文字并仍然广泛使用于学术著述、文学创作、文学注释及乡俗记载等活动中③，所以在一定程度上，虽然越南存在多种文字，但是汉字还保留着传统的地位。直至1919年越南正式停止儒学教育和科举制度并出现较多国语字的报刊和文学作品的时候，汉字才逐渐失去了主导的地位。另外，乔莹懋使用汉字来注释《翘传》还有一个自己的意图，在当时读者对《翘传》喃字误读与个人私意误解繁杂的情况下，乔莹懋似乎希望借用汉字传统角色并通过对《翘传》严谨地注释的方法，使《翘传》得以规范化与标准化。

《翘传》汉字注释部分对《翘传》文本有颇大的校订与润色的作用，根据陶

---

① 张永记，1875年和Abel des Michels在1884—1885年的《翘传》国语字版。
② 19世纪末20世纪初越南共存四中文字，包括汉字、喃字、国语字及法文。
③ 番佩珠、番朱桢、阮惇复、阮伯濯等儒士都有很多汉喃文著作。

维英统计乔莹懋"依照京版更改了23个诗句并修改较多词语"①，在每一次修改部分都有考证并适当地注释。可以说乔莹懋有明确与严谨的注释原则及方法，他的《翘传》喃字版是一个详细与精确的注释版本，是《翘传》喃字刻印版中的典范，是十分可靠的汉字注释版本。《翘传》汉字注释部分对《翘传》当时的读者有着阅读与欣赏导向作用，推动了文学文艺活动发展，很多地方乔莹懋修改得精确，并具有语言、文章审美价值，所以广泛影响喜欢《翘传》的文人志士及普通读者。《翘传》汉字注释部分对《翘传》的后代注释起了奠定的作用。后代注释者或少或多都使用、继承汉注部分，将它当成基础的文献，并根据时代文化背景翻注成国语字，以符合时代对《翘传》的需求。乔氏《断肠新声》考注版开创了学界对《翘传》具有学术性的研究工作，对《翘传》的文本学、语言学、翻注学、批评文学、比较文学等工作具有较大的价值。例如文本学可以从中找出一些增加了解《翘传》各喃字版本传承脉络的线索。语言学可以从中看出一些古越语印迹。翻注学通过汉注部分可以更加准确翻译与注释《翘传》，特别可以弥补目前11个汉译版②中的不足之处。批评文学及比较文学者通过汉注部分可以看出19世纪末20世纪初第一代文人儒士接受《翘传》的情况，包括对《翘传》的语言、字句、内容、文学艺术等方面的赏识、注释及评审等方面。总而言之，《翘传》汉注部分可以称为解读阮攸、《翘传》以及第一代儒士读者接受《翘传》历史的第一手材料，它与《翘传》喃字原版有不可分开的密切关系。

结论

乔莹懋的《断肠新声》属于京派的注释版（也成为京注）。陶维英认为"根据乔莹懋的注释可以恢复京版大体面貌。"该版"具有很深的主观意见"。笔者认为乔氏的考注版是一个具有大知识家的个人痕迹的注版，明显体现与代表了传统高级知识阶层的注释方法，成为《翘传》最规范、最标准的版本，同时也是《翘传》注释派系中影响最大的汉字注释版本。所以乔氏的考注版在《翘传》注释问题以及《翘传》接受历史中，应该得到学界重视并增加对其的研究。阮石江认为乔莹懋的考注版"标志了咱们喃字写作及古书编辑校订的重要步骤"③。

---

① Đào Duy Anh (khảo chứng): *Truyện Kiều*, Nxb Văn học, 1979, tr18.
② ［越］阮氏雪：《越南〈翘传〉汉注版研究》，载《东亚汉籍与越南汉喃古辞书研究》，北京：中国社会科学出版社，2017年，第448页。
③ Nguyễn Thạch Giang (khảo chú): *Đoạn trường tân thanh (Bản khắc in năm 1834)*, Nxb Văn hóa thông tin, Hà Nội, 2005, tr. 84-85.

乔莹懋的《断肠新声》及《翘传》各喃字版中的汉字注释部分是传统儒士世代以传统方式来接受《翘传》的注释。这些注释版几乎都有同样的特点，就是过于注重注释典故典迹与摘录出处，因为传统注释者都特别注重文章的来源并具有慕华心理。但尽管如此，《翘传》的汉注部分还是第一手最基本的材料，与《翘传》喃字原版密不可分，暂时可称为《翘传》的"原注"，对后代注释及研究有开山之贡献。近现代注释者或少或多都使用、继承、并发挥汉注内容。通过汉字注释部分，在一定的程度上，我们可以了解传统文人儒士对文学作品考、注、评的大体特点并且认识汉字在19世纪末20世纪初处于越南四种文字共存的时期，在学术著述、文学创作及乡俗文本中仍体现其传统的地位。

附录

乔莹懋《断肠新声》首先80诗句的汉注表（汉喃研究院典藏号A.12）

STT	注释对象	诗句	注释内容	类型	影印对照
1.	樣噺	1	莊子：百年境而我猶為人	典故	
2.	才命	2	隨園：古來才命兩相妨	典故	
3.	滄櫰	3	神仙傳：東陽公曰：三見滄海變桑田	典故	
4.	彼嗇斯豐	5	本書：豐于才嗇于遇。造物忌盈而于紅顏尤甚	摘录	
5.	1-6句	1-6	慟哭古人，留贈後人。此數句盡之。武楨批.	批评	
6.	稿	7	稿木也。	释义	
7.	7-8句	9-10	嘉靖明朝第十三帝建元嘉靖號世宗明太祖，鄧奉天為南京城，應天為北京	释义	
8.	彷	12	仿或作彷非	考异	
9.	17句	17	梅譜："梅以格勝" 唐有"梅無氣不精神"	典故	
10.	18句	20	面如滿月，眉如臥蚕。蓋福厚相。	释义	

(续表)

STT	注释对象	诗句	注释内容	类型	影印对照
11.	花哄玉呐	21	唐詩：豈及我解笑花？ 西廂夫人金口玉言	典故	
12.	25句	25	眼光秋水眉淡春山	释义	
13.	27句	27	李延年歌：一顧傾人城，再顧傾人國	典故	
14.	嫁	28	嫁和哥，嗟歷事	释义	
15.	腔	33	腔琴調。	释义	
16.	腔	33	或作章非也。	考异	
17.	薄命	34	本書：翹作薄命曲譜人胡琴，聲尤哀	摘录	
18.	執齒	36	言二嬌年齒相近，而皆已芊也	释义	
19.	淹念	37	淹忿京語猶淹愛	释义	
20.	梭	39	唐鶯詩纖織柳亂拋梭	典故	
21.	韶光	40	九十韶光能有幾？	释义	

（续表）

STT	注释对象	诗句	注释内容	类型	影印对照
22.	梗梨	42	元好问诗：梨花如静女，假意山茶春孤芳总太洁，反使凡卉妒。	典故	
23.	41-42句	41-42	此以草比众女，以梨比二乔	批评	
24.	47句	47	汉书军如流水又衣相错	典故	
25.	鏪釧	50	河内盛列人作瑽金俗名鏪釧	考异	
26.	荘荘	57	荃上为两所败，无人扫筑	释义	
27.	梗天香	66	李氏：三月春前薄命花苏半卷天香散	典故	
28.	船情	69	情史：船以情贵	典故	
29.	箸技瓱㵀	70	白：是如何似姿今朝与君别	典故	
30.	如祠	71	如祠未详。一说祠寂也。寂无音。又祠祠字但以祀神武人喧闹	释义	
31.	嘶车馭	72	白：门前零落车马稀。	典故	
32.	䏲的	76	乂安人俗语。或作盼约。非。	考异	
33.	擄梓	77	汉人用梓木作灵车、妇人车也。	释义	
34.	培红	78	培红或作培震，亦通。但梓、珠、红文字躬也。	考异	
35.	葬无主	80	本书死后谁来坟无主填	摘录	

参考文献[①]

[1] Nguyễn Văn Hoàn, Nguyễn Sĩ Lâm, Nguyễn Đức Vân: *Truyện Kiều*, Nxb Văn học, Hà Nội, 1965.

[2] NguyễnThạch Giang - TrươngChính: *Nguyễn Du: Tác phẩm và lịch sử văn bản*, NxbTp HCM, Tp HCM, 2000.

[3] Hoàng Xuân Hãn – Đào Thái Tôn – Nguyễn Tài Cẩn: *Nghiên cứu văn bản Truyện Kiều theo phương pháp Hoàng Xuân Hãn*, Lê Thành Lân（tuyển chọn）, Nxb Đại học Quốc Gia Hà Nội, Hà Nội, 2016.

[4] Nguyễn Thế Anh（phiên âm, khảo dị）: *Đoạn trường tân thanh*, Nxb Văn học, Hà Nội, 2013.

[5] Nguyễn Thế, Phan Anh Dũng（phiên âm chú thích）, Nguyễn Đình Thảng（hiệu đính）: *Đoạn trường tân thanh*, Nxb Thuận Hóa, Huế, 2004.

[6] Trần Thị Băng Thanh:" Lời phẩm bình *Đoạn trường tân thanh* của Vũ Trinh và Nguyễn Lượng", *Tạp chí Văn học*, số 3 năm 2006, tr.61-69.

[7] Nguyễn Xuân Diện: *Kiều Oánh Mậu -Cuộc đời và tác phẩm*, Nxb Thế giới, Hà Nội, 2016.

[8] Trần Đình Sử: "Suy nghĩ về vấn đề chú thích chú giải *Truyện Kiều*", in trong *Đại thi hào dân tộc Danh nhân văn hóa Nguyễn Du（Kỉ niệm 250 năm năm sinh Nguyễn Du）*, Nxb DHQG TPHCM, 2015, tr.249-259.

[9] Đinh Thanh Hiếu: "Nguyên chú" trong "Cư trần lạc đạo phú", in trong *30 năm đổi mới nghiên cứu Văn học, nghệ thuật và Hán Nôm: Thành tựu – Vấn đề - Triển vọng*, Nxb Đại học quốc gia Hà Nội, 2016, tr218-236.

[10] Nguyễn Quảng Tuân: "Những lời mặc bình và châu bình trong quyển *Đoạn trường tân thanh* phải chăng là của Vũ Trinh và Nguyễn Lượng", in trong *Nghiên cứu Truyện Kiều những năm đầu thế kỷ XXI*, 2009, tr104-111.

[11] Đỗ Quốc Bảo: "100 năm bản in Truyện Kiều của Kiều Oánh Mậu", in trong *Nghiên cứu Truyện Kiều những năm đầu thế kỷ XXI*, 2009, tr112-113.

[12] 陈新. 谈谈古典文学作品的注释问题[J]. 出版工作, 1978,（1）.

[13][越] 阮氏雪. 越南《翘传》汉注版研究[J]. 东亚汉籍与越南汉喃古辞书研究，北京：中国社会科学出版社，2017.

[①] 本文注释说明：凡越南汉文文献皆注［越］，文章多次引用某部作品，第一个齐全，第二以下省略为作者姓名+出版年代或典藏号+页码。

[14][越]陶芳芝.汉字对越南社会影响:以20世纪初期喃字乡俗文本的汉字使用为例[J].汉字研究,2017,(2).
[15][越]阮氏声钟.越南汉字诗歌作品中的汉字作用[J].汉字研究,2017,(2).

试析佛教文化对老挝语语言文字的影响

舒导遊[①]

On the Influence of Buddhist Culture on Lao and its characters

【摘　要】佛教文化是老挝文化的主体，对老挝的语言文字也产生了巨大影响。本文基于相关语料，就佛教文化对老挝语文字和词汇等的影响进行了分类梳理和分析。其中，以梵语、巴利语为主要载体的佛教文化催生了老挝语的文字——老文和坦文，丰富了老挝语的人名、地名，补充了老挝语原生词中缺乏的词汇，并将新的构词法引入老挝语，与原生词互相合成，进一步扩充了词汇，增加了老挝语的音韵美。此外，佛教文化还深刻地影响了老挝语的日常熟语——成语、惯用语和谚语等，与僧语的产生也有直接关联，在雅语、委婉语的使用中也有重要体现。同时，佛教文化中所蕴含的价值取向、文化观与传统习俗也通过老挝语得以延续和传播。

【关键词】佛教文化　老挝语　影响

Abstract: Buddhist culture is the dominant one in Laos which has greatly influenced the Lao and its characters. Based on relative corpus data, this paper analyzes the influence that Buddhist culture has had on characters, vocabularies and other aspects of Lao in the way of classifying. To be specific, this Buddhist culture, of which Sanskrit and Pali are its main carriers, has given birth to the characters of Lao which is called Character Lao and Character Tam, enriched the names of people and places in Laos. Adding new vocabularies to native vocabularies, it has also introduced new ways of word-building to Lao which further augmented the vocabulary by mutually synthesizing with the native words. In this way, the sense of rhythm in Lao has also been strengthened. Besides, Buddhist culture has also deeply affected the idiomatic phrases of Lao which

---

[①] 舒导遊，信息工程大学洛阳校区亚非系亚非语言文学专业硕士（在读），主要研究领域：老挝语言与文化，老挝国情。

include idioms, locutions, sayings and so on. It is also directly linked with the generation of Lao's Religious Language. Moreover, it has also influenced the formal and elegant expressions and euphemisms in Lao. Meanwhile, the value orientations, cultural values and traditional customs of Buddhist culture have also been carried by and spread with Lao as the medium.

Keywords: Buddhist culture; Lao; influence

一、引言

老挝语属于汉藏语系壮侗语族壮傣语支，是老挝人民民主共和国的官方语言和主体民族老族的民族语言。老挝语与中国境内的壮语、布依语等语言是同源语言，但相互间差别较大。这与老挝语受佛教影响较大，而壮语、布依语等受汉文化影响较大有密切关系。

老挝是一个佛教国家，大众部佛教（即大乘佛教）和上座部佛教（即小乘佛教）都曾对老挝地区的历史发展产生过重要影响。两大佛教都产生于印度，但在早期国家时期（公元后第一个千年），大众部佛教在东南亚大陆中部地区（含老挝地区）的影响相对上座部佛教更为显著[1]。上座部佛教则经斯里兰卡传到缅甸，然后在中南半岛地区广泛传播。1359年，老族王国澜沧王国的开国国王法昂王从吴哥正式引入上座部佛教，并将其定为国教，上座部佛教开始在老挝广泛传播并逐渐发展形成一教独尊的局面。现在，上座部佛教信众约占全国人口的67%[2]，是老挝的第一大宗教，其信众除了绝大多数老族人，还包括元族、泰讷族、普泰族、傣泐族等民族。

佛教文化构成了老挝文化的主体[3]，对老挝文化产生了巨大影响，语言也不例外。但就目前来看，国内关于佛教对老挝影响的研究主要是整体研究或对某一具体文化现象（如节日、习俗等）的个别研究，关于佛教对老挝语语言文字的影响的专门研究还很缺乏，论及该问题的研究著作也比较少，较有代表性的有蔡文

---

[1] 贺圣达：《东南亚历史重大问题研究——东南亚历史和文化：从原始社会到19世纪初（上）》昆明：云南人民出版社，2015年，第393页。
[2] 郝勇、黄勇、覃海伦：《老挝概论》，广州：世界图书出版公司，2012年，第38页。
[3] 郝勇、黄勇、覃海伦：《老挝概论》，广州：世界图书出版公司，2012年，第115页。

櫢关于佛教对老挝人姓名影响的论述①，颂赛关于老挝语中的梵语和巴利语介词与佛教文化的论述②，陆蕴联关于佛教对老挝文字形成、演变的影响的论述③，任飞关于印度文化对老挝语言文字影响的论述④等。本文主要分析佛教对老挝文字、人名和地名、词汇（包含外来词和熟语）、僧语等方面的影响，希望能为老挝语言与文化关系、跨语言比较等学科的研究提供一定参考。

二、佛教对老挝文字的影响

在原始宗教时期，老挝语并没有对应的文字，但在现代老挝语中，却存在着两种不同的文字。一种是"老文（ຕົວລາວ）"，起源于印度波罗米字母演变而成的梵文天城体字母，后经不断改革，逐渐演变为当今老挝的官方通用文字；另一种是"坦文（ຕົວທຳ）"，又称经书文字，起源于印度波罗米字母发展而成的巴利文格林特字母，现仅见于贝叶经，或在佛教中使用。这两种文字的产生都与佛教有密切关系。

梵文是随着婆罗门教和大众部佛教传入中南半岛的。其后，吉蔑人通过改造梵文，发明了吉蔑文。巴利语则作为记载上座部佛教经典的语言于公元5世纪前后传入中南半岛。⑤孟文的产生源于孟族人对记载阿育王时代的佛经所用巴利文格林特字母的改造。根据出土的孟文碑铭显示，公元6世纪，孟文字就已经存在了。⑥老族人则在吉蔑文、孟文、梵文、巴利文的基础上，发明了老文和坦文。

关于老文的形成时间，学界有很大争议。中国学者陆蕴联认为公元1世纪，居住在云南的老族先民在梵文的基础上创造了自己的文字，公元8世纪，在老族先民南迁到老挝地区并与高棉人、孟人混居的过程中，这种古文字受到孟文字、吉蔑文字的影响，形成了现代老文的雏形⑦。任飞则认为"老文创立于10世纪左右，是拼音文字。字母源于梵文"⑧。卫彦雄则认为，"公元7世纪初，老挝人将高棉文、梵文、巴利文综合起来，在此基础上形成老挝文"⑨。

---

① 蔡文櫢：《老挝人的姓名》，《印度支那》，1985年第4期，第24-25页。
② 颂赛：《老挝语中的外来词》，《东南亚纵横》，1990年第3期，第28-30页。
③ 陆蕴联：《浅析老挝文字的渊源》，《东南亚纵横》，2007年第3期，第55-58页。
④ 任飞：《印度对缅甸、泰国、老挝语言文字的影响》，《东南亚纵横》，2002年第6期，第27-28页。
⑤ 于在照，钟智翔：《东南亚文化概论》，广州：世界图书出版公司，2014年，第171页。
⑥ 陆蕴联：《浅析老挝文字的渊源》，《东南亚纵横》，2007年第3期，第55页。
⑦ 陆蕴联：《浅析老挝文字的渊源》，《东南亚纵横》，2007年第3期，第56-57页。
⑧ 任飞：《印度对缅甸、泰国、老挝语言文字的影响》，《东南亚纵横》，2002年第6期，第27页。
⑨ 卫彦雄：《略论佛教对老挝社会的影响》，《东南亚纵横》，2010年第6期，第82页。

坦文的形成晚于老文。16世纪初，老挝从清迈引进三藏经等大量佛教经书，这些经书所使用的文字演变自孟—缅文字。这些文字后来被改造为老挝的坦文，字型由长变圆。在坦文的影响下，老文字母也逐渐变圆。

近代以来，老挝进行了多次文字改革，以古代碑铭上出现过的字母为基础，将改造过的坦文字母作为补充，加入了声调符号系统，并删繁就简，逐渐形成了现代意义上的老文。

总的来说，老挝语文字产生于宗教尤其是佛教的传播，因经书记载的需要而发展演变。佛教文化创造和丰富了老挝的文字。

三、佛教对老挝语人名、地名的影响

老族姓氏出现较晚，老挝国内一般认为是法殖民期间，为了降低重名率，方便征税和人口统计，法国殖民当局要求老挝全民使用姓氏，致使了姓氏的出现[1]。在取姓方式上，最常见的是自取姓[2]。这种姓氏多选取梵文、巴利文中的宗教词汇或蕴意美好之词拼合而成，并世代传承下去。如ສິວິໄລ（文明、发达）、ພອນສະຫວັນ（天赋、天才）、ທຳມະວົງ（ທຳມະ：佛教讲求的德行，ວົງ：家族，意为道德高尚的家族）等[3]。

老族"名"文化历史悠久。在古代，老族人有名无姓，因此常用名来相互称呼。在当代老挝，老族人一般出生时就有一个小名（或奶名，老挝语称之为"ຊື່ນ້ອຍ"），有的终生使用，逐成正名，有的则长大后另取正名（或学名，老挝语称为"ຊື່ເປັນທາງການ"）。在取名时，一些老族人还会请有名望的僧人帮助取名。

老族人的名字讲究美好和吉祥，其中也包括一些带有宗教色彩的词，如在名字中频繁出现的ບຸນ（功德）、ບົວ（荷花）、ຄຳ（金）、ທອງ（金）[4]等词，它们构成了ບຸນຍັງ、ບຸນມີ、ຄຳໄທ、ບົວລີ、ທອງສິມ、ສີທອງ等常用名。荷花形象在佛教文化中非常普遍，佛祖盘坐在荷花上的造像十分常见，信徒到寺庙常需要带上荷花

---

[1] 蔡文樘：《老挝人的姓名》，《印度支那》，1985年第4期，第23页。
[2] 苏婷婷：《老挝佬族姓名文化研究》，广西民族大学硕士学位论文，2015年。
[3] 本文的语料来源：人名、地名方面，主要有互联网和《老挝佬族姓名文化研究》（苏婷婷 10、29-30）等；外来语、僧语方面，主要有《ໄວຍາກອນລາວ》（ພູມີ ວົງວິຈິດ 33-56），《老挝语汉语词典》（黄冰）以及《老挝语翻译教程》（陆蕴联，张良民 26），也参考了《外来语对老挝语及老挝社会发展的作用和影响》（韦琴 12-16）等；熟语方面，主要为《老挝语实用语法》（张良民 226-377、428-485）。
[4] 在现代老挝语中，ທອງ是铜的意思，但在古代，其意为"金"。

供奉给佛祖，漂水灯时水灯的造像也多有荷花……荷花在老族人的心中是圣洁的象征，在名中也得以体现。在老族人的思维里，佛像、佛塔、袈裟、金钵等多为金黄色，金色是佛教的颜色，是吉祥色，因此，在取名时也常用ຄຳ、ທອງ等词。此外，一些老族人的名字还与其佛教经历有关，如老挝民间"阿凡提"——ຊຽງໝ່ຽງ（香茗），其名字中的"ຊຽງ"原指他曾在佛寺当和尚三年以上，还俗后在名前加上的称号，后逐渐发展成其名字；而老挝著名语言学家、史学家ມະຫາສີລາ ວິລາວົງ（马哈西拉·维拉冯）名字中的"ມະຫາ"则表示他"曾出家为僧并参加三级以上佛学考试及格还俗后获得的称号"[1]。

除了人名以外，老族生活地区的不少地名也体现出浓厚的佛教色彩。地名中的佛教色彩主要体现为地名中的部分或全部词为梵语或巴利语词。

其中，有梵巴语地名通名[2]专名化而形成的地名，如：

ບູລີ（城市）：ແຂວງໄຊຍະບູລີ（沙耶武里省）、ເມືອງຈັບທະບູລີ（占他武里区，属万象市）、ເມືອງໄຊບູລີ（赛武里县，属沙湾拿吉省）等。

ທານີ（都市）：ເມືອງໄຊທານີ（赛他尼区，属万象市）等。

ບໍລິ（四周，周围）：ແຂວງບໍລິຄຳໄຊ（波里坎赛省）、ພູພຽງບໍລິເວນ（波罗芬高原）、ເມືອງບໍລິຄັນ（波里坎县，属波里坎赛省）等。

ສາລະ（围墙，围犁）：ແຂວງສາລະວັນ（沙拉湾省）等。

ວັດ（寺庙）：ບ້ານວັດທອງ（瓦农村，属琅勃拉邦省）、ບ້ານວັດນາງ（瓦那村，属万象市）等。

ສາລາ（凉亭）：ບ້ານນາສາລາ（那撒拉村，属万象市）等。

此外，一些地名中还有非通名性梵巴语词，如：

ພະບາດ：帕巴，意为佛的足迹；ແຂວງ（省）ສະຫວັນ（天堂）ນະເຂດ（地方）：沙湾拿吉省，意为天堂所在的地方等。

四、佛教对老挝语词汇的影响

（一）外来词

澜沧王国时期，随着佛教的广泛传播，梵语、巴利语外来词被大量引入老挝语。这些外来词以多音节词为主，极大丰富了老挝语的词汇系统，使老挝语词汇

---

[1] 苏婷婷：《老挝佬族姓名文化研究》，广西民族大学硕士学位论文，2015年。
[2] 通名指地名中用来区分地理实体类别的词，如：省、县、乡等；专名则是地名中用来区分各个地理实体的词。

有了质和量的飞跃，也使得老挝语更富有韵律。根据张良民的研究，老挝语词汇中巴利语借词占25%，梵语借词占6%。也就是说，老挝语中梵巴语外来词将近占老挝语词汇的1/3。而老挝语外来词总共占老挝语词汇的33%，也就是说，梵巴语外来词在老挝语外来词中占比最大。[①] 当老挝语借入梵巴语词汇后，又在部分梵巴语词之间、梵巴语词与原生词间进行合成构成了大量新词，这使得现代老挝语词汇中梵巴语素的比例进一步增加。

1. 引入类型

老挝语首先引入了梵巴语中无任何词形变化的词干，主要借入两种词类，即名词词干语素和动词词干语素。这使得老挝语中虽然含有大量梵巴语外来词，却依然保持孤立语形态，有别于形态屈折的梵巴语。此外，老挝语还直接借入[②]了梵巴语中的少量合成词和大量词缀（尤以前缀居多）。

2. 语音

许多梵巴语词通过音译法进入老挝语。在此过程中，梵巴语词被原封不动地引入老挝语的情况很少，老挝语会根据自身语言规则和习惯，对其进行多种形式的改造。但这种改造是有限度的，并非"彻头彻尾"式的改造。如：

改变元音：

ສະວະມີ[③] 变为 ເສີວະມີ（由-ະ变为ເ―ີ）懿旨

ຂະນະ 变为 ຂຶນ（由-ະ变为-ຶ）民众

ສຶກສາ 变为 ສຶກສາ（由ຶ变为ຶ）教育、研究

改变辅音：

ເປຕະ 变为 ເປດ（由ປ变为ບ）饿鬼

ດະວີປະ 变为 ທະວີບ（由ດ变为ບ）洲

ຕຣິກຕຣົງ 变为 ຕຶກຕອງ（由ຕຣ变为ຕ）思考、斟酌

减音：

ມັງຄະລະ 变为 ມຸງຄຸນ（去掉了-ະ）吉祥

ສະເໜຫາ 变为 ສະເໜ（去掉了ຫາ）魅力

增音：

ຈຣລີ 变为 ທິດສະດີ（插入了元音、-ະ和尾辅音ດ）理论

---

① 张良民：《老挝语实用语法》，北京：外语教学与研究出版社，2001年，第59页。
② 指全词直接借入，不通过二次合成。
③ 本部分中这类词都是用老挝语对梵文、巴利文的转写，实际在老挝语中并不存在这些词。

ມາດາ 变为 ມານດາ（增加了 ນ）母亲

此外，由于梵语、巴利语都是没有声调的语言，而老挝语有6个声调，因此梵巴语词在借入后都加上了声调。

3. 语义

老挝语引入的梵巴语词汇意义可能发生转义、缩小、扩大、增义、减义等变化。如：

ອາໄລ 梵语：住所；巴利语：欲望；老挝语：依恋，思念。（转义）

ເວທີ 梵语：祭台，神坛；老挝语：坛，台，包括舞台，讲坛，神坛，论坛等。（意义扩大）

ຊົນນະບົດ 巴利语：地域；老挝语：农村。（意义缩小）

ຄາຖາ 梵语：偈语，偈；老挝语：偈语，符咒，咒语，巫术。（增义）

4. 形态

梵巴语单纯词，不管是单音节还是多音节，进入老挝语的方式一般为全词借入。如：

单音节：ພະ（僧人）、ກຳ（业，业障）、ບຸນ（功德）等。

多音节（含双音节）：ພາສາ（语言）、ຊີວິດ（生命）、ປາຖະໜາ（愿望）等。

大量梵巴语合成词，则通过巴利语间、梵语间、梵巴语间单纯词（词缀）相互组合的构词方式进入老挝语，改变了早期老挝语以单纯词为主的局面，极大丰富了老挝语的构词法。如：

巴利语+巴利语：ຖິ່ນຖານ（地方）、ວັດຖຸບູຮານ（古董）等。

梵语+梵语：ສາສະໜາພາມ（婆罗门教）、ພາສາສັນສະກິດ（梵语）等。

两个巴利语梵语共有词合成：ກາລະເວລາ^①（时间）、ຮູບພາບ（图片）、ສຸພາບ（健康）等。

"巴利语+梵语"或"梵语+巴利语"：ປະຊາຊົນ^②（人民）、ສານພິດ（毒物）、ອະນຸສັນຍາ（附约）等。

在现代老挝语中，也存在许多梵巴语词与老挝语原词合成的情况，如：ນາງພະຍາບານ（护士）、ໂຮງໄປສະນີ（邮局）、ໝົາກຜົນ（果实，收获的东西）等。

词序方面，需要说明的是，在修饰语与中心语结合时，如果是梵巴语内部组

---

① ກາລະເວລາ=ກາລະ 时间（梵语、巴利语）+ເວລາ 时间（梵语、巴利语）。

② ປະຊາຊົນ=ປະຊາ 人（梵语）+ຊົນ 人（巴利语）。

合，由于梵巴语语序兼为定中结构，因此部分新词形成时也会呈现定中结构①。如：

ອະດີດ 过去的，前（梵语、巴利语）+ ຊາດ 世间（梵语、巴利语）= ອະດີດຊາດ 前世（修饰语+中心语）

而老挝语原词与梵巴语词结合则不然：

ຊາດ 世间（梵语、巴利语）+ ກ່ອນ 以前的（老挝语原词）= ຊາດກ່ອນ 前世（中心语+修饰语）

在组合成新词的过程中，新词相比原来的词可能发生语音、形态上的变化。如：

ມະຫາ（大）+ ອິສີ（仙人）= ມະເຫສີ（王后）

ຍຸດທະ（军事的，战争的）+ ອຸບາຍ（计谋，泅和）= ຍຸດໂທບາຍ（策略）

综上所述，从外来词角度，佛教文化尤其是梵巴语对老挝语词汇的发展产生的影响有：

1. 梵巴语补充了老挝语原生词没有的词汇，尤其是政治、经济、文化、军事等方面更抽象、属于更高发展阶段的词汇。

2. 梵巴语词将新的构词法引入老挝语，并与原生词互相合成，进一步扩充了老挝语词汇。

（二）佛教对老挝语熟语的影响

熟语（ສຳນວນ）指"只能整个运用，不能随便变动其中成分，并且往往不能按照一般的构词法来分析的固定词组"②。老挝语熟语一般包括惯用语、成语、谚语、俗语、固定祝愿语等，其历史悠久，内容丰富，题材广泛，并且数量在日益增加，堪称老挝文化的瑰宝。

在老挝，人们日常起居、生老病死都与佛教教义、寺庙僧侣密不可分，老挝语熟语也深受佛教文化影响，许多熟语都来自于佛教典籍、传说、小说、寓言，许多源于日常生活的熟语也含有佛教、僧侣等相关词汇或脱胎于佛教思想。以成语、惯用语和谚语为例：

1. 成语

老挝语的成语以四音格词为主。四音格词是老挝语中含有四个音节的定型词组，其数量丰富，词组内部大多押韵，是老挝语词汇的重要组成部分。老挝

---

① 何冬梅：《泰语构词研究》，上海师范大学博士学位论文，2012年，第117页。
② 路丽梅、王群会、江培英：《新编汉语辞海》，北京：光明日报出版社，2012年，第1223页。

的四音格词受到佛教的深刻影响。一方面，许多四音格词本身就带有佛教色彩，如 ທາດີໄດ້ດີ ທາຊົ່ວໄດ້ຊົ່ວ（善有善报，恶有恶报）、ບວດຮຽນຂຽນອ່ານ（学于庙中）、ກຸດິວິຫານ（僧舍佛堂）等；另一方面，梵语巴利语外来词给老挝语带来了大量近义词、同韵词，为老挝语四音格词的大量增加奠定了基础，如：ຍາດຕິພີ່ນ້ອງ（亲戚）、ທຳການທຳງານ（工作）、ມີດໃສໃຈຄຳ（脾气）等，这增添了老挝语的音韵美，加强了老挝语词的描摹性，使四音格词成为老挝语一种重要的修辞手段。

2. 惯用语

老挝语的惯用语多为日常生活中表达习惯性比喻含义的短小固定的词语。与佛教相关的惯用语是佛教文化渗入日常生活的重要反映。例如 ພະດິນຈີ່ຊີມັງ 意为砖头水泥佛像，指泥塑木雕，呆若木鸡；ດວງປະທີບແທ່ງໂລກ 意为世界之灯，指代佛祖。

3. 谚语

老挝语的谚语指广泛流传，蕴含深刻道理或表达某种客观形象的精炼的语句，许多都与佛教文化密不可分，其中一些带有明显的佛教色彩，还有一些则丧失了原本的佛教意义，产生了新的寓意。例如：

(1) 借用天堂地狱观念：

ສະຫວັນໃນອົກ ນາຮົກໃນໃຈ.

胸中的天堂，怀中的地狱。(寓意因人而异，心中苦乐自相知)

ເປັນນາຍໃນເມືອງນາຮົກ ດີກວ່າເປັນຂີ້ຂ້າໃນເມືອງສະຫວັນ.

宁当地狱之主，不做天堂之奴。(寓意宁做鸡头，不当凤尾)

(2) 反映因果报应、强调慈悲思想：

ທຳດີໄດ້ດີ ທຳຊົ່ວໄດ້ຊົ່ວ.

善有善报，恶有恶报。

ເພິ່ນຊັງໂຕຢ່າໂງຊັງຕອບ.

人恨我，莫回恨于人。

(3) 借用佛教象征符号：

ປ່ອຍເຕົ່າໃຫ້ເຖິງໜອງ.

放龟放到湖。(寓意帮人帮到底，送佛送到西。放生是佛教的重要仪式，对象常为龟、鱼等)

ເຫັນກົງຈັກເປັນດອກບົວ.

认齿轮为莲花。(寓意善恶不分。莲花形象在佛教场所、书籍中经常出现)

（4）直接使用僧人、佛像等相关词汇：
ເຈົ້າອັດບໍ່ດີ ນາງຂີອ່ວຍເໝັນ.
方丈行不端，僧尼俱污秽。（寓意上梁不正下梁歪，身不正则影歪）

五、佛教与老挝语僧语的形成

梵巴语传入后，老挝社会逐渐形成了一套以梵语、巴利语和高棉语为主的皇语和僧语。1975年老挝人民民主共和国成立，皇语系统被废除，如今只有僧语还在佛教场所、论及僧人的正式场合、表达对僧侣的敬意等情况下继续使用。老挝语僧语词汇复杂冗长，不同于一般老挝语词汇，在表达方式上也与日常老挝语有明显差异，是老挝佛教文化、等级观念的重要反映。从某种程度来看，对僧人而言，一些日常老挝语就是禁忌语，而对民众而言，僧语就是委婉语。

僧语包括称呼语、日常用语等，涉及名词、动词、量词等词类，涵盖佛教生活的方方面面。如：

称呼语方面，男子出家期间或还俗后，根据其出家时间的长短和在佛门取得的学业资历高低，须在名前冠以 ມະຫາ、ທິດ、ຈານ、ຈານຄູ、ຈານຊາ、ຢງ 等各级称号，老挝建立共和国后，这些称号的适用范围缩小到出家期间。另外，ສົມເດັດ、ທວງຕາ、ທວງພໍ່、ພະພິກຂຸ、ທິດ、ມະນັດສະການພະເຄລານຸເຄລະ 等词是专用于不同僧侣的称呼语或人称代词。

日常用语方面，僧语 ສັນທັນຍາຫານເພນ 相当于日常老挝语 ກິນອາຫານທ່ຽງ，意为吃午餐，其结构为 ສັນ（吃）、ທັນຍາຫານ（食物、膳）、ເພນ（中午），没有一词与日常老挝语相同。与此类似的还有 ຖວາຍ、ເຄນ（献）、ຈຳວັດ（睡）、ພຸດທະບາດ（脚印）等词，其在日常老挝语中的对应词分别为 ມອບ、ບົລິຈາກ、ນອນ、ບາດ。此外，身体部位也有专门的用语，如 ພະສະທວີ（皮肤）、ພະເກສາ（头发），其在日常老挝语中的对应词分别为 ຜິວໜັງ、ຜົມ。在佛祖、僧王做主语时，在动词前加 ຊົງ 则是动词重要的语法标记。

此外，还有 ສະມາທິ（三昧）、ນິບພານ（涅槃）等佛教专门词汇。

需要说明的是，随着时间的推移，一些佛教用语演变为日常生活中的常用语，如 ສາທຸ 原是佛教祈祷用语，现也用在日常生活中表达美好祝愿。

六、结语

除了文字、人名、地名、词汇和僧语，佛教在语用等许多方面对老挝语也产生了重要的影响。老族人认为梵语和巴利语是高级的、文雅的语言，因此，即使一些词汇已存在于本民族中，老族人也要建立起一套梵语、巴利语词汇，并用于社会活动、外交场合和公文等正式场合。此外，佛教的禁忌文化也与日常老挝语中的委婉语有直接联系，例如佛教讲究因果轮回、福气和功德，所以人们常用ສິ້ນບຸນ（功德已尽）、ເຖິງແກ່ກາກ（期限已到）、ໝົດເວນໝົດກາກ（业尽）等委婉语来指死亡，而避讳随意使用ຕາຍ（死）这个词。

语言与文化相辅相成。佛教文化对老挝语的发展产生了巨大作用，同时也通过老挝语得以延续和传播。从老挝语中，我们可以洞悉佛教影响下老族人民的价值取向、文化观与传统习俗，这是研究老挝文化的一条重要途径。

参考文献

[1] 蔡文欑. 老挝人的姓名[J]. 印度支那, 1985, (4).

[2] 戴红亮. 壮、泰、傣通名比较及其反映文化演变[J]. 辽东学院学报(社会科学版), 2010, (3).

[3] 郝勇, 黄勇, 覃海伦. 老挝概论[M]. 广州: 世界图书出版公司, 2012.

[4] 何冬梅. 泰语构词研究[D]. 上海师范大学博士学位论文, 2012.

[5] 贺圣达. 东南亚历史重大问题研究——东南亚历史和文化: 从原始社会到19世纪初(上)[M]. 昆明: 云南人民出版社, 2015.

[6] 黄冰. 老挝语汉语词典[Z]. 昆明: 国际关系学院昆明分部, 2000.

[7] 鞠馨仪. 汉老谚语对比研究[D]. 广西民族大学硕士学位论文, 2011.

[8] 路丽梅, 王群会, 江培英. 新编汉语辞海[Z]. 北京: 光明日报出版社, 2012.

[9] 陆蕴联. 浅析老挝文字的渊源[J]. 东南亚纵横, 2007, (3).

[10] 陆蕴联, 张良民. 老挝语翻译教程[M]. 北京: 外语教学与研究出版社, 2004.

[11] 罗美珍. 傣、泰语地名结构分析及地图上的音译汉字[J]. 民族语文, 1999, (2).

[12] 任飞. 印度对缅甸、泰国、老挝语言文字的影响[J]. 东南亚纵横, 2002, (6).

[13] 颂赛. 老挝语中的外来词[J]. 东南亚纵横, 1990, (3).

[14] 苏婷婷. 老挝佬族姓名文化研究[D]. 广西民族大学硕士学位论文, 2015.

[15] 韦琴. 外来语对老挝语及老挝社会发展的作用和影响[D]. 广西民族大学硕士学位论文, 2010.

[16] 卫彦雄. 略论佛教对老挝社会的影响[J]. 东南亚纵横, 2010, (6).

[17] 于在照, 钟智翔. 东南亚文化概论[M]. 广州: 世界图书出版公司, 2014.

[18]张良民.老挝语实用语法[M].北京:外语教学与研究出版社,2001.
[19]ສົມແສງ ໄຊຍະວົງ. *ສຶກສາການຢືມຄຳໃນພາສາລາວ*[M]. ວຽງຈັນ:ໂຮງພິມມັນທາຕຸລາດ, 2005.
[20]ພູມີ ວົງວິຈິດ. *ໄວຍາກອນລາວ*[M]. ຂຳເນືອ:ພະແນກສຶກສາສູນກາງພິມຈຳຫນ່າຍ,1967.

论现代马来语日常交际中的经济机制影响

岑雨洋[①]

An Analyse on the Influence of Economic Mechanism in Modern Malay Daily Communication

【摘　要】 经济机制是众多语言机制中的一种,对现代马来语具有非常重要的作用和影响。通过对比研究法可以发现,在经济机制的作用下现代马来语日常交际中的许多词汇在使用上不完全按照正式标准马来语,而是出现了发音上的变化、缩略词、动词词缀的省略、网络日常用语的简写等较为特殊的情况。人们在享受经济机制给现代马来语日常交际带来便利的同时,也需要规范日常交际用语来确保国语得以长足发展。

【关键词】 现代马来语　日常交际　经济机制

Abstract: Economic mechanism is one of many language mechasim and it plays as an important role in modern Malay. By comparative research, it found that with the influence of economic mechanism, there are many sublte changes that can be seen in modern Malay, such as changing pronunciation of some words, using the acronym, omitting the verb affix, or simplifying the spelling on Internet. While enjoying the convenience in using modern Malay under the influence of economic mechanism, it's also necessary to standardlize daily-using words for the further development of Malay.

Keywords: Modern Malay; Daily Communication; Economic Mechanism

---

① 岑雨洋,广西民族大学东南亚语言文化学院硕士(在读),主要研究领域:马来西亚语言文化。

一、语言经济机制的定义与研究现状

21世纪是信息和知识爆炸的时代,随着互联网的高速发展和人工智能的问世,人类的生活已经发生了翻天覆地的变化。人们一天的生活从传递信息和接受信息开始,在这个过程中必须使用语言来充当媒介工具。语言的使用可以体现个人的知识背景和地位阶级,也能体现一个社会的风俗与文化。因此人类使用的语言体现着时代性特征,语言的发展和变化都与时代密切相关。

对于日常生活中使用的语言,人们常常在不知不觉中进行使用、变更,以便达成现实交流的需要。在一定的社会背景下,人们使用的语言会和规范、标准的语言有所区别和简化,有的变化是在符合语法要求的前提下进行的,但有的却越过语法规定的范畴由部分人群自发变化而成。对于这种现象,我们可以认为它是语言发展过程中经济机制作用和影响之下形成的。

关于经济机制与语言的关系,法国语言学家马丁内在他的著作《普通语言学纲要》首次提到了"经济机制"这一概念。我国当代著名语言学家伍铁平先生在其著作《普通语言学概要》中详尽地阐释了经济机制的概念及其在汉语中的运用。伍铁平先生认为,人类之所以能够准确而巧妙的利用语言为人类的日常生活服务,归根结底是因为语言的机制在起作用。[①]孙艳在其论文《试论语言的经济机制》中表示,随着现代社会的快速发展,人类每天接收和传达的信息量巨大,要想在最短时间内将信息准确地进行传达,满足社会各界的需要,就必须对使用的语言进行简化。这种现实的需要使得经济机制成为众多语言机制中最具有普遍性和代表性、具有描写价值和使用价值的一种。[②]近年来国内也有一些论著讨论了现实(主要环境为互联网)中缩略词的应用及其对语言影响,这也是对语言经济机制作用下具体的语言现象进行研究。国内学者认为,这一社会语言学新热点问题对于缩略词的探索研究,对于了解语言的发展和规范语言的使用有重要的作用。

基于上述理论与研究现状,笔者将利用文献查阅法、举例分析法、归纳法等方法,对现代马来语日常交际中的经济现象进行整理归纳,分析经济机制如何作用于现代马来语,尤其探讨经济机制如何影响现代马来语日常交际中使用的

[①] 伍铁平,叶斐声:《普通语言学概要》,北京:高等教育出版社,2006年,第45页。
[②] 孙艳:《试论语言的经济机制》,《青海师专学报》,1996年第2期。

词汇。

从词语的属性上来看，词语是现代马来语句子的组成部分，也是语法当中的最小单位。每一个词都具有各自的意思，通过使用若干词汇构成句子，就能表达出一个信息完整的意群，达到信息传达的效果。从语法研究的角度看，目前对于马来语语法的研究，尤其是马来西亚的语言学家，都把语法研究分为两大部分，一是词法研究，二是句法研究。词法研究就是从词的结构、形式以及词类这三个方面进行研究。词的结构主要研究词的音素构成及是否有实际意义；词的形式主要研究词在构成上所经过的派生方式；词类主要是将词划分成动词、名词、形容词和功能词等。① 可以说，词汇在现代马来语当中占据了半壁江山，其重要性不言而喻。

从语境角度来看，书面马来语和口语马来语均可存在于正式场合和非正式场合中，这些不断变化的语境使得现代马来语在不同的语境下有着各自的语言风格和特点。对于正式场合使用的马来语，它的用词更讲究、句子结构更缜密；对于非正式场合使用的马来语，它的遣词造句都十分简洁轻快，这无疑体现着经济机制对日常交际中使用的马来语的影响。②

二、经济机制在现代马来语日常交际词汇中的体现

经济机制对现代马来语词汇的影响巨大，从部分词汇发音上的变化、到缩略词的广泛运用、动词词缀的选择性省略、日常用语的简写，无不体现了这一影响。有的是出于交际环境需要而发生改变，有的是人们通过新媒体自发形成的变化。这些改变都使得现代马来语在风格上有所变化，马来西亚几位著名的语言学家对于现代马来语的语言风格有着自己的看法，尼克·萨菲亚·卡利姆、阿斯玛·哈吉·奥马尔和阿卜杜拉·哈桑都认为，根据不同的场合、领域和实际需要，人们的语言会变得丰富多彩，所使用的词句都体现着不同的特点。③

---

① Nik Safiah Karim et, al. Tatabahasa Dewan Edisi Ketiga. Kuala Lumpur: *Dewan Bahasa dan Pustaka*. 2015:43.

② Abdull Sukor Shaari et, al. *Bahasa Melayu Komunikasi*. Shah Alam: PTS Publications & Distributors Sdn. Bhd. 2003:11.

③ Ab. Razak Ab. Karim. *Kepelbagaian Laras Bahasa Melayu*. Kuala Lumpur: Akademi Pengajian Melayu Universiti Malaya. 2012:2-3.

(一)语音变化

经济机制在现代马来语当中，对语音产生了一定的影响，尤其是元音方面的变化。根据元音舌位图可以看出，马来语中6个单元音当中舌位较高的音节是i和u，舌位处于口腔中部的是a和e，舌位处在最低位置的是é和o。在元音的发音过程中，舌位最高的发音最费劲，舌位最低的发音较为轻松。[①]

马来人在日常交际过程中，自发地对某些音的发音部位进行了细小的调整和变化，但并未影响整体的交际效果。现代马来语中以辅音k结尾，以元音i和u为倒数第二个音素的单词，例如bilik（房间）、balik（返回）、baik（好）、untuk（为了）之类的单词出现在句子中时，发尾音ik和uk的时候会变化成［é］和［o］。这种变化实际上就是把闭音节k当成开音节来发，用相似的元音代替了原本k之前的元音。如果k被当成闭音节来发，后续语流就会因为闭音节的语音特性而暂时停住，严重影响了信息的传达。

为了避免因为前一个单词发力过猛而导致语流停顿的现象，马来语中这一语音上的转变和代替很好地解决了这个问题。在发［é］和［i］两个元音的时候，振动部位在舌头的前方，嘴唇也都呈展唇形态；在发［u］和［o］两个元音的时候亦是如此，振动部位均在舌头的后方，嘴唇都呈圆唇形态。这些相似性使得这两组元音在现实交流的过程中可以相互替代。

元音相互替代的现象在u处于两个辅音之间的单词当中也有所体现，例如cuba（尝试）、Tuhan（上帝、真主）、cuti（假期）等词在现实发音过程中也会变成［coba］、［Tohan］和［coti］。同样是因为含有高舌位［u］的音节会影响单词中下一个音节的发音，人们通常采用舌位较低的［o］来代替。这样细微的变化在日常交际中比较难被察觉，逐渐成为一种被广大使用者接受的新形式语言，对于人们交际来说作用重大。

(二)缩略词的运用

第二次世界大战结束之后，马来西亚取得了民族独立和国家解放，国家的政治、经济、文化、社会等方面的发展都日渐走向正轨。政府部门和地方机构的成立，城市和乡村的开发与建造让现代马来语当中出现了诸多蕴含丰富意义的新

---

① Paitoon M. Chaiyanara. *Fonetik dan Fonologi Bahasa Melayu.* Singapura: Wespac Consult Center. 2001:42-47.

名词。这些专有名词通常由若干个词构成，用来修饰功能、处所、对象等内容，在书面马来语中会占据较大的篇幅，在口语马来语中会花费较多的时间。因此人们开始用缩略词的形式将这些专有名词简化，方便人们在书面和口语中的交际需要。

缩略词在马来语中根据是否可以当成一个符合发音规律的单词而读出这一原则，划分为单词式缩略词或字母式缩略词。单词式缩略词可以当成一个单词读出，字母式缩略词只能将构成字母依次读出。单词式缩略词通常都是按照马来语的音节构成规律，选取一长串词组中的部分，例如所有构成词的第一个字母，或所有构成词的第一个音节，或按其他规律，组合成一个符合马来语音节规律的新单词。①

马来语中"马来西亚伊斯兰青年阵线"这一组织的马来语写法是 Angkatan Belia Islam Malaysia，其简称 ABIM 一词就是来自于 Angkatan、Belia、Islam、Malaysia 四个词的首字母组合而成，ABIM 一词在音素的构成上是 V-K-V-K 的形式，即元音—辅音—元音—辅音，符合马来语单词的音素构成规律。ABIM 是新组成的缩略词也是专有名词，与马来语的普通名词 abim 不存在意思相撞的现象，因为马来语中不存在 abim 一词。

马来西亚国家官方新闻通讯机构"马来西亚国家通讯社"的马来语表达 Berita Nasional Malaysia 在缩写的时候采取的办法是选取 Berita、Nasional、Malaysia 三个词的首音节 Ber、Na、Ma 组成 Bernama 一词。然而专有名词 Bernama 和普通词汇 bernama 因为读音相同，在非书面的语境下存在了冲突，因此在交际过程中，需要对两者在句子中充当的成分进行简单分析。专有名词 Bernama 在句中可充当主语和宾语，而普通词汇 bernama 在句中只能充当谓语。因此当遇到专有名词和普通词汇读音相同的时候，通过分析在句子中充当何种成分即可区别是专有名词还是普通名词。

现代马来语当中还有一部分简写词汇叫字母式缩略词，都以纯大写字母的形式出现。字母式缩略词不像单词式缩略词一样可以当成一个单词读出来，只能将其构成字母依次读出。例如马来西亚首都吉隆坡就被人们简称为 KL（Kuala Lumpur），八打灵再也被人们简称为 PJ（Petaling Jaya），东马沙巴州首府哥打基

---

① 卢水林：《英语缩略词研究中的现存问题及思考》，《西藏大学学报（社会科学版）》，2015年第2期。

那巴鲁被称为KK（Kota Kinabalu）。在马来语中，一些机构名词在日常交流过程中也会以缩略词的形式出现，例如联合国的马来语表达PBB（Pertubuhan Bangsa-Bangsa Bersatu）、马来西亚国家语文局的马来语表达DBP（Dewan Bahasa dan Pustaka）。这些词在马来语当中被广泛地使用，一方面，简短单词代替复杂词组，得以节省时间和空间；另一方面，其大写字母的书面形态以及逐个读出的口语形态能有效吸引读者和听者的注意力。

除了上述两种构词方法之外，马来语中还有一些普通词汇采取的办法是将第一个词的第一个音节和第二个词的最后一个音节组合，形成新的词汇。例如cerpen（小说）一词就是来自cerita（故事）和pendek（短的）两个词相结合。再如将第一个词的第一个音节和第二个词全部组合，例如jenama（品牌）一词来自jenis（种类）和nama（名字）组合而成。这些缩略词一个显著的特点是用新单词代替了原来复杂的词组，新单词也符合马来语的发音规律，甚至看不出组合的痕迹。

（三）动词词缀的省略

马来语的黏着性是其构词的主要特点之一，马来语新词的产生主要是通过词根加词缀的方式进行派生。例如现代马来语当中的动词，都会在词根基础上添加meN-...-kan这一动词词缀，并且根据词根首字母演变成men-...-kan, mem-...-kan, meng-...-kan, menge-...-kan四种形式。[①] 但在非正式场合里，动词词缀在使用过程中往往被马来西亚人选择性省略。

比方说"传达"这一动词，是通过词根sampai（到达）加上词缀meN-...-kan形成menyampaikan。但在口语马来语中，人们表达"传达、表达"等意思的时候，会去掉词缀的前缀部分，变成sampaikan；有的甚至去掉整个词缀，直接用词根sampai代替menyampaikan这一动词。又比如说"熄灯、关灯"的"熄、关"这一动词，书面马来语的表达是memadamkan，但人们在日常交际中使用的时候，也同样会把词缀的前半部分去掉，变成padamkan。

现代马来语中-kan是显著的动词标记符号，凡是带有-kan的词语基本上都是动词。既然-kan已经可以表达出动词的意思，人们就不会再把meN-这一部分添加到单词中，显得重复累赘。此外，meN-...-kan这一词缀在连接不同字母开头的词根时会发生太多变化，人们需要花一定的时间去思考具体如何变化，这会给

---

① Asmah Haji Omar. Nahu Melayu Mutakhir. Kuala Lumpur: Dewan Bahasa dan Pustaka. 2009:135.

交际的流畅性和实用性带来阻碍。因此在日常交际中，人们常常会省掉变化多端的词缀前半部分，而使用词缀的后半部分，亦或单独使用词根，同样可以使动词的表达效果得以完美地体现。

（四）词汇的简写

现代马来语词汇简写现象在正式用语以及非正式用语等语境中经常出现。正式用语如道路交通指示牌、歌曲创作等语境下常常见到简写的马来语词汇，这在很大程度是受具体文本和环境的限制造成的。正式用语语境的规范性和简洁性要求马来语词汇在不破坏语法规则的情况下进行篇幅上的缩减。

在歌曲等创作性语言环境中，字和词的数量、内容十分讲究。在歌曲中，歌词和旋律是互相牵制的关系，如果歌词内容太多，会让旋律显得十分急促。日常生活中马来西亚人表达第一人称"我"和第二人称"你"就与演唱歌曲中"我""你"不同。日常生活中人们会根据说话的对象来选择"你"的使用，对于同辈或晚辈用kamu，对于亲朋好友用awak，表示客气的用anda；对于"我"一词，马来语中有saya和aku等词语可供选用。在音乐歌曲当中，唱者和听者没有上下级之分，加上歌词"惜字如金"的原因，"你"通常只用一个音节的简写单词mu来表达，"我"也同样用ku来表达。

在马来西亚许多城市的交通指路牌上，词汇简写的现象也十分常见。在高速行驶的道路中，司机需要在最短的时间内清楚地看到道路的名称或者各方向地点的名称。假如每一个名称都用其原始形式呈现在指示牌上，同样大小的指示牌上显示出的信息就会少很多。当表达某条道路的名称时，jalan（道路）一词通常会被简写成Jln./JLN.，例如吉隆坡的Jalan Alor（亚罗街）会变成Jln. Alor。表达乡村名称时，kampung（村）一词通常会被简写成Kg，例如吉隆坡轻轨布特拉高原到鹅麦线当中的其中一站Kampung Baru（甘榜巴鲁）会写成Kg. Baru。同样是吉隆坡KTM铁路上的Sungai Gadut（加都河）也被简写成了Sg. Gadut。从这几个例子可以看出，由普通名词构成的中心词是人们已经烂熟于心的地方，而修饰名词才是具体的、变化的地方，人们通常将前中心名词简写而修饰名词不简写。

现代聊天通讯工具中的马来语词汇现象则是因为通讯交流发展的需要，最短的时间内需要传达最多的信息，简写词也就应运而生。简写的形式最初是依照部分人或者群体的聊天习惯，逐步发展成为全民通用的形式。随着时代的发展，词汇简写的现象将会越来越常见。①现代聊天通讯工具中出现的简写情况更是十分常见，大量简写词出现在Facebook，Messenger，Whatsapp等马来西亚人常用的网络聊天工具中。从日常用语到常用词汇，从名词到动词到形容词，简写词可谓比比皆是、琳琅满目。②

常见的名词简写如nombor（编号）简写成no.，bahasa（语言）简写成bhs，kawan（朋友）简写成kwn，kakak（姐姐）简写成kak等。常见的动词简写如jumpa（见面）简写成jpa，pergi（去）pgi，nanti（等待；待会）简写成nti等。大多数介词都有其简写形式，如daripada（从，来）简写成drpd，kepada（向）简写成kpd，dan lain-lain（等等）简写成dll，pada（在，位于）简写成pd，seperti（比如，例如）简写成spt，dalam（在……里）简写成dlm等等。

尽管在互联网的影响下，人们使用的语言变化多端形式多样，使用工具的人群也十分广泛。这也给语言的管理和规范带来一定的挑战，但时代在发展，人们也在不断地创造语言，不断地用最简单的方式表达出人类想表达的意思，这也促成了新词的不断出现和语言的进一步发展。

三、经济机制对现代马来语的影响与挑战

经济机制作为众多语言机制的一种，在实际应用中体现出了广泛的应用性和极强的生命力。经济机制给人们的日常交流用语带来了巨大的便利，让现代马来语的发展呈现了多元化的趋势。在经济机制的作用下，马来语的词汇在读音更加便捷易懂，马来语缩略词的广泛运用节省了大量的空间和时间，马来语的简写词让人们的通讯交流日益迅速。这些都是经济机制给现代马来语日常交际带来的便捷。

经济机制给现代马来语带来便捷的同时，也对今后马来语的发展造成了一定的冲击。首先，缩略词的使用会让人们养成偷懒的习惯，久而久之只识缩略形式而忘记了原形，这不利于原本名词意思的表达。其次，简写词的使用影响了语言环境的纯洁性，如果说缩略词是约定俗称的词语的话，简写词是非正规的、不符合语法规律的词，这类词的滥用会导致整个民族习惯于错误的语言，影响现代马

---

① 高岩：《网络语言中缩略词的分析与研究》，《语文建设》，2014年第15期。
② Bahagian Penyelidikan Bahasa Jabatan Bahasa Dewan Bahasa dan Pustaka. Panduan Singkatan Khidmat Pesanan Ringkas Bahasa Melayu. 2008.

来语在正式场合使用的准确性。

对于一些约定俗成的缩略形式，又符合经济机制要求和日常交流需要的，马来西亚国家语言机构国家语文局是大力支持的。国家语文局出版的权威马来语语法书专门将缩略词的构词形式进行了分类讲解，规范了缩略词的使用。此外，国家语文局还提倡在第一次提到缩略词的原形式时，应当完整地表达出其原形式，之后再遇到时方可省略。

对于那些因为影响人们交际过程中的速度而被简写的词汇，国家语文局是不提倡使用的，尽管从经济机制角度考虑这类词在使用上频率更高更能为大众所接受。为了规范这类网络用语，马来西亚国家语文局专门撰写了相关报告，规范了简写词的简写形式，同时告诫人们在使用简写形式的时候不应该忘记原形式，因为原形式才是自己国家的国语。此外这类词的使用在场合上尤为需要注意，正式马来语语境下坚决不允许出现，非正式马来语语境下可适度出现。

经济机制对现代马来语的影响已经显而易见，其影响也有利有弊，对于使用现代马来语的人来说，无论是马来西亚人还是其他人，都应当正确认识经济机制的作用和影响，让经济机制更好地服务语言的发展和人类沟通的进步。

参考文献

［1］Ab. Razak Ab. Karim. *Kepelbagaian Laras Bahasa Melayu*［M］. Kuala Lumpur: Akademi Pengajian Melayu Universiti Malaya. 2012.

［2］Abdull Sukor Shaari et, al. *Bahasa Melayu Komunikasi*［M］. Shah Alam: PTS Publications & Distributors Sdn. Bhd. 2003.

［3］Asmah Haji Omar. *Nahu Melayu Mutakhir*［M］. Kuala Lumpur: Dewan Bahasa dan Pustaka. 2009.

［4］Bahagian Penyelidikan Bahasa Jabatan Bahasa. *Panduan Singkatan Khidmat Pesanan Ringkas（SMS）Bahasa Melayu*［M］. Kuala Lumpur: Dewan Bahasa dan Pustaka. 2008.

［5］Nik Safiah Karim et, al. *Tatabahasa Dewan Edisi Ketiga*［M］. Kuala Lumpur: Dewan Bahasa dan Pustaka. 2015.

［6］Paitoon M. Chaiyanara. *Fonetik dan Fonologi Bahasa Melayu*［M］. Singapura: Wespac Consult Center. 2001.

[7]高岩.网络语言中缩略词的分析与研究[J].语文建设,2014,(15).
[8]卢水林.英语缩略词研究中的现存问题及思考[J].西藏大学学报(社会科学版),2015,(2).
[9]孙艳.试论语言的经济机制[J].青海师专学报,1996,(2).
[10]伍铁平主编,叶蜚声等编著.普通语言学概要[M].北京:高等教育出版社.2006.

拉丁化国语字在越南现代文化认同建构过程中的地位

左荣全[①]

Discussion on the Status of the Latinized Chu Quoc Ngu in the Process of Modern Cultural Identity Construction in Vietnam

【摘　要】 古代越南是"汉字文化圈"国家中的一员，社会各界对汉字有着强烈认同。至20世纪初，汉字认同出现动摇，并最终为拉丁化国语字认同所取代。拉丁化国语字以其字母外形而与汉字相区隔，由此标示出越南文化之"异"，并与当时同质化程度还很高的中国文化相区隔。此时的拉丁化国语字已经超越了最初普及知识、开民智的工具性质，成为越南现代文化载体的核心。在建构越南现代民族文化认同的过程中，拉丁化国语字发挥了重要作用。

【关键词】 越南　拉丁化国语字　文化认同　地位

Abstract: The Vietnamese identification to the Chinese characters which had lasted for nearly one thousand years was shaken and finally had been replaced by the identification to the Latin Chu Quoc Ngu in the early 20th Century. The development process from the Chinese characters to the Latin Chu Quoc Ngu reflects the change track of the Vietnamese characters identity psychology in modern times. It is also the concentrated expression of the changes of the social cultural identity in modern Vietnam. The identification to Latin Chu Quoc Ngu is an important means of constructing the identification to Vietnamese national culture.

Key words: Chu Quoc Ngu; Identily; Vietnam

[①] 左荣全，信息工程大学洛阳校区亚非语言文学系博士。

越南古代是"汉字文化圈"国家中的成员之一，社会各界对汉字有着强烈认同[1]。1904年出版的《文明新学策》首倡"国语字"，标志着越南汉字认同开始出现动摇。东京义塾运动第一次在越南大规模推广普及拉丁化国语字，越南民众的文字认同，开始从汉字逐渐转移到拉丁化国语字上。从汉字到拉丁化国语字的发展过程，反映了近现代越南社会文字认同心理的变迁轨迹，也是近现代越南社会文化认同心理变迁的集中体现。越南拉丁化国语字认同形成的过程，与越南民族、国家、文化的近现代化发展过程同步。拉丁化国语字的民族文字身份认同是建构越南现代民族文化认同心理的重要手段之一。

一、拉丁化国语字认同的形成

越南拉丁化国语字[2]（chữ quốc ngữ Latinh）是用拉丁字母（a, b, c…）组成的语音系统来记录越南语的一种文字。它用29个字母和5个声调符号[3]，按照一定拼音规则组成数以千计的音节，继而组成数以万计的词汇。它是一种音位字母文字，读法与写法基本一致。只要掌握字母的读音、写法和拼音规则，便可以实现听到一个音就能写下来，看到一个字就能读出来，因此易认、易学、易读、易写，便于扫盲。它通过字母外形与方块汉字完全区别开来。

从17世纪初开始，一些西方传教士赴越南传教，在传教的过程中为越南语创制了文字。其中，最主要的当属罗历山[4]（1593—1660）、百多禄（1741—1799）和达贝（1794—1840）三位。1651年，罗历山在罗马出版了《越南语—葡萄牙语—拉丁语字典》，这是拉丁化国语字的第一部字典，标志着拉丁化国语字的诞生。由于早期传教与殖民侵略同步，拉丁化国语字创制出来后遭到越南民众的抵制，在两个多世纪的时间里，其使用范围仅限于传教。

1858年，法国以保护传教士为借口，与西班牙组成联合舰队、炮击岘港、发

---

[1] 参见拙文：《论越南古代的汉字认同及其近代变迁》，《东南亚南亚研究》，2016年第3期，第73—79页。
[2] 越南学者将这种文字称为"越字""国语字"或"拉丁化国语字"；中国学术界对其称谓颇不一致，常见的有"拉丁化国语字""拉丁化拼音文字""拉丁化越南文""越南语拼音文字""拉丁化国语""拉丁化越南语"等，本文一律称作"拉丁化国语字"。
[3] 在6个声调中"平声"没有标写符号，故只有5个声调符号。
[4] 即Alexandre de Rhodes，亚历山大·德·罗德，"罗历山"是其汉名。参见：耿升：《北圻与中国传统文化——法国入华耶稣会士罗历山及其对"东京王国"的研究》，《西北第二民族学院学报》，2005年第1期，第18—24页。

动了对越南的殖民侵略战争，拉开了越南近代史的序幕。由于进攻并不顺利，殖民者转而选择了远离政治中心的南方嘉定。1859年2月18日，法军下令进攻嘉定城。1862年，阮朝与法国缔结第一次《西贡条约》，边和、嘉定、定祥三省和昆仑岛被割让给法国。1865年，第一份拉丁化国语字报《嘉定报》在西贡创刊，负责人张永记。从荷兰莱登图书馆现藏3期《嘉定报》均为汉字版来看①，该报很可能同时发行汉字、拉丁化国语字两个版本。张永记（1837—1898）等少数人最早用这种字母文字撰文，发表在南圻法国殖民政府的报刊上。但在当时，其他大多数的越南人都还认为，拉丁化国语字是不可理喻的蛮夷文字，只有汉字才是唯一值得尊重的书面语。直到20世纪初，拉丁化国语字才开始被推尊为"国语字"。

就目前所掌握的资料来看，最早提出"国语字"概念的书籍是《文明新学策》②，该书的作者可能是吴德继（1879—1929）。该书1904年刊板印刷，后被东京义塾用作教材。《文明新学策》提出开民智的六条举措："今既已仰头上望，低头俯视，沉吟思考到底，在千难万苦之间寻找开民智的办法，则看到只有六条道路：用国语字、校订书籍、改进科举、鼓舞人才、振兴工艺、开报业"③。针对文字，《文明新学策》指出，各国都有本国文字，而越南则仍然没有，这是很奇怪的一点，并且成为开民智的巨大阻碍。尽管当时汉字还被越南人民称之为"咱们的字"，与"西字"相对，但《文明新学策》不主张用汉字，也不主张用喃字，而是用拉丁化国语字。《文明新学策》指出"国语字"不一定要是正式使用上千年的文字，并肯定拉丁化国语字是最贴近民族言语的文字，简便易学，最便于开民智④。

---

① 越南学者张文平在《荷兰莱登图书馆藏汉喃书籍》一文中介绍："《嘉定报》是根据南圻法国殖民政府的命令，在嘉定出版的越南最古的汉字杂志。内容包括一些通报、报告、法国殖民政府当时的各种活动"。该报规格22厘米×12厘米。荷兰莱登图书馆现藏3期《嘉定报》杂志，装订成1本，这3期分别是1866年8月的第□期，共19张，每面9行每行20字；1867年12月的第8期，共4张，每面8行每行23字；1869年4月的第1期，共8张，每面9行每行22字。国英在《法属殖民地制度下越南旧汉学的几个特征》文中称该报创刊于1864年，1897年停刊。从当时其他两份报刊皆为汉字报刊来看，《嘉定报》至少存在汉字版。发生分歧的原因可能是这样的，《嘉定报》采用两种文字同时发行，至20世纪初很多越南报刊都如此运行。
② Vũ Thế Khôi. Tác giả Văn minh tân học sách phải chăng là của Ngô Đức Kế[J]. Tạp chí Hán Nôm. 2009, Số 2（93）. Tr. 22-32.
③ Trần Văn Giàu. Sự Phát triển của Tư tưởng Việt Nam từ thế kỷ XIX đếuốáạáá Ⅱ ọãộâộ
④ Trần Văn Giàu. Sự Phát triển của Tư tưởng Việt Nam từ thế kỷ XIX đếuốáạáá Ⅱ ọãộâộ

1907年，越南社会开始提倡拉丁化国语字并形成一场运动。越南民族主义革命家潘佩珠发表《新越南》一文，主张把拉丁化国语字引进越南教育系统。是年3月，梁文玕在在河内桃行街创办东京义塾，校长为阮权。东京义塾运动第一次在越南大规模推广普及拉丁化国语字。东京义塾按照新学科体系编辑了13部教材，其中汉字书籍9部、拉丁化国语字书籍4部。阮权说："我与同志们、兄弟们的观点是使用国语字传播泰西学术，并完全放弃汉字诗赋文章。但老一代人则多数倾向于教汉字和从事古代的举业。起初，我和几个同志兄弟很是耗费了一番苦心，才使朽儒们相信，使用国文普及教育有效力，并赞成以国文作为学校各学科的根本文字"。①阮权这番话告诉我们，越南儒士们从这时起，才开始接受拉丁化国语字。

东京义塾编辑了13部教材，其中汉字教材9部，拉丁化国语字教材4部。东京义塾的教材还流传到社会上，影响颇为广泛。部分儒生还出版机关报——《登鼓丛报》。《登鼓丛报》在创刊号中采取了汉文、越南语两版并载的形式。这是河内第一次用拉丁化国语字发行报纸。报纸的内容一部分是拉丁化国语字，一部分是汉字与喃字。内容主要是鼓动爱国，鼓励改革，讽刺陋俗、强豪、假文明等。东京义塾在推广普及拉丁化国语字方面做出了重要贡献，越南学者陈辉燎这样评价道："除政治影响外，东京义塾在文化方面也作出了一份具体的贡献。当时，汉字排挤了国语字正式的地位。人们习惯上还称汉字为'咱们的字'。士大夫们对于'弯弯曲曲'的字还非常不惬意，轻视'大众化语言'的学习方法，东京义塾曾经积极鼓励人们学习国语字。鼓励学习国语字的歌篇从学生、市民传到农民中，掀起了一个壮阔的学习国语字的运动。同时，东京义塾的编辑组曾经编辑了各种书报，并把东西方的书籍译成国语字，供大家阅读。有点值得注意的是：也在同一时期，越南的语言中传入了一些新名词。由于国语字的日益普及，由于与新学的接触，东京义塾在我国人民中大胆地传播了一些新名词。例如：进化、经济、革命等字眼，在开始时，不仅平民觉得生疏，就是懂得汉字的读书人也同样感到生疏。后来，通过东京义塾的一些书报，人们逐渐熟悉了这些名词，它们后来在越南语中'入籍'了。这里，我们必须记下东京义塾的一份功绩"②。

---

① Trần Văn Giàu. Sự Phát triển của Tư tưởng Việt Nam từ thế kỷ ⅩⅨ đếưóáqáậ Ⅱ oãâậăộ
② ［越］陈辉燎著，范宏科、吕谷译：《越南人民抗法八十年史（第一卷）》，北京：生活·读书·新知三联书店，1973年，第208页。

东京义塾很快发展为一场爱国运动。1907年11月，法国殖民者查封了东京义塾。东京义塾尽管仅存在了9个月，但影响却极为广泛深远。经过东京义塾的推广普及，"国语"和"国语字"的观念开始确立并逐渐深入人心。在这个过程中，越南社会对汉字、喃字和拉丁化国语字三种文字的认同心理发生了较大变迁，甚至是截然相反。

越南古今社会文字认同心理变迁简表

	古代	现代	备注
汉字	国粹/咱们的字、安南字、儒字、圣贤之字	"侵略"、借用/外国字	郡县时期为奠基期，丁朝建立后分成三个阶段，至1945年完全废除，距今72年
喃字	粗野、鄙陋、不正之父、不登大雅之堂/俗字、国音字	民族意识和爱国的象征/民族文字	官方在喃字创制过程中始终缺失，使其未获规范整顿，长期处于自然状态
拉丁化国语字	殖民、侵略、排斥/西字、外国人造的字	推崇/国语字	由传教士创制，长期受抵制，仅用于传教；20世纪初被尊为国语字，1945年起为越南官方文字，至今72年

第一次世界大战爆发后，法国殖民地政府开始承认拉丁化国语字在行政、教育、出版方面有仅次于法文的正式地位。越南人民开始将拉丁化国语字作为开民智、普及新文化和争取独立的重要工具，法国殖民当局开始转而压制拉丁化国语字。但拉丁化国语字已经势不可挡，社会各界兴起一股兴学、办拉丁化国语字报的风潮。

继西贡之后，河内开始出现拉丁化国语字报刊，如《印度支那杂志》1913年创刊，《南风杂志》1917年创刊。其中，《南风杂志》在拉丁化国语字的推广普及和拉丁化国语字确立过程中，发挥了重要的推动作用。例如，主编范琼在1919年2月号上撰《论国语文中汉字的使用》一文，该文确定了越南语、拉丁化国语字的内涵及与汉字汉文之间的界限：拉丁化国语字为越南语的书面语；汉字不在拉丁化国语字中使用，置于越南语之外；汉文也置于越南语之外，作为越南语的补充使用；汉越词为越南语内部不可或缺的构成要素[①]。

---

① Phạm Quỳnh. *Bàn về sự dùng chữ nho trong văn quốc ngữ* [J]. Tạp chí Nam Phong. Số 20, 1919. Tr. 83-97.

法国殖民当局在1917年至1919年间实施第二次教育改革，废除科举制度，使汉字不能再在官僚培养领域发挥作用。另一方面，肯定以教法语为主的"法越学校"为唯一的公共教育机关。此外，顺应舆论要求，从1923年开始对小学第一学年至第三学年的教育使用越南语进行。越南语"国语"地位的确立，拉丁化国语字的"国语字""国文"地位随即也获得肯定。越南民众的文字认同，开始从汉字转移到拉丁化国语字上。

二、拉丁化国语字认同的特点

（一）与汉字相区隔

随着拉丁化国语字"国文"地位的确立，汉字从"咱们的字"转变为"外国字"，在文字上寻求与汉字相区隔，成为拉丁化国语字的突出特征。与喃字不同[①]，拉丁化国语字从创制那一刻起似乎就是为与汉字相区隔。西方殖民者在瓜分殖民地的过程中，善于制造文化分裂和民族冲突，以便其分而治之。从西方传教士为中国西南各省创制汉语拼音，而在越南创制文字就可以看出，他们从一开始就已经在为割裂越南与中国之间的文化联系做准备。法国殖民者首先就着手切断越南当时与中国在文化上的血脉联系，并选中拉丁化国语字这种字母文字，作为向法语的过渡。法国殖民者蓄意提高拉丁化国语字的地位，最初却遭到越南民众的强烈反对。如越南爱国志士武继（1818—1905）《却学西字》一诗写道："中州教化久渐磨，心舌心声换了何。笔紊鸾书难下手，音非鹦舌反敧牙。铸人楷范怀先进，鸣世文章忆故家。谓我歌谣知我者，我先我后我儒科。"范玉簪《丁未年罢旧试命从西学不肯往》一诗曰："世道更张渐入微，我生之后果何为？古来惟有一孔子，人世愿无双朱熹。缺舌人焉尤缺舌，咪离我又甚咪离。沈思玩虑都焦思，那里安闲有几知"[②]。

随着中国近代在东亚影响力的衰弱、法国殖民当局的蓄意打压、"汉字落后论"的甚嚣尘上，特别是越南民族主义的兴起，越南进步人士开始改变对拉丁化

[①] 林明华认为："喃字既不是为了取代汉字，也不是为了对汉字进行什么改革，而是为了弥补汉字单独作为具有复杂词汇构成的越语的书写符号之不足而创造出来的"。参见：林明华：《喃字界说 越南语言文化散步》，香港：开益出版社，2002年，第87页。

[②] Phạm Đức Duật. Một nhà nho, một thi nhân cuối thế kỷ XIX đầu thế kỷ XX [C]//Viện Hán nôm.Thông báo Hán Nôm học 2010. Tr.79-96.

国语字的态度，从被动拉丁化转变为主动拉丁化。他们提出应该推广拉丁化国语字的外在理由是有利于开民智，但最看重的还是它与汉字明显相区隔。这与当时越南社会出现的本土文化认同趋势相符。

（二）官方大力推广

从法国殖民者欲用拉丁化国语字作为向法语的过渡而提高其地位起，拉丁化国语字在越南就一直获得官方（包括法国殖民政府、越南政府）的大力推广。1938年5月25日，国语传播会在河内成立。是年7月29日，北圻统使签署第3622-A号决定予以承认。最初的会员包括：阮文素（会长），裴己、尊室平（副会长），潘清（书记），范有章、管春南（副书记），邓台梅（出纳），阮文卢、武元甲（副出纳），顾问有：阮文暄、陈重金、黄春瀚和黎鹊。国语传播会分别在南、中、北三圻乃至各省成立分会，主要活动形式是开办夜校。编印适合成人的拉丁化国语字夜校教材，向学生免费提供书籍纸笔。此外还编了一些习读教材和通识书籍，建立平民图书馆。国语传播会存在了7年[①]，为约7~8万人扫盲。国语传播会实施的新教育方法，对此后的拉丁化国语字教育影响极大。此外，它还广泛普及了"国语字"概念，使其为社会大众广泛接受。

1945年越南民主共和国成立后，在越南北方带强制性地推行拉丁化国语字。临时政府规定所有国民必须接受免费的拉丁化国语字教育，一年之内，8岁以上公民必须达到会读写的要求，否则进行罚款。政府为农民和手工业者举办平民夜校补习班[②]。如逢集日，在路口设识字牌，凡会读拉丁化国语字的人，才允许去赶集，不会读的人只能打道回府。这些政策和措施，极大地推动了拉丁化国语字的普及应用。"到了20世纪50年代初，拉丁化拼音文字便居统治地位"[③]。

越南政府把越南语和拉丁化国语字称为普通话和普通字。1980年越南政府第53号令中明确规定普通话和普通字是越南民族共同体的通用语言，是全国各民族和地区间不可缺少的交际工具。每个越南人都有学习使用普通话、普通字的义务和权利。

---

① 国语传播会用7年时间才为7—8万人扫盲，说明文字替代是一项多么繁重艰巨的过程，绝非一蹴而就。此外，1945年越南民主共和国成立后，国语传播会被"平民学务"所取代，国语传播会将全部书籍和教具移交给平民学务。
② Nguyễn Thiện Giáp. Chính sách ngôn ngữ ở việt Nam qua các thời kì lịch sử[J]. Ngôn Ngữ. 2006,(1).
③ 范宏贵，刘志强：《越南语言文化探究》，北京：民族出版社，2010年，第270页。

（三）正字活动收效甚微

越南政府按照胡志明语言观的指导思想为发展越南语先后提出了"改进拉丁化国语字""保持越南语纯洁性"和"越南语标准化"等主张，开展了各种活动。印支共产党越南文化纲领就提出"改进拉丁化国语字"是马列主义文化工作者的紧急任务。1960年关于改进拉丁化国语字的会议在河内召开并成立了改进国语字委员会。1966年越南政府提出开展"保持越南语的纯洁性"运动，指导原则是：保护和发展自己原有的字词；说和写要符合越南语语法；各种文体要注意保留越南语的特色、精华和风格。1980年前后，越南政府发起"越南语标准化"运动，成立了书写规范委员会和术语规范委员会，并于1983年公布了决议。1994年越南政府就广告活动中的越南语使用规范做出了规定。

毋庸讳言，现当代越南官方的各种正字活动，主要针对的是各种汉越词，历次运动的目的主要是提高"纯越词"的使用和减少汉越词的使用。不过，即便是官方发起的各种正字活动，也无法改变越南语言文字的历史与客观实际，汉越词目前仍保持在70%左右。总体上看，拉丁化国语字的正字活动多表现为雷声大雨点小，至今没有取得明显的成效[1]。

三、越南现代文化认同的特点

（一）儒释道三教文化是基础

1006年，前黎朝黎龙铤（卧朝）"改定文武官制及朝服，一遵于宋。"[2]这是独立后越南尊崇中国职官、衣冠的开始。从前黎朝至后黎朝期间，越南多次从中国迎请汉文《大藏经》《九经》等典籍。从陈朝开始，越南官方推广理学。黎朝推广《二十四训条》《教化四十七条》等，社会有普遍儒家化的倾向。这种倾向在阮朝独立时期更是无以复加。由此可见，越南独立建国后，社会的发展始终与儒释道三教文化密不可分。

越南社会越南学者陈重金认为："当儒教、老教、佛教在中国兴盛之时，我交州之地还属于中国，因而我们的人也皈依了这些宗教。后来我国自主之后，这些教更形兴盛，例如佛教盛于丁朝、前黎朝和李朝，而儒教盛于陈朝以降。凡风俗和政治大抵都是由学术和宗教演化而出。而我们的人已尊奉了中国的学术和宗

---

[1] 赵爽：《越南历史上的语言政策和语言问题》，《东方语言文化论丛》，2007年，第7页。
[2] ［越］潘清简：《钦定越史通鉴纲目正编卷一》，顺化：阮朝国史馆，1884年，第40-41页。

教,则我们的一切也都完全效法中国。""中国及受其影响的国家都根据这三教的宗旨,形成了相同的信仰、伦理和风俗习惯"。① 由此可见,儒释道三教文化是所谓纯正越南文化的根源,现代文化建立在此基础之上。

(二)标示越南文化之"异"成为主流

越南古代学者李文馥(1785—1849)在《夷辨》一文指出:"我越非他,古中国圣人炎帝神农氏之后也。……以言乎治法,则本之二帝三王;以言乎道统,则本之六经四书。家孔孟而户程朱,其学也;源左国而流班马,其文也。诗赋则昭明文选,而以李杜为依归;字画则周礼六书,而以钟王为楷式。宾贤取士,汉唐之科目也;博带峨冠,宋明之衣服也。推而举之,其大也如是,而谓之夷,则吾不知其何如为华也?"② 可见,越南古代有着汉文化认同:祖述神农认同华夏拒绝夷的认同,具体表现在对华夏之治法、道统、哲学、文化、诗赋、书法、科举、衣冠等的尊崇上。

至近代,"由于中国在东亚优势地位的衰落,一些曾经长期处于中国政治与文化影响之下的邻国也出现了新的本土文化认同趋向。"③ 其中包括越南。世界上任何一个国家都不是孤立存在,古代越南认同于"汉字文化圈",现代越南认同于东南亚。古代越南与"汉字文化圈"国家之间的"同"与如何坚持越南的独特性,即"异",是一个长期斗争的主线。总体上看,近代以前,寻求与"汉字文化圈"国家认同的心理("同"),更胜于寻求越南的独特性("异")意识。

在古代,不论是冯克宽所说的"彼此虽殊山海域,渊源同一圣贤书。"(《答朝鲜国使李晬光》),还是胡朝开国者胡季犛所说的"欲问安南事,安南风俗淳。衣冠唐制度,礼乐汉君臣。"(《答北人问安南风俗》)都表明了这种"求同"的心理趋向。而朱浤源通过对黎贵惇、吴时仕等越南古代大学问家的科举答卷的考察,得出古代中越在文化方面同质程度颇高④的结论。

---

① [越]陈重金著,戴可来译:《越南史略》,北京:商务印书馆,1992年。
② 葛兆光、郑克孟主编,[越]李文馥:《闽行集咏·夷辨 越南汉文燕行文献集成(第十二册)》,上海:复旦大学出版社,2010年,第257-262页。
③ 马戎:《民族社会学——社会学的族群关系研究》,北京大学出版社,2004年,第582页。
④ 如朱浤源《东方政治文化的特质:以黎贵惇与吴时仕应试问答为例》一文认为"越南的科举文学,从黎、吴等士子之作品看来,可以说百分之九十五与'中土'无异"。参见:朱浤源:《东方政治文化的特质:以黎贵惇与吴时仕应试问答为例》,2007年,http://www.hannom.org.vn/detail.asp?param=878&catid=6.

20世纪以降，努力追求民族文化之独立特征成为主题，对东南亚国家身份、地位的认同[①]超出了对"汉字文化圈"国家的认同。从此，越南学者不再追求与"汉文化圈"的"同"，一而再地标示越南之"异"。传统的儒释道三教文化也被冠以"古传文化""本色文化"等称谓。这不仅是近代以来越南的时代潮流，也是对近代以前过于热衷"求同"心理的一种反动。

（三）拉丁化国语字是标异的外在形式

我的老师孙衍峰教授在《越南文化的特点刍议》一文中认为越南文化包括中国基因、西方印记和本土脉络三个部分[②]。这些不同来源的文化经过拉丁化国语字的统一编码而异源同流，融汇成独具特色的越南现代文化。如前引陈重金所述，儒释道三教文化是越南本色文化的根源，但由于文字形式的拉丁化后，儒释道三教文化在越南似乎已经隐形了。如今欲考察越南的儒释道三教文化，首先需突破拉丁化国语字的这层外衣。拉丁化国语字的这种统一编码堪称越南文化的基因重组，它使各种外来文化从内容到形式都彻底越南化，并从外形上就标示出与其源头文化之"异"。

四、拉丁化国语字的地位

越南古代长期学习和使用汉字，是基于祖述神农认同华夏的文化认同。越南沦为法属殖民地后，其亚朝贡体系自行崩溃，在"内夏外夷"基础上的文化认同亦不复存在。越南民众也曾一度强烈反对法国殖民当局所推行的文字政策，其实质是在反对法国殖民者的同化政策，捍卫本民族的传统文化。此后越南各界人士主动推广拉丁化国语字，其实质是在推动形成拉丁化国语字的新认同，推动形成越南文化的新认同，拉丁化国语字俨然成为越南民族尊严的象征。汉字在越南文字史上地位的演变过程，特别是从汉字到拉丁化国语字的发展过程，反映了近现代越南社会文字认同心理的变迁轨迹，更是近现代越南社会文化认同心理变迁的集中体现。

拉丁化国语字认同的不断加强，也就是近现代越南民族文化不断强大的过程。在与中、法等国文化接触的过程中，拉丁化国语字作为民族文字的身份在与

---

① 参见拙文：《论越南东盟化过程中文化等认同的变迁——兼论对中越关系的影响》，《东南亚之窗》，2014年第1期，第1-8页。

② 孙衍峰：《越南文化的特点刍议》，《东方语言文化论丛》，2015年第34期，第444-454页。

汉字的区别中不断被加强，通过这些差异建构起拉丁化国语字的身份特征，而这些特征就构成了拉丁化国语字的文化背景。拉丁化国语字的身份成了越南文化心理的一种载体，一种外在的体现。越南人民在使用拉丁化国语字时所体现出来的心理行为风貌，建构了越南民族的文化心理。拉丁化国语字身份的认同，其本质上是一种对越南民族文化或社会历史的趋同心理。

由于古代中越文化之间同质化程度颇高。因此，拉丁化国语字民族文字身份的认同是建构越南民族文化心理的重要手段。儒释道三教典籍被翻译为拉丁化国语字后，似乎也像拉丁化国语字与汉字在外形上明显相区隔一样，与以汉字为载体的儒释道三教文化相区隔。在标示越南文化之"异"的过程中，拉丁化国语字的字母外形发挥了重要作用。它已经超越了最初普及知识、开民智的工具性质，成为越南现代文化载体的核心，亦即重要组成部分。

参考文献

[1][越]潘清简.钦定越史通鉴纲目[M].顺化：阮朝国史馆，1884.

[2][越]李文馥.闽行集咏·夷辩[C]//葛兆光、郑克孟主编.越南汉文燕行文献集成（第十二册）.上海：复旦大学出版社，2010.

[3][越]陈重金著，戴可来译：越南史略[M].北京：商务印书馆，1992.

[4][越]陈辉燎著，范宏科、吕谷译：越南人民抗法八十年史（第一卷）[M].上海：三联书店，1973.

[5]林明华.越南语言文化散步[M].香港：开益出版社，2002.

[6]范宏贵、刘志强.越南语言文化探究[M].北京：民族出版社，2010.

[7]马戎.民族社会学——社会学的族群关系研究[M].北京大学出版社，2004.

[8]孙衍峰.越南文化的特点刍议[J].东方语言文化论丛.2015,（34）.

[9]耿升.北圻与中国传统文化——法国入华耶稣会士罗历山及其对"东京王国"的研究[J].西北第二民族学院学报.2005,（65）.

[10]左荣全.论越南古代的汉字认同及其近代变迁[J].东南亚南亚研究.2016,（3）.

[11]Trần Văn Giàu. *Sự Phát triển của Tư tưởng Việt Nam từ thế kỷ XIX đến trước Cách Mạng tháng 8* (tập Ⅱ). Nxb. Khoa học xã hội, Hà Nội. 2003.

[12]Nguyễn Thiện Giáp. *Chính sách ngôn ngữ ở việt Nam qua các thời kì lịch sử*[J].

Ngôn Ngữ. 2006, (1).

[13] Phạm Quỳnh. *Bàn về sự dùng chữ nho trong văn quốc ngữ*[J]. Tạp chí Nam Phong. Số 20, 1919.

[14] Vũ Thế Khôi. *Tác giả Văn minh tân học sách phải chăng là của Ngô Đức Kế*[J]. Tạp chí Hán Nôm. 2009, Số 2 (93).

[15] Phạm Đức Duật. *Một nhà nho, một thi nhân cuối thế kỷ* XIX *đầu thế kỷ* XX [C] //Viện Hán nôm.Thông báo Hán Nôm học 2010.

从马来语中的外来词看马来民族的文化特征

韦 祎①

On Malays Cultural Characteristics through Malay Loanwords

【摘 要】语言作为文化的载体,其中外来词的吸收反映了一个民族的文化交融和变迁,也反映出一个民族的文化特征。马来群岛自古以来就是东西方贸易的交通要道,文化的融合在这里表现得更加突出。马来语在发展的过程中,先后吸收了大量梵语、阿拉伯语、英语和汉语的外来词,反映出不同文化的交融。马来语中外来词吸收的过程,正是文化变迁的过程,马来文化正是在这一过程中得到不断塑造。本文首先归纳总结了马来语中的外来词现象,进而分析了外来词借入的历史文化背景。从马来语外来词吸收的过程中,可以看到马来民族的文化是一种具有开放性、创造性和多样性的文化,马来文化是在本土文化基础上结合多种文化交融而成的产物。

【关键词】马来语 外来词 马来民族 文化特征

Abstract: Language is the carrier of culture. The entering of loanwords reflects the blends and changes of a nation, and also the cultural characteristics of a nation. Malay Archipelago has become the vital communication line for East-west trades since ancient times, thus the blends of culture here emerge more salient. During the development of Malay, it absorbed plenty of loanwords from Sanskrit, Arabic, English and Chinese, which also reflects the blends of different cultures. The absorption of loanwords in Malay is exactly the process of culture change, and Malay culture is also continuously molding in this process. This article summarizes the loanwords in Malay at first, then analyzes the historical and cultural backgrounds of the entering of it. From the absorption of loanwords in Malay, we can see that Malays culture, the product of the blends of multiple

---

① 韦祎,信息工程大学洛阳校区硕士(在读),主要研究领域:周边国家与区域研究(马来语)。

cultures based on local culture, is a kind of culture with openness, creativeness, and diversity.

Keywords: Malay language; loanword; Malays; culture characteristic

一、引言

马来语把外来词称为"kata pinjaman"（借词），在马来西亚国家语文局出版的权威辞书《德宛字典》（*Kamus Dewan*）中被释义为"语言中被使用或接受的词，但该词来源于另一种语言"[1]。其实，外来词在任何语言中都是十分普遍的，也是跨语言的共性。萨丕尔指出，"语言像文化一样，很少是自给自足的，交际的需要使说一种语言的人和说邻近语言或文化上占优势的语言的人发生直接或间接的接触"[2]，而语言相互接触，往往就会导致语言包括词汇、语音、语义甚至语法的变化。词汇作为语言中最活跃的成分，首先反映出语言相互接触和相互影响所带来的变化，外来词更是其中最突出的因子。

现代马来语中广泛使用着外来词，而这可以溯至公元七世纪，"当时一种含有大量梵语词的古代马来语在苏门答腊地区产生"[3]。实际上，自有文字记载的马来语诞生伊始就存在显著的借词现象。由于种种原因，马来语在发展历程中，先后吸收了大量梵语、阿拉伯语、英语、以及汉语等语言的外来词。语言作为文化的载体，是反映文化的，语言是文化最忠实的记录者，它不但记录了文化的内容，记录了人类文明发展的历史，而且本身就是一个文化世界，就是人类文化的标本和化石。[4] 通过对马来语中不同来源外来词的考察，我们不仅能够看到马来文化与外来文化交融碰撞的历史，也能由外来词透视马来民族的文化特征。

二、马来语中的外来词

现代马来语中存在大量外来词，从内容上看，几乎涵盖社会生活的方方面面；从时间上看，外来词的引进贯穿马来语发展的整个历程；而从来源上看，马来语中的外来词则主要来自梵语、阿拉伯语、英语和汉语，此外，也有少量波斯

---

[1] Hajah Noresah bt. Baharom. *Kamus Dewan*（*Edisi Keempat*）[M]. Kuala Lumpur: Dewan Bahasa dan Pustaka, 2013: 684.
[2] 萨丕尔，陆卓元译：《语言论》，北京：商务印书馆，1985年，第120页。
[3] 苏莹莹，赵月珍：《基础马来语（第一册）》，北京：外语教学研究出版社，2005年，第1页。
[4] 唐素华：《论文化语言学中的语言与文化》，《现代语文》，2008年第6期，第12页。

语、荷兰语、日语的外来词。我们首先以马来语中外来词的来源为标准,对存在的现象进行分类。

(一)梵语外来词

梵语词是最早进入古马来语当中的外来词,并且一直延续至现代马来语当中。由于这些梵语外来词进入马来语的时间相当早,因而现在甚至很多马来人都不会意识到这些词是外来词,只有在对有关词语与梵语源语进行对比考究时才能知晓其来源。梵语词大都已经与马来语词汇系统融为一体,许多最初带有宗教色彩的词也褪去了宗教色彩成为普通词,因而也"成为人们日常生活中使用的最基本词汇"[1],以下列举了马来语中的一些梵语外来词:

梵语外来词	词义	梵语外来词	词义	梵语外来词	词义
adi	首要的	gaya	富有的	naga	龙
aksara	字母	hari	天,日	ojah	鼓舞
bahtera	船	harta	财物	paksa	被迫
bahu	肩膀	israna	宫殿	raja	君王
cahaya	光	jambu	美丽的	semua	全部的
cerita	故事	jiwa	精神	tat	秩序
dahaga	口渴的	kama	恋情	udara	空气
dewasa	成年的	kata	城市	wacana	媒介
eka	单个的	lagu	歌曲	wisma	房屋

梵语这种古老的语言对马来语形成早期的影响很大,马来语中的梵语外来词几乎涵盖社会生活的各方面,许多都是最基本的词汇。而随着梵语外来词的借入,梵语的部分词缀也进入了马来语,成为马来语构词法中的重要组成部分,例如:

词缀例及语义	词列及语义
dei-(二,双,两)	dwibahasa(双语);dwifungsi(双功能)
juru-(……能手)	juruukur(测绘师);juruterbang(飞行员)
maha-(大的)	mahaguru(教授);mahasiswa(大学生)
panca-(五)	pacaragam(形形色色);pacaindera(视听嗅味触)
pra-(前,预先)	prasangka(预料);prakata(前言)

---

[1] 王辉:《四大文化与印尼语外来词的吸收》,《东方语言文化论丛(第29卷)》,北京:军事谊文出版社,2010年,第306页。

（续表）

词缀例及语义	词列及语义
-man（……的人）	seniman（艺术家）；budiman（有品德之人）
-wan（……的人）	karyawan（文学家）；hartawan（富豪）
-wati（……的人）	seniwati（女艺术家）；angkasawati（女宇航员）

（二）阿拉伯语外来词

阿拉伯语词大量进入马来语是在马来语发展的古典时期。马来语中的阿拉伯语外来词带有强烈的宗教色彩，然而随着长期的使用，一部分带有宗教色彩的外来词也逐渐演化成为了基本词，在日常非宗教生活中亦可使用。但是，大部分阿拉伯语外来词仍带有很强的伊斯兰色彩。随着阿拉伯语外来词的借入，马来语的语音系统也逐渐受到影响而发生变化，诸如阿拉伯语的发音，以及阿拉伯语中大量的以辅音闭音节结尾的词进入马来语，改变了马来语的语音体系。以下则列举了一些常用的阿拉伯语外来词：

阿语外来词	词义	阿语外来词	词义	阿语外来词	词义
abtar	断肢的	ghairah	欲望	lazim	通常
abad	百年	halal	合法的	loghat	方言
amal	善行	haram	非法的	mungkin	可能
anasir	元素	imam	伊玛目	musim	季节
bin	人子	insan	人类	nasib	命运
binti	人女	izin	准许	Quran	古兰经
dunia	世界	jahil	无知的	saat	秒
fitnah	谗言	jumaat	主麻日	ufuk	天边
fikir	想	kisah	故事	wakutu	时间
ghaib	消失	khatulistiwa	赤道	zalim	残暴的

阿拉伯语外来词涵盖了伊斯兰教有关信仰、经典、学说、法规、教历、人物、团体及日常生活等方方面面。[①] 关于阿拉伯语外来词的数量，目前各种统计数据不尽相同，但可以肯定的是马来语吸收了大量阿拉伯语词。许多在伊斯兰教中使用的阿拉伯语词经过简单的马来语化便进入了马来语，极大丰富了马来语的

---

① 王辉：《四大文化与印尼语外来词的吸收》，《东方语言文化论丛（第29卷）》，北京：军事谊文出版社，2010年，第308页。

词汇系统。此外，阿拉伯语中也有一些词缀进入了马来语的构词法，如：

词缀例及语义	词列及语义
bi-	biadab（没教养的）；bilazim（不常见的）
-iah（表状态性质）	ilmiah（博学的）；alamiah（自然地）
-wi/-i（表抽象化）	suniawi（尘世，世界）；abadi（永恒的）
-in/-at（男性/女性）	muslimin（男穆斯林）；muslimat（女穆斯林）

（三）英语外来词

随着马来语的进一步发展，尤其是近现代，大量科技、经济、文化、教育、法律等领域的英语词汇，以及大量日常生活中的词汇，进入了马来语的词汇系统，给马来社会的语言带来了新的冲击。当前，仍然有大量英语词汇或保留语音，或保留词形，经简单的马来语化，不断进入马来语词汇系统。据不完全统计，英语外来词已经成为马来语中数量最多的外来词。而且可以预见，英源外来词仍将不断增加。以下是马来语中一些常见英语外来词的例子：

英语外来词	词义	英语外来词	词义	英语外来词	词义
abstrak	摘要	geografi	地理	motosikal	摩托车
aken	口音	geometrI	几何	novel	小说
blok	建筑	harmoni	和谐	operasI	操作
bikar	烧杯	hipotesis	假设	petroleum	石油
coklat	巧克力	Intemet	因特网	radar	雷达
dalek	方言	khaki	卡其色	sIstem	系统
exelon	编队	kilo	公斤	teksi	出租车
ekspres	快递	kaori	卡路里	teknik	技术
foto	照片	linguistik	语言学	oakum	真空
fail	文件	lori	货车	zodiak	黄道

马来语中的英语外来词，涵盖了社会生活的方方面面。最初英语词缀连同英语外来词一同进入马来语，然而逐渐地，许多词缀脱落下来也成为马来语构词法中的重要组成部分。马来语中一些常用英语词缀有：

词缀例及语义	词例及语义
mono-（单，独）	monsters（一神教）; monokrom（单色）
poli-（多）	colitis（多神教）; origami（一夫多妻制）
po（支持……）	prokerajaan（支持政府一方）; proparty（支持党派）
anti-（反……）	antikomunis（反共）; antikerajaan（反政府）
kontra-（相对）	kontraproduktif（不能产的）; kontradiksi（反对的）
auto-（自动，自己）	autograft（亲笔名）; automobil（汽车）
-is（……的人）	serpenTs（小小说家）; aktivis（激进分子）
isme（……主义）	Kelantanisme（吉兰丹主义）; socialisme（社会主义）

（四）汉语外来词

从时间上来看，汉语是相对较晚进入马来语中外来词。进入马来语的汉语外来词大都是中国南方的汉语方言，而其中"以闽南话词汇占大多数，其他华人方言所占成分非常少"[1]。汉语外来词大都与华人的文化生活具有较强的关联性，其中不少体现了华人特有的生活习俗、饮食习惯、日常用品和节日文化等。马来语中的常见汉语外来词有：

汉语外来词	词义	汉语外来词	词义	汉语外来词	词义
angpau	红包	ceng	钟	gauge	豆芽
eca	轮车	mI	面	tauhu	豆腐
bihua	米粉	mIso	米线	tauke	老板
cawan	茶碗	paka	纸牌	teko	茶壶
dacing	秤	pappuS	八卦	tocang	发辫
imlek	阴历	pecai	白菜	toKo	店铺
kogsi	公司	pecun	端午节	toking	土宫庙
kucan	韭菜	samsong	流氓	tong	桶
kuih	糕点	tempo	算盘	tukang	工匠
longan	龙眼	SInge	中医师	tanglung	灯笼

汉语外来词大都是名词，而且几乎都是日常生活中具体事物的名称，这是汉语外来词最突出的特点。此外，汉语外来词并没有给马来语带了汉语中的有关词

---

[1] Kong Yuanzhi. *Kata-kata Pinjaman Bahasa China Dalam Bahasa Melayu Daripada Dialek Fujian Selatan dan Lainnya*[J]. Jurnal Dewan Bahasa, 1997（09）: 800-806.

缀，主要原因在于借词的特性，以及汉语本身缺乏丰富的词缀。

（五）其他来源的外来词

除了梵语、阿拉伯语、英语以及汉语的外来词，马来语中也有一些来自其他语言的外来词，数量比较大的主要有荷兰语、葡萄牙语、波斯语、泰米尔语、印地语、日语等等。例如：

荷兰语外来词	词义	葡萄牙语外来词	词义	波斯语外来词	词义
rektor	院长	ender	旗帜	bandar	城市
sanyo	白人	meja	桌子	dewan	大厅

泰米尔语外来词	词义	印地语外来词	词义	日语外来词	词义
batil	假的	dob	洗衣工	ginko	银杏
talam	碟子	marmar	大理石	harakiri	切腹

此外，泰语、朝鲜语、菲律宾语等语言也有少量外来词进入马来语当中。但数量有限，不再一一说明。

三、马来语吸收外来词的文化背景

"外来词的出现是因为一种语言所依附的文化因素中存在缺位，而与之发生接触的语言文化中恰好存在这个因素，于是前一种语言就借用了所接触语言当中的词汇来填补自我文化中的词汇要素空缺。"[①]因此，外来词的吸收也必然与特定的历史文化背景相关联。语言与文化关系之密切，可以用"水乳交融"来形容。[②]而马来群岛自古以来就是东西方贸易的交通要道，文化的融合在这里表现得更加突出。马来语中外来词吸收的过程，正是文化变迁的过程，马来文化正是在这一过程中得到不断塑造。

（一）印度教、佛教文化的影响

梵语对马来语的影响最早、最深，现代马来语中大量梵语词与本土词几乎处于同等地位，难分彼此。马来群岛发现的最古老的马来文以印度的帕拉瓦文字书写（梵文即由此演化而来），其历史可追溯至公元7世纪，当时已经出现夹杂许多梵语词汇的古马来语。可见，不晚于7世纪，梵语随着印度教、佛教已经开始广

---

① Uriel Weinreich. *Languages in Contact*: *Findings and Problems*. Paris: The Hague, 1970: 7.
② 唐素华：《论文化语言学中的语言与文化》，《现代语文》，2008年第6期，第12页。

泛影响马来群岛。

实际上，马来群岛地区与印度的联系可以追溯至公元初年。可以推断，公元初年已有部分梵语外来词随着商贸传入马来语当中。海上贸易的不断发展、印度教僧侣的传教，以及信徒的定居与通婚，使得印度教逐渐在马来群岛传播开来并深入群岛各地。以梵语为载体的印度教文化强势进入马来群岛，伴随文化上的"印度化"，作为宗教语言的梵语对马来语的影响也非常突出。印度教影响马来群岛的同时，大乘佛教也在公元五世纪左右传入苏门答腊，进而传向整个马来群岛。公元七世纪建立的室利佛逝王朝就是以佛教为核心的强大帝国，马来群岛多地甚至一度成为佛教文化的传播中心。梵语同样也是佛教的宗教语言，自然伴随佛教文化进入了马来语。

总而言之，在公元初年至13世纪东南亚海岛地区发生宗教嬗变之前，以印度教和佛教为代表的印度文化，深刻影响着马来群岛。马来语的梵语外来词在语音和语义上都保持得比较完整，而且也成为了现代马来语中外来词特征最不明显的外来词。

（二）伊斯兰教文化的影响

13世纪到19世纪初，尤其是15世纪到18世纪，东南亚海岛地区经历了对这一地区的文化发展产生重大影响的宗教嬗变，主要是原来信奉印度教和佛教的印度尼西亚群岛和马来半岛转而信奉伊斯兰教。[①]伊斯兰教的传播过程是马来民族历史上最重要的进程，但却也是最模糊不清的过程。普遍认为伊斯兰教在马来群岛的传播，与该地区海上贸易的发展有着密切关联，来自中东和印度的穆斯林商人在伊斯兰教的传播中起到了重要的作用。持续的商贸活动，把伊斯兰教带到了当地。马六甲海峡两岸、爪哇北岸以及婆罗洲西岸的众多港口，逐渐成为了伊斯兰教最为巩固的地区。尤其是15世纪初马六甲王朝建立，伊斯兰教被确定为国教，伊斯兰化自上而下展开，并得到了前所未有的巩固和发展。最终，马六甲王朝彻底伊斯兰化，并成为了伊斯兰文化的传播中心。随后，西方殖民者开始入侵马来群岛，在反抗殖民统治的过程中，伊斯兰教更成为了团结民众的武器，地位进一步巩固，最终形成马来伊斯兰文化圈。

随着伊斯兰教的传播、发展和巩固，为了满足阅读宗教经典以及传播宗教思想的需要，学习阿拉伯语成为马来穆斯林的首要任务。在这一进程中，大量阿拉

---

① 贺圣达：《东南亚历史重大问题研究——东南亚历史和文化：从原始社会到19世纪初（下册）》，昆明：云南人民出版社，2015年，第374页。

伯语词进入马来语的词汇系统。古典马来语时期甚至一改先前的文字系统，转而使用变体阿拉伯字母书写马来语，即爪威文（tulisan Jawi），这更为阿拉伯语外来词进入马来语开辟了便捷的通道。

（三）西方殖民统治的影响

从10世纪开始，东西方之间的商贸，尤其是香料贸易，完全被中东和印度的穆斯林商人垄断。欧洲国家为了打破垄断，开始寻找新的贸易通道，葡萄牙便是其中最早来到马来群岛的西方殖民者。马六甲王朝经历百年兴盛之后为葡萄牙人所灭，包括马六甲在内的马来半岛沦为葡萄牙的殖民地。16世纪末，葡萄牙势力衰微，荷兰发展壮大。最终葡萄牙人被荷兰人打败，荷兰殖民者取而代之控制了马来半岛。18世纪末，由于荷兰作为英国的盟国在英法战争中被法国侵占，包括马来半岛在内的荷属海外殖民地交由英国托管。战争结束后，英国与荷兰通过《伦敦条约》及《英荷条约》最终划清在东南亚海岛地区的势力范围，即马来半岛上的荷属殖民地划给英国，而荷兰则控制荷属东印度群岛（即印尼群岛）。现代意义上的马来语也就此开始产生分野，马来语受到英语的影响更大，吸收了大量英语外来词，由马来语发展而来的印尼语则主要受荷兰语的影响，吸收了大量荷兰语外来词。

在五百多年的殖民统治中，马来语的词汇系统接收了大量西方外来词。殖民侵略早期，葡萄牙语和荷兰语外来词大量进入马来语。而随着英荷重新划分势力范围，马来语则更多受英语的影响，早期葡萄牙语和荷兰语外来词也有不少被英语外来词所替代。这一时期进入马来语中的以英语为主的西方外来词，大都与西方科学文化相关，并带有一定殖民主义色彩。然而20世纪中后期至今，随着经济全球化和一体化的深入发展，英语已然成为国际语言，更以难以阻挡的态势借入马来语。如今，英语外来词已成为马来语中数量最多的外来词。而进入马来语中的英语外来词，尤以科技、经济、法律、教育、艺术等领域为主。

（四）华人移民的影响

中马两国的民间交往有2000多年的历史，根据考古发掘和历史记载，早在公元前2世纪到公元前1世纪初，已经有中国人到达马来半岛南部和婆罗洲北部。[①]唐朝高僧义净到访马来群岛、宋代的海上丝绸之路以及明朝的郑和下西洋，都是中马联系交往的证明。然而一直到19世纪中后期之前，中马之间的交流总

[①] 龚晓辉，蒋丽勇，刘勇，葛红亮：《马来西亚概论》，广州：世界图书出版公司，2012年，第396页。

体都还是比较零星的，中华文化带给马来文化的影响也是有限的。我们不否认在长期的历史交往中，有一些汉语外来词进入了马来语，但真正意义上，汉语外来词大规模进入马来语，主要在鸦片战争后。鸦片战争后直至马来亚独立前，大量华人移民马来半岛，华人人口激增，极大改变了马来半岛的族群构成。随着马华族群间的交流、接触和联系，汉语外来词进入马来语。而移居马来半岛等地的华人大都来自闽粤，因而借入马来语的汉语外来词，也主要是来自闽粤两地的汉语方言，其中又以闽南方言为最。华人移民大都从事的是手工业、零售业等行业，因而汉语外来词又以这方面的词为主。

随着马来亚的独立，马来人的民族意识逐渐觉醒和增强，加之马华族群关系的敏感性，马来人开始有意识地拒绝汉语外来词的进入。因而，大规模汉语外来词的借入在华人移民早期显得比较突出，而自马来亚成立后开始放缓和减弱。虽然一些华语借词还在马来社会中流行，但是不少已经被年轻一代的马来人摒弃。[1]但随着中国国家实力的增强，以及中马关系的发展，汉语外来词在未来仍有可能进入马来语的词汇系统。

四、马来民族的文化特征

语言作为文化的符号和载体，语言本身也是文化。马来语反映和记录了马来民族特有的文化风貌，马来文化对马来语又起着制约作用。马来语是马来民族文化的基本形式，文化之间的差异、文化之间的交流、文化发展的轨迹，都在马来语中的留下了痕迹。通过对马来语中外来词的梳理，以及对吸纳外来词的文化背景的分析，我们不仅能够看到马来民族文化与不同民族文化交流接触的历史，更能窥探在这一过程中不断形成的马来民族的文化特征。

（一）马来民族文化的开放性

马来民族生活在东西方的交通要道上，马来民族的形成本身也是不同源流族群长期融合的结果。贯穿马来民族发展史的东西方贸易带来了不同的文化，也使马来语在历史上一度成为该地区不同民族间开展商贸往来的通用语。马来语在发展的进程中长期保持着开放和包容的态度，多种源流的外来词被吸收，马来民族的文化亦是如此。

马来民族的早期文化有着自身的特点，包括祖先崇拜、万物有灵、双系社会

---

[1] 洪丽芬：《华语与马来语的词汇交流——马来西亚文化融合的表现》，《东南亚研究》，2009年第1期，第88页。

等，然而马来文化却以开放的姿态接受了印度教和佛教文化。本质上而言，佛教与印度教也是不相容的，然而马来民族却将这两种宗教巧妙地马来化、本土化，使得两种宗教文化同时在不同层面发挥作用。而马来文化在定型期又发生了重大的宗教嬗变，以和平的方式从原有的印度教、佛教转而皈依伊斯兰教。伊斯兰教得到发展和巩固，马来伊斯兰文化圈逐渐形成。再到近现代西方文化对马来文化的影响，尤其是当今社会，西方文化的强势进入，马来民族在文化上又一次表现出了开放性和包容性。可见，马来民族文化发展的历史，也就是不断开放吸收和接纳外来文化的历史。

（二）马来民族文化的创造性

马来语在吸收外来词的过程中不是简单地复制，而是使其完全适应了马来文化的土壤。除汉语外来词之外，马来语在吸纳梵语、阿拉伯语，以及英语外来词时，将一些外来词中包含的词缀"摘取"下来，融入马来语的构词法中，使其成为马来语的粘着词素，在构成派生词的过程中加以运用。例如前文提及的梵语词缀 dwi-（二、双、两），juru-（……能手），maha-（大的）等；阿拉伯语词缀 bi-（不），-iah（表状态性质），-wi/-i（表抽象化），-in/-at（男性/女性）等；英语词缀 mono-（单、独），poli-（多），pro-（支持……），-isme（……主义）等，都已成为了马来语中常用的构词词缀。

此外，外来词进入马来语后，不是孤立的、静止的，而是完全与马来语词汇系统融为一体。马来民族不断为其添加马来语、马来文化的元素，完善和充实着外来文化，使之完全地成为马来文化的一部分。作为黏着语的马来语，粘着词素派生对于外来词同样适用，即在外来词的基础上，结合马来语的构词法，创造出了一系列新词，充分展现了马来民族文化的创造性，例如：

原词	梵语	阿拉伯语	英语
	raJa（君王）	adil（公平的）	abstrak（抽象的）
ke-an	kerajaan（政府）	keadilan（公平）	keabstrakan（抽象性）
pe-an	/	pengadilan（审判）	/
me-kan	merajakan（称王）	mengadilkan（审判）	mengabstrakan（使抽象）
er	beraja（v当王）	beradil（v公平）	/

（三）马来民族文化的多样性

多样性是马来文化的一个重要特征，指的就是马来文化在发展过程中受到了多种外来文化的影响，形成了多层次的文化。一方面，马来民族历史悠久，在长期的发展过程中，形成了源于本民族的本土文化；但另一方面，不同时期不断吸收、借鉴的外族文化，又极大地影响了马来文化。大量多源流的外来词便是马来文化多样性的证明，体现出不同文化对马来文化的渗透。

即便在当代的马来文化当中，原始社会末期遗留的文化形式至今仍保持活力，诸如万物有灵、祖先崇拜、泛神信仰、母权制度等。印度教和佛教文化作为马来文化的深层，对马来民族文化的影响依然突出，至今仍然可以看到其遗风。在伊斯兰教传入后的相当长时间内，马来群岛对伊斯兰教的皈依都是"肤浅的"，他们"把信仰的伊斯兰教与他们在过去1000年中接受的印度文化相互融合起来，在伊斯兰教的外表下，他们传统的印度主义仍然保持活力"[1]。时至今日，马来文化中印度文化的活力已大大减退，但却从未消失。宗教是文化的核心质素，今天的马来文化中伊斯兰教占有主导地位，但是在多方面仍然透出不同时期进入马来文化中的外来文化的影响因素。正因如此，马来群岛的伊斯兰教文化是包容性和温和性较强的。此外，西方文化对马来文化的影响，也非常突出。西方文化除宗教外，尤其对现代马来人的生活方式产生了巨大影响。像西方的外来词一样，西方文化在今天的马来半岛中随处可见。马来语中丰富多样的外来词，恰好从某个侧面说明了马来民族文化上的多样性。

五、结语

马来语在发展的历程中，先后吸收了梵语、阿拉伯语、英语和汉语的外来词，这也是马来文化历史上吸收印度文化、伊斯兰文化、西方文化和中华文化的反映。如今，外来词已经成为马来民族语言生活、精神生活和文化生活的重要组成部分，而且随着经济全球化的深入发展，马来语中的外来词还将不断增加。语言作为文化的载体，体现了文化的变迁和发展，反映了民族文化的特质。从马来语中外来词吸收和发展的过程中，我们可以看到马来民族的文化是一种具有开放性、创造性和多样性的民族文化，马来文化是在本土文化基础上结合多种文化交融的产物。从某种意义上说，马来民族的历史就是一部吸收外来文化的历史，也是不断创新和发展的历史。外来文化的进入，让马来文化更加丰富和充实，并最终形成本民族所特有的文化，从而推动马来社会的不断进步。马来语中的外来词

---

[1] ［英］奈保尔著，秦于理译：《信徒的国度（下册）》，台北：马可波罗文化出版公司，2001年，第462页。

是一面镜子，映出了马来民族文化的特征。

参考文献

[1] 贺圣达.东南亚历史重大问题研究——东南亚历史和文化：从原始社会到19世纪初（上册）[M].昆明：云南人民出版社，2015.

[2] 贺圣达.东南亚历史重大问题研究——东南亚历史和文化：从原始社会到19世纪初（下册）[M].昆明：云南人民出版社，2015.

[3] 洪丽芬.华语与马来语的词汇交流——马来西亚文化融合的表现[J].东南亚研究，2009,（1）.

[4] 苏莹莹，赵月珍.基础马来语（第二册）[M].北京：外语教学研究出版社，2006.

[5] 苏莹莹，赵月珍.基础马来语（第一册）[M].北京：外语教学研究出版社，2005.

[6] 唐素华.论文化语言学中的语言与文化[J].现代语文：2008,（06）.

[7] 王辉.四大文化与印尼语外来词的吸收[C]//东方语言文化论丛（第29卷）.北京：军事谊文出版社，2010.

[8] 吴瑞明.印度尼西亚语言文化研究[M].北京：军事谊文出版社，2001.

[9] 严萍，龚勋.宗教传播和语言渗透——马来—印尼语中的阿语成分散论[J].解放军外国语学院学报，1993,（3）.

[10] 杨晓强.印尼语词汇发展的新现象及其问题[J].解放军外国语学院学报，2007,（1）.

[11] 杨晓强.语言接触与英语对当代印尼语词汇的影响——兼论印尼语的英语化问题[J].解放军外国语学院学报，2011,（5）.

[12] Abdullah Hassan. *Morfologi: Siri Pengajaran dan Pembalajaran Bahasa Melayu*[M]. Kuala Lumpur: PTS Professinal Publishing Sdn. Bhd. , 2006.

[13] Cheng Song Huat, Lai Choy. *Kamus Perdana（Edisi Ketiga）*[Z]. Kuala Lumpur：United Publishing House（M）Sdn. Bhd. , 2006.

[14] Hajah Noresah bt. Baharom. *Kamus Dewan（Edisi Keempat）*[Z]. Kuala Lumpur：Dewan Bahasa dan Pustaka, 2013.

[15] Kong Yuanzhi. *Kata-kata Pinjaman Bahasa China Dalam Bahasa Melayu Daripada Dialek Fujian Selatan dan Lainnya*[J]. Jurnal Dewan Bahasa, 1997（09）.

[16] Russell Jones. *Arabic Loan Words in Indonesia: A Check List of Words of Arabic and Persian Origin in Bahasa Indonesia and Traditonal Malay, in the Reformed Spellind* [M]. London: School of Oriental and African Studies, 1978.

多元智能理论下的哈萨克斯坦语教学设计构建

张 辉[①]

Construction of Teaching Design in Kazakh under the Theory of Multiple Intelligences

【摘 要】传统哈萨克斯坦语教学存在一些问题，使哈萨克斯坦语人才的培养面临诸多困难与挑战。为服务国家的"一带一路"战略，可积极以加德纳的多元智能理论为指导，分析其与哈萨克斯坦语教学的整合原则，从教学目标、教学内容、教学策略以及教学评价等方面，探讨哈萨克斯坦语的新型教学设计，以达到切实提高哈萨克斯坦语教学效果的目的。

【摘 要】多元智能理论 哈萨克斯坦语 教学设计

Abstract: There are some problems in the traditional Kazakh teaching, which make the teaching of Kazakh face many difficulties and challenges. In order to serve our country's "One Belt and One Road" strategy, we can actively take Gardiner's theory of Multiple Intelligences as the guidance to analyze the integration principle in teaching of Kazakh, and discuss the new teaching design of Kazakh from the aspects of objectives, contents, methods and evaluation, so as to achieve a practical improvement in teaching effect of Kazakh.

Keywords: Multiple Intelligences theory; Kazakh; Teaching design

一直以来受斯皮尔曼二元智能说的影响，中国传统的哈萨克斯坦语教学课时长，学生投入时间多，教学目标、教学内容、教学方法以及教学评价等方面都存在一定的弊端。随着"一带一路"国家战略的不断实施，对哈萨克斯坦语人才的需求越来越大，对哈萨克斯坦语人才综合素质的要求也越来越高。所以，哈萨克

[①] 张辉，博士，信息工程大学洛阳校区讲师，主要研究领域：哈萨克斯坦语、哈萨克斯坦国情。

斯坦语教学设计改革势在必行，应逐步转向以先进理论为依托，采用先进教学手段的教学模式中来，而多元智能理论为哈萨克斯坦语教学设计改革带来了诸多启示。

多元智能理论的多元性、实践性、差异性以及开发性强调了，在培养学生的教学过程中，应借助多元智能的丰富活动类型从多个角度开发学生的智能，注重学生听、说、读、写、译等五项基本能力的培养，以提高教学效果，这与哈萨克斯坦语的教学目的不谋而合。

一、多元智能理论

1983年，美国哈佛大学心理学家霍华德·加德纳在《智能的结构》一书中，在对传统智能理论的批判的基础上，首次提出了多元智能理论（MI），认为智能是在文化环境中一整套解决问题并创造一定价值的能力，是在寻求解决难题的方法时不断积累新知识的能力，其基本性质是多元性。

之后，加德纳教授不断完善该理论，并最终认为智能可以分为九项：（1）言语—语言智能：即运用语言和文字的能力；（2）逻辑—数理智能：即使用数字以及抽象思维、推理的能力；（3）视觉—空间智能：即对空间等要素感受和表达的能力；（4）身体运动智能：即对身体运动的控制能力；（5）音乐智能：即辨认音乐和旋律的能力；（6）人际交往智能：即与他人交往的能力；（7）自知智能：即认知和反省自己的能力；（8）自然观察智能：即对自然界的事物进行观察和分类的能力。（9）存在智能：对生命和宇宙关系的思考能力。

加德纳认为，多元智能理论具有以下四种基本特征：（1）多元性：九种智能多元共存、地位平等，在教学过程中，教师应同时关注九项智能，不能只侧重于某一项智能；（2）实践性：智能是解决问题和学习新知识的能力；（3）差异性：智能的发达程度和组合情况在不同的学生中表现不同，教师应该根据这种差异，因材施教；（4）开发性：学生智能可以通过教育和学习得到加强，这与教师的开发息息相关。

多元智能理论认为学生的智能具有多元性，智能组合也具有多样性，在进行教学设计时，教师应充分尊重多元智能的显著特点。多元智能理论是一套较完整的理论，加强了智能与教学的联系，用其指导教学设计改革，具有实践意义。

二、传统哈萨克斯坦语教学问题分析

目前，传统的哈萨克斯坦语教学中存在着一些不注重多元智能的问题，主要表现在以下三个方面：

（一）学习效率不高

学生有学好哈萨克斯坦语的需求，但普遍没有掌握或者没有寻找到适合自己的、高效的学习方法，无法根据自己的学习情况制定科学合理的学习目标和学习计划，选择适合自己的学习策略和学习方法。

部分学生学习方法单一，不能很好地利用多种智能为学习服务，只调动了部分智能学习哈萨克斯坦语，妨碍了其他多元智能参与到学习活动中，导致在大学四年的时间内虽投入大量的精力来学习哈萨克斯坦语，却难以取得理想的学习效果。

部分学生过多地关注书面知识，忽视口语能力的培养，即忽视了人际交往智能的培养，导致其在进行书面翻译时能做到得心应手，但使用哈萨克斯坦语表达自己的意图时却力不从心。

（二）教学设计陈旧

传统的哈萨克斯坦语教学模式侧重输入性，虽提倡了"以学生为中心"的教学模式，但教学效果并不十分理想。

在教学模式上，部分哈萨克斯坦语教师旧有的"以教师为中心"的教学模式积重难返。课堂上，部分教师依然不断灌输语法知识，忽视对学生哈萨克斯坦语交际能力的培养，忽视对学生主动学习能力的培养，致使学生实践口语的机会较少，不能很好地发挥学生的人际交往智能和自知智能。

在教学内容上，当前哈萨克斯坦语教材比较陈旧、形式单一，大多是文学类的文章，导致学生对新词语掌握较少，这也与学生毕业后实际遇到的政治、经济和外交等方面的需求不能无缝对接，也很难调动学生的空间智能、音乐智能等帮助他们系统地掌握哈萨克斯坦语知识，结果会形成学的东西用不上的尴尬局面，脱离现实，实用性不强。

在教学方法上，虽然现在采用多媒体辅助教学已成为常态，但其仅仅停留在PPT阶段，只是对授课内容的屏幕展现形式，并没有很好地开发学生的视觉—空间智能，效果不甚理想。

（三）教学评价不合理

考试是哈萨克斯坦语教学的一个重要组成部分，也是评价学生、检查教学效果重要的依据之一，但现行的哈萨克斯坦语评价体系注重的是笔试成绩，即更多地注重对言语—语言智能的评价，不注重听力和口语成绩，忽视了对学生多元智能的评价，特别是对自然观察智能和人际交往智能的评价。部分教师和学生以现行评价体系为唯一检测教学效果的标准，把重点放到了追求考试的通过率和优秀率上，导致在教学过程中往往也忽视了多元智能的培养，阻碍了学生综合素质的提高。

综上所述，传统的哈萨克斯坦语教学设计具有一定的局限性，只注重学生言语—语言智能的培养。部分教师采用单一的外语教学模式，重视传授语言知识，轻视哈萨克斯坦语综合运用能力的培养，更加轻视学生多元智能的开发，教学评价的形式也相对单一，这样的教育理念不利于学生综合素质的提高。

三、多元智能理论与哈萨克斯坦语教学的整合原则

多元智能理论强调在教学过程中应以学生为中心，教师应认清学生智能的多元差异，发现并引导学生强项的发展，尊重学生不同的学习方式，改变传统单一的智能观、教学模式和教学评价，积极运用各种智能，提供丰富的教学内容，采用多种教学方法，开发学生的智能，才能取得传授语言知识的最好效果。将多元智能理论与哈萨克斯坦语教学进行合理整合是切实可行的，这有助于我们在遵循一定的整合原则的情况下，转变教学理念，设定多层次的教学目标，选择多种教学方法，进而制定出科学合理的新型教学设计。

（一）坚持教学方法的多样性

多元智能理论认为每一种智能都可以用来帮助学习知识，例如用身体动作来帮助学习哈萨克斯坦语词汇，用音乐来帮助学习哈萨克斯坦语的句子等。这要求教师在教授哈萨克斯坦语知识时，应注重多元智能在学习中的作用，除了采用"教师讲、学生听"的传统教学方法，应根据多元智能的特点和学习的内容，设立多种多样的、学生喜欢的教学方法。

另外，教学活动设计涵盖更多的智能，有助于课堂上的师生互动，营造良好的教学氛围，会使学生发现在某个智能领域自己具有特长，增强学生信心，获取较多学习上的成就感，端正学习态度，进而使学生的多元智能进一步相互联系，提高教学效果。

（二）坚持尊重学生的差异性

多元智能理论认为每个学生有强、弱项不同的智能组合，学生之间在智能领域也存在不同的差异，据此形成了不同的学习风格、倾向和进度。因为哈萨克斯坦语施行小班制教学，所以教师应坚持在教学过程中以学生为中心，尊重学生的

智能差异性，尊重不同学生的不同需求，做出差异化的教学设计，从学生的强项智能入手，发挥强项智能，引导学生发现自己忽视的弱项智能，带动弱项智能发展，使每位学生都能进行良好的学习，从而达到智能的均衡、全面发展。

（三）坚持评价情景的真实性

多元智能理论认为，传统的试卷评价方式缺乏一定的准确性，只注重了多元智能当中的前两项智能，即言语—语言智能和逻辑—数理智能，而忽视了后七项智能的作用。在此基础上，多元智能理论认为评价的根本目的是了解学生的学习情况与教学的优缺点，提出了在评价中要注重情景的观点，认为只有在解决问题的真实情景考核综合知识，才能全面考核学生运用多元智能进行探索和解决问题的能力，才能准确而全面地评价学生。所以，哈萨克斯坦语教师在对学生进行评价时，要实现动态评价与静态评价的结合、过程评价与结果评价的结合、多元评价内容与多元评价方式的结合，在尽可能真实的情景中评价学生。同时，评价本身也是教学的有机组成部分，评价和教学是一个完整的整体，依照评价结果适时调整教学设计也是十分必要的。

四、多元智能理论下的哈萨克斯坦语教学设计

多元智能理论认为，教学设计应遵循两个基本标准，一是为多元智能而教；二是通过多元智能而教。在此基础上，我们认为，哈萨克斯坦语的教学设计必须遵循上述两个基本标准，充分体现多元智能的重要性，并且具有系统性，主要包括以下四个方面：

（一）教学目标的阶段性

多元智能理论认为，以学生为中心，尊重学生的差异性，将大多数学生的多元智能开发到令人满意的水平是教学的主要目的。依据多元智能理论，哈萨克斯坦语的教学目标中除了有统一的目标外，还应根据学生多元智能的差异性以及学习进度的不同，制定适合学生的、阶段性的教学目标，使教学目标适合不同层次的学生，并且是多元的、可以达到的。

哈萨克斯坦语教师应帮助学生制定出符合其多元智能和学习进度的长期和短期个人学习目标。首先，在长期目标方面，帮助学生制定一个学期或者一年的学习目标，设定在语言知识方面和语言的听、说、读、写、译能力领域所要达到的标准，分析本学期或者本年的教学内容，制定知识拓展方向。其次，在短期目标方面，帮助学生制定每月或者每周的学习目标，分析本月或者本周的教学内容，

首先制定本月或者本周所有学生都应达到的共同目标，然后确定本月或者本周学习内容的扩展方向，为学有余力的学生制定更高的学习目标，为后进的学生制定在完成应有目标的基础上，对欠缺的学习内容进行追赶的目标，从而避免出现学有余力的学生吃不饱，后进的学生吃不了的局面，也使后进的学生在完成短期目标的同时，获得一定的学习成就感，激发他们的学习兴趣，使他们不至于掉队。通过与每个学生相适应的短期和长期目标的有机结合，真正做到教学目标的阶段性。

（二）教学内容的多样性

多元智能理论认为，教学内容应该是这个世界中值得人们去理解的核心知识，可以通过多种切入点进行表达和教授，如果能提供多个切入点和通向实现它的途径，就能增加学生获得这种核心知识的可能性。在教学过程中，这种切入点就是教师提供的教学内容。所以，哈萨克斯坦语教师在进行教学设计时，要对教学内容进行筛选，以多元智能为中心，以通过多元智能进行教学为准则，寻找那些能更好地调动学生多元智能的教学内容，替换掉哈萨克斯坦语教材中无法充分调动学生多元智能的内容。

在材料类型上，可以采用书面文字材料、电影材料以及音乐材料等，调动学生的言语—语言智能、视觉—空间智能以及音乐智能等；在体裁上，可以采用记叙文、说明文、应用文以及议论文，甚至是散文、剧本、小说以及诗歌等，调动学生的逻辑—数理智能和自然观察智能等；在题材上，可以广泛涉及哈萨克斯坦的政治、经济、文化、历史、思想、军事、社会、科学、体育以及环境等各个方面等，调动学生的自知智能和存在智能等；在教材种类上，可以采用主教材、配套训练教材、辅助扩展教材以及网络教材等，调动学生的言语—语言智能和自知智能等。在形式编排上，可以介绍背景知识、作家以及对特殊的语言现象进行哈萨克斯坦语注释，并进行组织对话等多元习题，调动学生的言语—语言智能和人际交往智能等。

哈萨克斯坦语教师在教学过程中可以合理、灵活地运用多元化的教学内容，以适应不同层次学生的实际水平，并根据学生的实际需求不断补充开发新的教学内容，使哈萨克斯坦语教学不必受限于现有教材，从而完成阶段的长期和短期教学目标。

（三）教学策略的差异化

多元智能理论认为，不存在唯一有效的教学方法，教学时应涉及多元智能的各个领域，综合运用多样化的教学方法，充分开发学生的多元智能。多元智能理论不是要淘汰掉已有的教学方法，而是对现行的教学方法进行有效组织，发挥其最大的作用。

在课前，哈萨克斯坦语教师应在课前认真备课，准备好完整讲义以及多媒体课件。倡导学生主动学习，学生应该运用言语—语言智能、逻辑—数理智能、自然观察智能等认真预习教学内容，通过查阅资料对教学内容的相关背景知识、结构及主旨做出初步分析，找出疑难问题，并通过协商自主寻找问题的解决方案。这种策略侧重激发学生的个性发展，融听、说、读、写、译为一体，吸引学生积极参与教学活动，为提高学生的言语—语言智能、逻辑—数理智能以及人际交往智能奠定良好的基础。

在课堂上，多元智能理论认为应遵循以下四个阶段进行：唤醒、扩展、教学、智能迁移。在唤醒阶段，运用多元教学方法激发、唤醒学生的多元智能，即对学过的内容进行复习，激发学生的学习热情，例如对之前教学内容的复述、重难点的分析，唤醒学生的多元智能；在扩展阶段，促使学生的多元智能得到强化，即教师利用多元方法导入新课，提出新的问题，引导学生们分组讨论分析、小组辩论，加强学生的言语—语言智能和人际交往智能；在教学阶段，运用多元智能来学习教学内容，即充分发挥学生的主体作用，哈萨克斯坦语教师引导学生自主分析教学内容的篇章结构和主旨、特点及使用的策略，帮助学生吸纳语言知识，解决疑难问题，尊重学生智能的差异性。例如，学生的言语—语言智能不同，有的强些，有的弱些；人际交往智能也不同，有的外向，善于与他人合作，有的内向，不愿意参与活动；身体运动智能也不同，有的善于表演，有的不愿活动手脚；音乐智能也不同，有的热衷于歌唱，而有的学生却不愿张口。哈萨克斯坦语教师应根据这些学生智能的差异性，用多元教学方法充分调动学生的强项智能，使学生在教学活动中有充分的笔头和口头练习机会，有充分发挥其强项的机会，增强其学习成就感，激发学生的学习兴趣。例如，让言语—语言智能强项的学生讲述哈萨克斯坦语故事，并设计问题，让其他学生借助逻辑—数理智能来判断故事的情节；让身体运动智能强项的学生更多地参与哈萨克斯坦语小品或者故事的表演；让视觉—空间智能强项的学生更多地参与介绍类教学活动，如用іш，батыс等方位类词汇来讲解Алматы和Астана等；让音乐智能强项的学生演唱哈萨克斯坦语歌曲和诗歌；让人际交往智能强项的学生多参加一些角色扮演、与人对话的活动等。在迁移阶段，使学生能够调动、融合多元智能思考问题、解决问题等，例如可将哈萨克斯坦语的教学环境扩展到哈萨克斯坦语视听室、哈萨克斯坦语阅览室以及哈萨克斯坦展览室等，哈萨克斯坦语教师可以带领学生到礼堂编排哈萨克斯坦小戏剧、进行哈萨克斯坦式游戏、在校园内踏青、观察周边事物，利用这些真实和有趣的教学场所，来进行哈萨克斯坦语的主题教学，使哈萨克斯坦语学习不受时间、地点的限制，充分调动学生的多元智能发展。

在课后，学生应融合多元智能思考，并完成规定的口头、笔头练习以及拓展性练习。其形式可多样化，例如课外阅读、演讲、辩论、读书报告会、戏剧表演以及编辑哈萨克斯坦语报纸杂志等。教师应引导学生在课后充分利用网络及图书资源，进行自主性学习，提高智能。例如，教师提出某一新闻事件作为任务，要求学生通过登陆 Яндекс，Ана тілі，Рахат，Қанат，Сөздік 等哈萨克斯坦网站来进行信息搜集，比较不同媒体对同一话题的不同分析及评述，最后梳理阅读心得，在下一次课上以幻灯片或者视频的形式来呈现，教师进行点评和总结。此时，学生被置于真实的情景中，面对的学习任务不再只是简单的书本内容，而是真实的事件，促使学生融合多元智能解决问题的能力不断提高。

此外，哈萨克斯坦语教师可以建设个人学习网站，将教学课件等内容放到个人网站上，学生也可以在网络上提交作业，与教师进行问题讨论等。现在，各个学校的图书馆中的哈萨克斯坦语书籍相对较少，教师也可以建立微型的哈萨克斯坦语图书馆，将个人的哈萨克斯坦语藏书借给学生阅读。在课余时间，学生可以到教师的个人学习网站或者微型图书馆中主动学习哈萨克斯坦语知识，这样不仅有助于巩固课堂知识，而且还可以扩大视野，增强学生的多元智能。

（四）教学评价的形成性

多元智能理论正视学生间智能存在差异性，提出了"以人为本"的评价体系，主张从多维度，用全面、发展的眼光来评价学生。目前，哈萨克斯坦语的评价方式是以终结性评价为主，存在一定的不合理性。因为这种评价是对学生阶段性学习的质量做出的结论性评价，注重的是学生的言语—语言智能和逻辑—数理智能，无法评价学生的人际交往智能等后七种智能，也缺乏对学生学习过程的监控和反馈，不能有效地促进教学方法的改革。

在多元智能理论的指导下，哈萨克斯坦语教师应根据阶段性的教学目标，建立采用多种形式跟踪和监控教学过程，反馈教学效果，促进学生多元智能发展的形成性评价体系，该评价体系是整个哈萨克斯坦语教学过程的重要环节，对检验哈萨克斯坦语课程教学效果具有重要的反拨作用。哈萨克斯坦语形成性教学评价应该具有多元的评价标准,要求学员不仅要通过期中和期末考试,在日常教学中也要按照要求高质量完成课前、课后作业,通过平时测验,积极参加课堂内、外的教学活动等。通过这样的形成性评价,教师可以更好地记录、了解哈萨克斯坦语学生的学习情况,了解学生的困惑和难题,有针对性地适时调整教学策略,进而解决学生的实际问题。在评价内容上,教师在注重评价学生语言能力的同时,还应重视学生非智能因素的评价,包括学生的学习态度、习惯以及合作精神等。

同时,可以让学生参与到评价机制中来进行自我评价,让学生针对自己在本学期内的课堂及课后的表现进行自我评价,这样不但能够更好地开发学生的自知智能,而且也有助于学生认清自己在教学中的主体地位。

此外,我们应认识到教学评价是整个教学过程中重要的一环,强调形成性教学评价对教学策略选择的指导性,注重教学评价对促进调控和改进教学策略的作用,使教学评价与教学策略构成一个螺旋上升的曲线。

五、结语

"一带一路"战略的不断实施对多元化的哈萨克斯坦语人才的需求也不断扩大,多元智能理论中丰富的教育内涵为哈萨克斯坦语教学设计改革提供了新的启示和有益的借鉴,为我们哈萨克斯坦语教师指明,教学模式的变革不仅是教学活动或教学方法的变革,更应是教学理念的变革。这要求我们哈萨克斯坦语教师用多元智能理论重新定位自己,应该认清教师是教学过程中的指路人和合作者,不是哈萨克斯坦语知识的传声筒,更不能代替学生思考,遏制学生多元智能的发展,在教学过程中应注重学生的智能差异,关注学生的个性化需求,时刻不忘以"学生为中心"的教学理念,采用多元化的教学设计,与学生一起共同推动哈萨克斯坦语教学的发展。

参考文献

[1]张祖忻.教学设计——基本原理与方法[M].上海:上海外语教育出版社,1992.

[2][美]霍华德·加德纳.沈致隆译.多元智能[M].北京:新华出版社,1999.

[3]吴志宏,郅庭瑾.多元智能:理论、方法与实践[M].上海:上海教育出版社,2003.

[4][美]霍华德·加德纳.沈致隆译.多元智能新视野[M].北京:中国人民大学

出版社,2008.

[5] 李卫.多元智能理论视角下的大学英语教学设计[J].湖南工程学院学报,2014(12).

[6] Gardner H. *Frames of mind: The theory of multiple intelligences*[M]. New York: Basic Books. 1983.

[7] Gardner H. *Intelligence reframed: Multiple intelligences for the 21st Century*[M]. New York: Basic Books. 1999.

土耳其语动词转类名词的转喻研究

丁慧君①

Turkish Verb-Noun Conversion: From the Perspective of Metonymy

> **【摘　要】** 土耳其语中的动词能够通过附加构词词缀的方式转类为名词，它是土耳其语派生新名词的重要途径。在这一转类过程中，构词词缀不仅能改变原生词的词性，同时为原生词附加了新的语义。土耳其语动词转类名词本质上是从一个概念到另一个概念的转换，转喻作为主要认知机制发挥着重要作用。
>
> **【关键词】** 土耳其语　转类　转喻
>
> **Abstract:** In Turkish, verb can be converted to noun by means of affixes, which is an important way to derive new terms. In this word formation process, affixes can not only change the part of speech of the original words, but also add new meanings to them. Turkish verb-noun conversion is a concept formation process, the nature of which is the conversion from one concept to another. The metonymy, as chief cognitive mechanisms, play very important roles in this process.
>
> **Key words:** Turkish; Conversion; Metonymy

一、引言

在土耳其语中，动词附加构词词缀后可转类为名词，它既是土耳其语新名词产生的重要途径，也是一种概念形成过程，这一过程离不开人的经验和对事物的认知方式。研究土耳其语动词转类名词的全过程能够使我们认清土耳其语词汇的发展变化轨迹，为进一步探索土耳其民族的认知思维方式提供依据。

---

① 丁慧君，信息工程大学洛阳校区讲师，外国语言文学专业博士，主要研究方向：认知语言学，二语习得。

土耳其语动词转类名词的过程中，转喻①思维发挥着重要作用。这种转喻是一种构词转喻。构词转喻不同于词汇转喻，它是词汇派生过程中发生的转喻，转喻思维发生在原生词和派生词之间。而词汇转喻通常发生在一个词的内部，例如：Evde beş boğaz var.（家里有五口人要养活。）(Aksan，2016：98)。该句中"boğaz（咽喉）"一词转喻为"yiyeceği sağlanması gereken kimse（要养活的人）"，体现的是词汇转喻。

二、土耳其语中动词转类名词的方式

动词是土耳其语重要的词类，在句子中占有核心地位。土耳其语的动词具有人称、数、时、态、式等语法范畴，如："karşılaştırılabileceğiz"，它几乎为我们提供了一个句子包含的所有信息。动词一般由词根/词干和词缀（-mAk）两个部分构成，如："yapmak（做）""atmak（扔）""güldürmek（让……笑）"等。其中，词根/词干是最为核心的部分，因为它既能体现动词的实际意义，又不会发生形态的变化，而词缀"-mAk"只是作为一个附加部分存在于动词中，一旦动词进入句子当中，这部分则会被时态、人称等各种词缀所取代②。

土耳其语动词转类名词③是通过附加适当的构词词缀将动词派生为名词的过程或结果。也就是说，动词的词根/词干附加某一构词词缀后，其词性由动词转变为名词。在这一过程中，原生词在形态发生改变的同时，语义也相应地发生了变化。例如：动词tut-（抓），可附加多种词缀转类为名词。

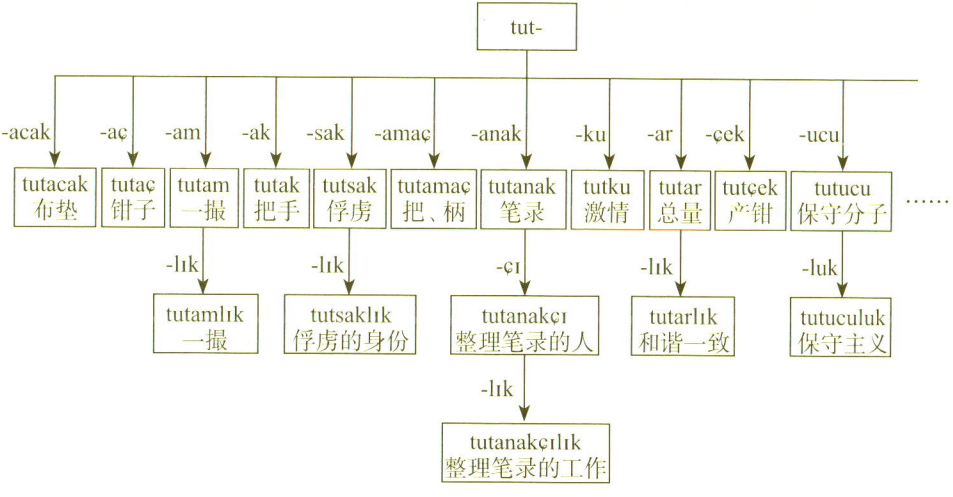

---

① 下文中的转喻，如未加特殊说明均为概念转喻。
② 本文中原形动词的书写形式均为词根/词干附加"-"，如："et-, ol-"。
③ 下文简写为"动转名"。

《土耳其语词典》(2011年) 中tut-（抓）的释义多达47个。通过动转名词缀派生而来的名词，其意义往往与该动词的典型意义最为相关。因为，在一个词的词义范畴中，总有一个或几个使用频率较高的典型意义，它们是词义范畴的中心，是派生其他词义的基础，这些意义比其他意义的地位更突显，更容易提取。

在土耳其语动词转类名词的过程中，构词词缀起到了关键的作用，它不仅能改变原生词的词性，而且为原生词附加了新的语义，"构词词缀能够改变词根和词干的意义，尽管派生出的词与原词根/词干或多或少会有一定的联系，但也拥有不同的新的词义"（Ergin，2013：123）。可以说，构词词缀和许多实词一样具有丰富的语义内容。

本文通过对相关著作和学术论文[①]的梳理，确立了土耳其语中57个动转名构词词缀[②]，分别是：-A，-AcAk，-Aç，-AGAn/-AğAn，-AğI，-Ak，-Al/-l，-AlAk，-AlgA，-Am，-AmAç，-AmAk，-An，-AnAk/(A)nAk，-ArI，-AsI，-bAç，-CA，-CAk，-ç，-DI，-DIK，-GA，-GAç，-GAn，-GI，-gIç，-GIn，-gIt，-I，-IcI，-Iç，-Iş，-(I)k，-(I)l，-(I)m，-mA，-mAcA，-mAç/-(A)mAç，-mAk，-mAn，-mAz，-mAzlIk，-mIk，-mIr，-mIş，-n/-(I)n，-(I)nç，-(I)ntI/-tI，-(A/I)r，-sAk，-sI，-(I)t，-tAy，-v/(A)v，-(A)y，-(A/I)z[③]。

在这57个动转名词缀中，有23个词缀通常只表达一层意义，34个词缀表达两层（包括两层）以上的意义，主要涉及施事、受事、结果、工具、地点和时间六类语义角色，多义性（polysemous）是动转名词缀的一大特点。但是，按照认知语法的观点，寻找确定数量的语义角色的目标既是没有必要的，也是无法实现的，因为我们总是能够根据更多语料或更细微的分析对于任何语义角色的清单进行修正和改进。我们不应该期望能够找到一组有限的、固定不变的语义角色来描写所有语言现象（Langacker，1991：284）。因此，本文中关于词缀语义角色的描写与分类是基于多数语言实例，不排除出现特殊实例的可能。

三、动词转类名词过程中的转喻思维

转喻在传统语言学中一直被看作是词语间的相互借代，是一种修辞手段。随

[①] 其中土文著作32部、学术论文62篇；英文著作6部、博士论文5篇。
[②] 动词转类名词词缀的确立标准：只要动词附加某一词缀后能够产生名词即可被列入，词性以《土耳其语词典》（2011）的标注为依据。
[③] 词缀中的大写字母A代表两种变体：a，e；C代表两种变体：c，ç；D代表两种变体：d，t；G代表两种变体：g，k；I代表四种变体：ı，i，u，ü；K代表两种变体：k，ğ。

着认知语言学的发展，人们逐渐意识到转喻的认知本质。从20世纪80年代起，认知语言学家对转喻的思维机制进行了研究，并对转喻的基本特征进行了描述。归纳起来，包括概念映射理论、心理通道理论、参照点理论以及认知域矩阵理论等四种[①]。

Radden & Kövecses (1999: 18-21) 将转喻定义为"一个认知过程。在这一过程中，一个概念实体或载体（vehicle）为同一ICM内的另一概念实体或目标（target）提供心理可及[②]"。也就是说，转喻通常体现的是同一认知域中两个概念实体间的关系，始源域和目标域之间具有邻近性，始源域的功能是为目标域提供心理可及。这一过程恰好符合人们对动转名构词的认知方式，例如：

例1a：Türküler çağırarak kara tahta **sil**iyorlar.
　　　歌　（边）唱　黑板　　擦
　　　他们唱着歌擦着黑板。

例1b：Bana **silgi** uzatabilir misin?
　　　我-DAT 黑板擦 递　　　吗
　　　你能给我递一下黑板擦吗？

例1a中动词sil-表示"擦"这一具体动作，例1b中动词sil-（擦）附加词缀"-GI"后转变为名词silgi（黑板擦）。原来表示具体动作的动词转换为表示"工具"（黑板擦）的名词，动词的典型特征消失，被赋予了名词的范畴特征。这正是转喻操作下"动作转喻工具"的体现。

转喻本质上是一种概念现象，也是认知加工过程。它既是用一个实体去替代另一个实体的过程，也是在心理上通过一个概念实体提取另一个概念实体的过程。土耳其语动词转类名词的过程中，词根/词干为我们提供百科知识通道，使我们能够从所呈现的语言单位联想到相关的概念系统，这一过程体现的就是转喻思维。

与转喻有关的两个实体是在同一认知域内，邻近性（contiguity）是转喻产生的基础。认知语言学认为邻近关系不是物理世界的事物之间切实的邻近，而是概念性的邻近，事物之间的邻近为概念性的邻近提供了现实基础。土耳其语动转名过程中，作为始源的动词与作为目标的名词分处同一认知框架两端，具有概念

---

① 代表人物分别是Lakoff、Radden&Kövecses、Langacker、Ruiz de Mendoza等。
② Metonymy is a cognitive process in which one conceptual entity, the vehicle, provides mental access to another conceptual entity, the target, within the same domain or ICM.

上的邻近性。例如：动词 araştır-（研究），附加词缀 -ıcı 构成名词 araştırıcı（研究人员）。动作 araştır-（研究）和事物 araştırıcı（研究人员）这两个概念同处于"研究人员—研究—研究的内容"这个认知域内，由于概念相邻，动作"研究"作为参照体，激活目标实体"研究者"继而转指施事。

土耳其语动词转类名词是以"原型"为基础的词汇派生过程，包括以词根为核心和以词缀为核心的两种意义辐射。这一过程中，词根和词缀组成了以典型意义为中心的多义辐射网络。也就是说，词根和词缀以某一"原型"意义为中心向各个方向扩散，这个扩散过程反映了我们大脑中的转喻思维，如下图：

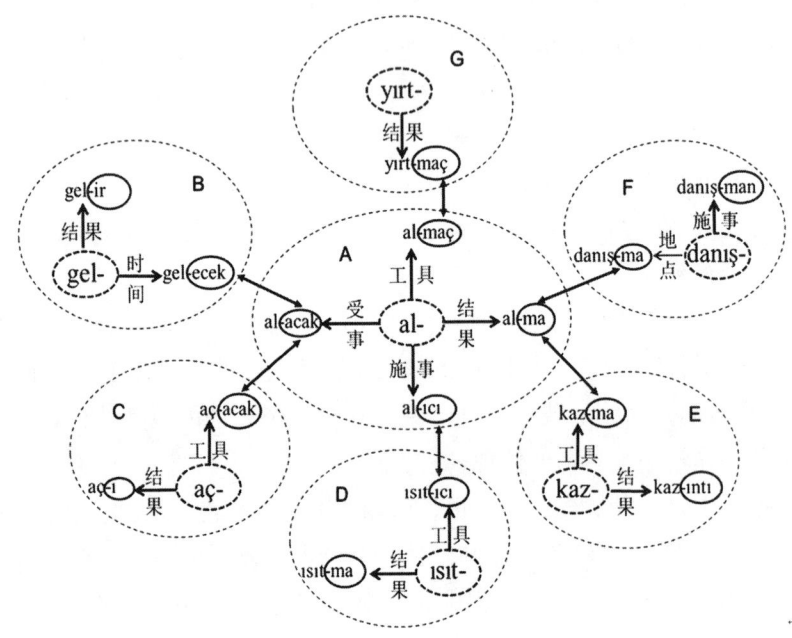

图 1　名词化多义转喻思维

该图中，域 A 组成了以动词"al-"为核心的多义网络，al-（拿，接，买）通过附加词缀 -mAç, -AcAk, -IcI, -mA 派生出四个名词：

almaç：Bir elektrik akımını alıp başka bir kuvvete çeviren cihaz, reseptör（接收机）

alacak：Alınması gerekli şey（预购物品）

alıcı：Satın almak isteyen kimse, müşteri（顾客）

alma：Alma işi, ahiz, derç（获得）

这四个词的派生过程是转喻操作下"动作转喻工具""动作转喻受事""动作

转喻施事"和"动作转喻结果"的体现。

域B、C、D、E、F、G分别组成以动词"gel-、aç-、ısıt-、kaz-、danış-、yırt-"为核心的语义网络,派生过程中的转喻如图1所示。

域A、B和C组成了以词缀-AcAk为核心的语义网络,域A和D组成了以词缀-IcI为核心的语义网络,域A和E、F组成了以词缀-mA为核心的语义网络,域A和G组成了以词缀-mAç为核心的语义网络。在这里,我们只选取了各域中比较典型的意义进行分析解释,事实上上述7个域还可以继续扩散,形成更大的网络。

三、动词转类名词过程中的转喻模式

关于转喻模式,不同学者从不同角度予以分类阐述,如Lakoff&Johnson(1980:36-38)的七分法、Ungerer&Schmid(1996:116)九分法以及Peirsman & Geeraerts(2006:276-277)的二十三分法等。Radden&Kövecses(1999:30)认为整体和部分之间的区别对转喻过程而言至关重要。他们以ICM[①]为理论基础,对转喻进行了全面的分析,认为产生转喻的关系分为两种类型:一种是整体ICM与部分之间的替代关系;另一种是整体ICM中部分和部分之间的替代关系。

按照认知语法的观点,表达动作过程的认知域中通常包含动作以及与动作相关的事物等要素。动作和事物处于同一认知域中,动作可以用来转喻事物。本文以《土耳其语词典》2011年第11版中的主词条为依据,检索出带有这57个词缀的派生名词,并根据意义重新进行区分与归类,发现土耳其语动转名过程中的转喻模式通常为动作概念转喻事物概念,具体可分为以下六类:

(一)动作转喻施事

在动词派生名词的过程中,动作可以转喻为施事。施事作为动作行为的主体,一般认为它具有[+有生]的语义特征(由人组成的集合体,如学校、机关、团体、协会等也可被涵盖在施事当中)。例如:

例2a:Müzik **dinli**yorum.

  音乐 听

  我在听音乐。

---

① Lakoff(1987:68)提出了理想化认知模型(Idealized Cognitive Model)这一概念,论证对一个词的理解依赖于与之相关的整个概念系统。之所以称为"理想化"认知模型,是因为它不是客观存在的,而是被人主观创造的。

例2b：Sesiyle **dinleyicileri** büyüledi.
　　　声音　　听众　　　使着迷
　　听众被他的声音给迷住了。

例2中，动词dinle-（听）派生出该动作的执行者dinleyici（听众），体现出以动作为参照转喻施事。土耳其语动转名词缀中能够实现动作转喻施事的词缀有15个，如下：

序号	词缀	例词	序号	词缀	例词
1	-An	derle-yen（编纂者）	9	-IcI	araştır-ıcı（研究人员）
2	-ArI	uç-arı（不受约束的人）	10	-mA	tut-ma（短工）
3	-DI	türe-di（暴发户）	11	-mAn	öğret-men（教师）
4	-DIk	tanı-dık（相识的人）	12	-mAz	utan-maz（不知羞耻的人）
5	-GA	bil-ge（学者）	13	-mIş	er-miş（圣徒）
6	-GAn	saldır-gan（侵略者）	14	-(A/I)r	yaz-ar（作家）
7	-gIç	dal-gıç（潜水员）	15	-(A/I)z	hayla-z（游手好闲的人）
8	-GIn	bil-gin（学者）			

（二）动作转喻受事

动作转喻受事，通常是指由动作转喻动作对象，即受动作支配的人或事物。例如：

例3a：Yeni bir laptop **al**dı.
　　　新的　一　笔记本电脑　买
　　他买了台新电脑。

例3b：**Alacak**larım için bir liste yaptım.
　　　预购物品　　为了　一　清单　做
　　我列了一张预购物品清单。

例3中，动词al-（买）派生名词alacak（预购物品），以动作"买"转喻"要买的东西"，alacak（预购物品）是动作al-（买）的对象，体现动作转喻受事。土耳其语动转名词缀中能够实现动作转喻受事的词缀有7个，如下：

序号	词缀	例词	序号	词缀	例词
1	-AcAk	yak-acak（燃料）	5	-mAk	ye-mek（食物）
2	-Am	kur-am（理论）	6	-mIş	ye-miş（水果）
3	-AsI	giy-isi > giy-si（衣服）	7	-sAk	tut-sak（俘虏）
4	-CAk	tapın-cak（神像）			

（三）动作转喻结果/产物

通常人们在表达概念时，不仅需要对动作加以"叙述"，还需要对动作进行"指称"。因此动作可以转喻为动作过程中产生的一系列结果或产物。例如：

例4a： **Emine Hamın kimi seç**ti?

埃米奈 女士 谁 选

埃米奈选了谁？

例4b： **Seçim**i kim kazandı?

选举 谁 赢得

谁当选了？

例4中，动词seç-（选）派生名词seçim（选举），事物seçim（选举）是动作seç-（选）的结果或产物。土耳其语动转名词缀中能够实现动作转喻结果/产物的词缀有41个，如下：

序号	词缀	例词	序号	词缀	例词
1	-A	yar-a（伤口）	22	-(I)k	sar-ık（包头巾）
2	-AGAn	gez-egen（行星）	23	-(I)l	çap-ul（洗劫）
3	-Ak	dil-ek（希望）	24	-(I)m	değiş-im（改变）
4	-Al/-l	çök-el（沉淀物）	25	-mA	bas-ma（印花布）
5	-AlAk	as-alak（寄生虫）	26	-mAcA	aldat-maca（诡计）
6	-AlgA	çiz-elge（表格）	27	-mAç	de-meç（谈话）
7	-Am	biç-em（式样）	28	-mAz	aç-maz（困境）
8	-An	çağla-yan（瀑布）	29	-mAzlIk	geç-mezlik（失效）
9	-AnAk	seç-enek（选项）	30	-mIk	çiğne-mik（咀嚼物）
10	-bAç	saklan-baç（捉迷藏）	31	-mIr	yağ-mur（雨）
11	-CA	dinlen-ce（假期）	32	-n/-(I)n	ışı-n（光线）
12	-CAk	salın-cak（秋千）	33	-(I)nç	bas-ınç（压力）
13	-ç	kazan-ç（利润）	34	-(I)ntI/-tI	bekle-nti（期待）
14	-DI	çık-tı（产品）	35	-(A/I)r	gel-ir（收入）
15	-GA	öner-ge（提议）	36	-sAk	tüm-sek（隆起物）
16	-GAn	yapış-kan（胶水）	37	-sI	tüt-sü（烟）
17	-GI	bul-gu（发现）	38	-(I)t	kes-it（截面）
18	-GIn	boz-gun（溃败）	39	-tAy	sayış-tay（审计法院）

（续表）

序号	词缀	例词	序号	词缀	例词
19	-gIt	ör-güt（组织）	40	-v/(A)v	sına-v（考试）
20	-I	koş-u（奔跑）	41	-(A)y	ona-y（批准）
21	-Iş	anla-yış（理解力）			

（四）动作转喻工具

该转喻是指通过动词词义可以推导出动作行为发生所要使用的工具。例如：

例5a：Duvara bir resim **astı**.

　　　墙　　一　画　挂

　　　他往墙上挂了幅画。

例5b：**Askı** hayatımızın vazgeçilmez bir ihtiyacıdır.

　　　衣架　我们的生活（的）不可缺少的　一　需要

　　　衣架是我们生活中的必需品。

例5中，动词as-（挂）派生出名词askı（衣架），以"挂"这一具体动作为参照转喻与此动作密切相关的工具"衣架、挂钩"。土耳其语动转名词缀中能够实现动作转喻工具的词缀有29个，如下：

序号	词缀	例词	序号	词缀	例词
1	-AcAk	aç-acak（起子）	16	-gIç	sil-giç（雨刷）
2	-Aç	say-aç（计数器）	17	-GIn	diz-gin（缰绳）
3	-Ağı	kar-ağı（火钳）	18	-I	çek-i（秤）
4	-AGAn	yatağan（土耳其弯刀）	19	-(y)IcI	söndür-ücü（灭火器）
5	-Ak	tara-k（梳子）	20	-Iç	çek-iç（锤）
6	-Al/-l	dik-el（钉耙）	21	-(I)k	ışılda-k（探照灯）
7	-AmAç	tut-amaç（把手）	22	-mA	kazma（锄）
8	-AmAk	tut-amak（把手）	23	-mAcA	çe-mece（抽屉）
9	-An	kap-an（捕兽夹子）	24	-mAç	sık-maç（压缩机）
10	-AnAk	it-enek（活塞）	25	-mAk	çak-mak（打火机）
11	-CAk	korun-cak（盒子）	26	-mAn	değir-men（研磨机）
12	-DI	bin-di（支架）	27	-mIş	dol-muş（小公共汽车）
13	-GA	süpür-ge（扫帚）	28	-(A/I)r	kes-er（斧头）

（续表）

序号	词缀	例 词	序号	词缀	例 词
14	-GAç	del-geç（穿孔机）	29	-(I)t	taşı-t（运输工具）
15	-GI	kes-ki（小斧子）			

（五）动作转喻地点/处所

该转喻是指动作转喻动作行为发生或进行的地点/处所，例如：

例6a：Odasına **gir**di.

  房间　进入

  他进了房间。

例6b：**Giriş**te bekliyorum.

  入口处　等待

  我在入口处等着。

例6中，动词gir-（进入）派生出名词giriş（入口处），以"进入"这一动作转喻与其相关的地点"入口处"。土耳其语中能够实现动作转喻地点/处所的词缀有12个，如下：

序号	词缀	例 词	序号	词缀	例 词
1	-A	çevir-e > çevr-e（周围）	7	-GA	sömür-ge（殖民地）
2	-Ak	dur-ak（车站）	8	-(y)Iş	çık-ış（出口）
3	-AlgA	çök-elge（沼泽地）	9	-(I)k	uğra-k（常去地）
4	-AmAç	dön-emeç（转弯处）	10	-mA	danış-ma（前台）
5	-AmAk	geç-emek（窄过道）	11	-(I)t	geç-it（走廊）
6	-AnAk	ek-enek（可耕地）	12	-(A)y	uza-y（宇宙）

（六）动作转喻时间

该转喻是指动作转喻动作行为发生或进行的时间，例如：

例7a：Dün gece çok erken **yat**tı.

  昨天 晚上 很　早　躺下

  昨晚他很早就睡了。

例7b：**Yatsı**da bize geldiler.

  入夜的时候 我们　来

  入夜的时候他们到了我们这儿。

例7中，动词yat-（躺下）派生出名词yatsı（入夜时分），以"躺下"这一动作转喻动作进行的时间。土耳其语中能够实现动作转喻时间的词缀有5个，如下：

序号	词缀	例词	序号	词缀	例词
1	-A	sür-e（期间）	4	-mIş	geçmiş（过去）
2	-AcAk	gel-ecek（未来）	5	-sI	yatsı（入夜的时间）
3	-gIç	başlan-gıç（开端）			

综上所述，在土耳其语动词转类名词的过程中，转喻频率最高的是结果/产物，共有41个词缀；其次是工具，29个词缀；再次是施事，15个词缀；地点，12个词缀；受事，7个词缀；最少的则是时间，5个词缀。土耳其语动作概念转喻事物概念的转喻思维过程体现出人有将动作或关系视为抽象事物的能力。

四、结语

研究土耳其语动词转类名词这一语言现象，一方面需要找到生成语言形式的那些固定不变的规则，另一方面更要揭示语言形式背后内在的、深层的规律，解释引发语言行为的心理过程。土耳其语动转名构词的特点和语义特征不是凭空而来，而是有其内在动因，这种动因多是由转喻思维所引发的。当词根/词干附加词缀构成的新名词呈现在我们面前时，我们就可以借助转喻的相关知识对其进行识解，找出两个词之间的某些"共同特点"，从而正确地理解和运用该词。

参考文献

［1］丁慧君．现代土耳其语动词名物化的认知分析［J］．东方语言文化论丛，2015，(34)．

［2］高航．认知语法与汉语转类问题［M］．上海：上海交通大学出版社，2009．

［3］Aksan, Doğan. *Anlambilim: Anlambilim Konuları ve Türkçenin Anlambilimi*［M］．Ankara：Bilgi Yayınevi, 2016.

［4］Banguoğlu, Tahsin. *Türkçenin Grameri*［M］．Ankara：TDK Yayınları, 2007.

［5］Cüceloğlu, Doğan. *İnsan ve Davranışı-Psikolojinin Temel Kavramları*［M］．İstanbul：Remzi Kitabevi(9 baskı), 1999.

［6］Çotuksöken, Yusuf. *Yapı ve İslevlerine göre Türkiye Türkçesi'nin Ekleri*［M］．İstanbul：Papatya Yayıncılık, 2011.

［7］Ergin, Muharre. *Türk Dil Bilgisi*［M］．İstanbul：Bayrak Basım/Yayım/Tanıtım,

2013.

[8] Langacker, Ronald W. 认知语法基础（Ⅰ）·理论前提——影印本[M]. 北京：北京大学出版社, 2004.

[9] Peirsman, Y. & D. Geeraerts. *Metonymy as a prototypical category*[J]. *Cognitive Linguistics*, 2006(17-3): 269-316.

[10] Radden, G. & Z. Kövecses. *Towards a theory of metonymy*[A]. In Panther, K-U. &G. Radden(ed.). *Metonymy in Language and Thought*[C]. Amsterdam/ Philadelphia: Benjamins, 1999: 18-27.

[11] Uçar, Aygül. *Türkçe Eylemlerde Çokanlamlılık: Uygunluk Kuramı Çerçevesinde Bir Çözümleme*[D]. Ankara: Ankara Üniversitesi, 2009.

普什图语视点体范畴构式
在句子体貌意义合成中的作用探讨

王 静[①]

A Discussion on the Effects of Pashto's Viewpoint Aspect Structure in Synthesis of the Sentence's Aspectuality

【摘　要】视点体作为句子体貌意义合成的必要条件，对情状体有反作用，构式语法对这种反作用有比较深入的解释。基于语义的相通性，本文从构式语法的角度，探讨普什图语一般体、完成体、进行体等作为视点体范畴构式，在句子体貌意义合成过程中的作用。

【关键词】视点体　语法构式　普什图语　体貌

Abstract: As a necessary condition for the synthesis of the sentence's aspectuality, the viewpoint aspect has reaction to the situation aspect. The construction grammar has a deep explanation for this reaction. Based on the similarities of the semantic meanings and from the perspective of the construction grammar, this paper discusses the structures of simple aspect, perfective aspect, progressive aspect and so on in Pashto, in order to find out their effects in the process of the synthesis of the sentence's aspectuality.

Keywords: Viewpoint aspect; Grammatical structure; Pashto; Aspectuality

引言

句子的体貌意义（aspectuality），指的是现实语境中带有时、体等标记的一个完整句子所具有的时间语义特征，这一特征是在情状体（situation aspect）与视点

[①] 王静，信息工程大学洛阳校区讲师，亚非语言文学专业博士。主要研究方向：普什图语语言、教学及对象国国情。

体（viewpoint aspect）结合后产生的，即句子体貌意义的表达是句子本身的情状体义与说话者赋予的视点体义共同作用的结果。客观存在的情状所具有的时间语义特征是体貌意义合成的基础，但是，如果没有视点体的参与，体貌意义无从合成。

Carlota Smith 认为：视点体的作用就像照相机的镜头，聚焦于物体，使接受者能够看到物体；情状就是视点体所聚焦的物体，正如照相机的镜头对于物体成像是必需的，视点体也是句中的情状突显所必需的（Carlota Smith, 1991: 61）。[①] 通俗地说，就是客观存在的情状如果不纳入主观的观察视点，就无法被理解。请看下面的例句：

例1a. پروسږکال پھ پسرلی توریالي او بریالي یو کوچنی انګړ جوړکړ.
PST-ORD-3SM盖 3SM院子 小的 一 ACC-3SM巴里亚莱 和 吐里亚莱 在春天 去年

paru-səgkal pə pasarli turia-li aw baria-li yaw kuch-nai an-gar jorkər
吐里亚莱和巴里亚莱去年春天盖了一个小院。
语干：توریالي او بریالي یو کوچنی انګړ جوړول 渐成情状

b. پروسږکال پھ پسرلی توریالي او بریالي یو کوچنی انګړ جوړ کاوه.
PST-PROG-3SM盖 3SM院子 小的 一 ACC-3SM巴里亚莱 和 吐里亚莱 在春天 去年

paru-səgkal pə pasarli turia-li aw baria-li yaw kuch-nai an-gar jorka-wə.
吐里亚莱和巴里亚莱去年春天正在盖一个小院。
语干：توریالي او بریالي یو کوچنی انګړ جوړول 渐成情状

上述例句中，1a和1b两个句子在去掉时、体标记后，语干完全相同，所以两句指的是同一客观情状，即"吐里亚莱和巴里亚莱盖一个小院"，是具有［+有界］特征的渐成情状句。此外，两句的时间状语都是"پروسږکال"（去年春天），即句子使用了过去时。

在实际语境中，说话人如果只加入时标记而不加入体标记[②]，则听话人只能

---

① 原文为：Aspectual viewpoints function like the lens of a camera, making objects visible to the receiver. Situations are the objects on which view Points lenses are trained. And just as the camera lens is necessary to make the object available for a picture, viewpoints are necessary to make visible the situation talked about in a sentence.

② 普什图语的时、体标记是同时出现在动词形态上的，不存在有时无体或有体无时的形态。

知道事件发生在过去，而无法理解说话人的确切意图，即不知道说话人想要表达的重点。但是，当把这一情状纳入不同的观察视点后，句子的时间意义就相应发生了变化，语义重点就被凸显出来。从1a中，我们可以得出"یو کوچنی انګړ"（小院）已经盖好的结论，因为动词"جوړ کړ"（盖）使用了完整体中的一般体形式，观察视点观察的是这个有界情状的整体；从1b中，我们知道"یو کوچنی انګړ جوړول"（盖一个小院）这一事件去年夏天正在进行，但我们却无从知道小院是否已经建完，因为动词"جوړ کاوه"（盖）使用了非完整体中的进行体形式，观察视点聚焦的是情状的持续阶段。

也就是说，完整体给听话人提供了一个全景观，而非完整体给听话人提供了一个片面观。总之，有了主观视点体的参与，说出来的句子才变得有意义。

一、构式压制理论

语法构式（grammatical construction）是构式语法的核心概念。Kay和Fillmore认为，语言形式和意义按照惯例联系起来就形成了语法构式，即语法构式就是语言形式和语言内容的规约联系（Kay, P. & C. J. Fillmore, 1999: 2）。

Goldberg认为，所有层次的语法描写都涉及构式的概念，因为它们都可以被理解为涉及语言形式与意义或话语功能的配对（Goldberg, 2003: 2）。她还指出，任何语言模式只要形式和功能的某个方面不能严格地由它的组成部分或其他已知构式推测出来，就可以被认为是一种构式（Goldberg A. E. & D. Casenhiser, 2006: 349）。

据此，语言中与动词有关的时、体、式等语法范畴中的有标记项都可以被看作是语法构式。在此基础上，Michaelis对英语体义（体貌意义）的构成进行了研究，她认为一个表达方式的体义由两方面组成，一方面是时和体等语法构式，另一方面是情景语干（situation radical）。[①]

情景语干本身可以表示有界或无界这样的体意义，相当于Carlota Smith（1991）所说的情状体和Mari Olsen（1997）所说的词汇体。Michaelis区分了6种情景类型，其6种情景类型与Mari Olsen的6种词汇体类型在本质上没有区别，只是名称不同。如表1：

[①] 或称语干，是指一个表达方式去掉其中的时、体构式之后剩下的部分，参见Michaelis，2004。

表1　Michaelis的情景分类（Michaelis, 2004: 11-13）

情景类型				举例
1. 状态				seem
事件	有指向事件（有界）		2. 完成事件	build
			3. 达成事件	sink
	无指向事件（无界）	活动事件	4. 同质活动事件	sleep
			5. 异质活动事件	skip
		6. 状态段事件		be sick for two days

关于情景语干和语法构式的组合，Michaelis认为存在一种"强制"（coercion）机制，使语法构式在跟与它具有不同语义值的情景语干组合时"胜过"词汇特征，这种机制称为"压制原则"（the override principle）（Michaelis, 2004: 25）。按照压制原则，如果一个词项与它的形态句法环境（morphosyntactic contxet）在语义上互不相容，这个词项本身的意义就应该顺从它所嵌入的结构的意义，也就是说，当意义发生冲突时，情景语干的体义应当顺从语法构式的体义，这就意味着情景语干表示的情景类型会发生转移，以适合语法构式所要求的类型（谢应光，2007：99）。

Michaelis把构式分为一致构式（concord construction）和转移构式（shift construction）两种类型：一致构式表示与跟自己组合的情景语干属于同种类型的实体或事件的构式，整个构式与其语干具有相同的相关语义特征值；转移构式表示与跟自己组合的情景语干属于不同类型的实体或事件的构式，整个构式与其语干具有不同的相关语义特征值。Michaelis认为，英语一般体构式［Φ］[①]是一致构式，而进行体构式［be + -ing］和完成体构式［have + -en］是转移构式，请看下面的例句：

例2a. Chris left his house.
克里斯离开了他的家。
b. Chris is leaving his house.
克里斯正在离开他的家。
c. Chris has left his house.
克里斯已经离开了他的家。　　（Michaelis, 2004: 28）

[①] 一般体无标记，没有具体的语言形式，用［Φ］来表示，参见谢应光，2009：109。

例2中的三个句子的情景语干都是［Chris leave his house］，表示一个渐成事件。一般体构式具有一种虚空的、开放的默认语义值，即可以和任何情景语干结合，一般体语干表示的体义就是情景语干原本的体义，所以，2a仍然表示渐成义。进行体构式和完成体构式都是转移构式，且都是状态构成构式（stativizer），即整个构式表示一种状态，根据压制原则，当其与表示达成事件的语干结合后，整个表达方式仍然表示一种状态，所以，2b表示"离开"这个动作从开始到结束过程中的中间状态；2c表示由"离开"这个动作引起的一种结果，且这个结果现在仍然保持着的状态。

按照构式语法的理论，所有层次的语法描写都可以理解为涉及语言形式和意义的配对，即都涉及构式。语法构式在跟与它具有不同语义值的语干组合时会"胜过"词汇特征，使语干的体义"顺从"语法构式的体义。普什图语视点体包含无标记体、一般体、完成体、进行体和惯常体，它们都是意义与形式的配对，都可以作为独立的体范畴构式来研究。

二、普什图语视点体范畴构式的分类

语法构式可以按照形态和意义两种不同的标准来进行分类。

（一）形态分类

从外在形式上看，普什图语动词与体范畴构式的组合有五种形式：

1. 动词原根不定式词根加上人称词尾构成，如进行体[①]，记为"فعل(مصدر)+ه"；
2. 动词不定式词根加上完整体标记"و"和人称词尾构成，如一般体，记为"وفعل+ى"；
3. 动词过去分词加上助动词构成，如完成体，记为"فعلى+دى"；
4. 动词不定式词根加上人称词尾以及小品词构成，如惯常体，记为"فعل+ى+به"；
5. 动词不定式词根加上人称词尾构成，如无标记体，记为"ø-فعل+ى"。

上述五种形式中，前两种形式主要是由词根加屈折词缀构成，称为综合构式（synthesis）；第三种和第四种形式需要动词加上屈折词缀和助动词构成，称为迂回构式（periphrasis）(Lee, 2007: 53)；最后一种形式没有显著的标记，即零形式，称为隐形构式（ø-form construction）。

[①] 在普什图语中，只有进入进行过去结构的动词必须使用原根不定式词根，动词的其他时、体结构可能使用原根不定式，也可能使用换根不定式，要依据动词本身的形式特点来定。

必须指出的是，同英语一样，普什图语动词的限定形式都是时与体的组合，不存在"有时无体"或"有体无时"的形式。而且，普什图语的句法规则和语法手段比英语更加复杂（动词有多种词根形式、句子存在作格现象等），同一动词的同一种体在时不同的条件下有不同的变化要求，比如，语干"زه تا وهل"（我打你）与进行体将来时结合变为"زه به تا واهم."（我要打你），而与进行体过去时结合变为"ته مي وهلې."（我当时正在打你）。所以，上述五种构式形式只是依据普什图语视点体类型和动词形态变化的主要特征概括出来的，不能代表所有具体的体形式。

（二）语义分类

从语义上看，普什图语的五种体范畴构式可以分为状态①构成构式和开放构式两类。

1. 状态构成构式

进行体构式表示活动进行期间所保持的一种状态，如"دودۍ یې خوړله"（他当时正在吃饭），表示"吃"的状态；完成体构式表示由其中的过去分词表示的事件发生之后产生的状态，如"دودۍ یې خوړلې ده"（他已经吃完饭了），表示"吃完"的状态；惯常体构式表示一段较长时间内，某种状态的持续或某事件反复发生的状态，如"دودۍ به یې په اته لس بجه خوړله"（那时他通常八点吃饭），表示过去一段时间"吃饭"这件事总在"八点钟"发生的状态。这三种构式本身都表示某种状态，即具有［+状态］［+持续］和［Φ有界］特征，我们参照Michaelis的做法，称之为状态构成构式。

2. 开放构式

一般体构式具有开放的默认语义值，语干与一般体结合后仍然表示语干本身的体义，如"دودۍ یې وخوړله"（他吃饭了），表示"吃饭"这件事发生过了；无标记体构式的语义特征值与语境相关，可能表示活动进行的状态，也可能表示与之结合的语干本身的体义，如"هغه دودۍ خوري"（他吃饭），根据语境，既可以表示正在吃饭的状态，又可以表示吃"饭"而不是吃别的东西这一事实。也就是说，这两种构式本身没有固定的语义特征，即语义特征为［Φ状态］［Φ持续］和［Φ有界］，Michaelis没有为这种构式命名，我们按照其特点，称之为开放构式（opennesser）。

需要注意的是，虽然我们将一般体构式和无标记体构式都归为开放构式，但

---

① 与情状类型中［+静态］的状态情状不同，这里的"状态"既包括静态，也包括动态。

是，无标记体构式的语义更为广泛，它其实是包含有状态构成构式和开放构式双重语义的构式形式。

根据上述分类，普什图语体范畴构式分类如图：

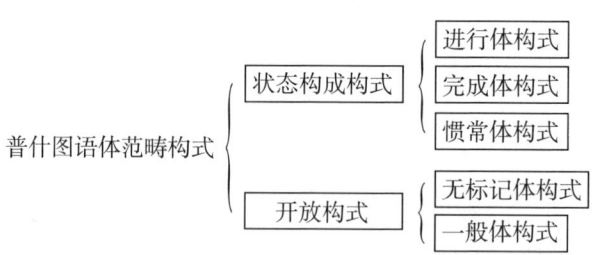

普什图语视点体范畴构式分类图

三、构式的压制作用

经过上面的讨论，我们知道，普什图语体范畴构式可以分为状态构成构式和开放构式两类。Michaelis将语干表达的情状体义分为两大类——状态和事件，本文所讨论的活动情状、单活动情状、瞬成情状和渐成情状都属于事件。开放构式由于本身没有特定的语义特征值，所以语干与之结合后原来的体义不变，仍然表达状态或事件；而状态构成构式本身具有表示某种状态的语义特征值，即语干与之结合后也要表示状态，如果表达事件的语干与之结合，就要"顺从"构式的体义，转而表达状态，这就是构式的压制作用。下面，我们分别来探讨普什图语体范畴各个构式与不同语干结合的具体情况。

（一）状态构成构式的压制作用

普什图语状态构成构式包括进行体构式、完成体构式和惯常体构式，我们来逐一分析。

1. 作为状态构成构式的进行体构式 "فعل(مصدر) + ه"。

进行体的体义与活动情状类型①的体义自然相容，可以结合，如下例：

例3. خغسته بریالی.
PST-PROG-3SM跑步 3SM巴里亚莱
baria-lai dzghas-tə.
巴里亚莱当时正在跑步。

但是二者结合以后形成的句子则表示这种活动进行期间所保持的一种状态，

---

① 即Michaelis所说的活动事件类型。

即语干所表示的情状由事件改变为状态。例3语干本身只表达"跑步"这一活动，进行体构式则选择并代表了"跑步"起点和终点之间的一段状态，且起点和终点这两个时间点不被包括在内。

正因为进行体的视点关注情状的核心阶段，情状的起点和终点不在观察范围之内，所以，当进行体构式与表达渐成情状的语干结合时，渐成情状的［＋有界］特征被忽略，首先转变为活动情状，然后被状态化。如下例：

例4. کله چه مور دبباندې ووته ، توريالي سباناری کاوہ.
PST-PROG-3SM吃 3SM早饭 ACC-3SM吐里亚莱 ……
kəla che mur də-bande wə-wata, turia-li saba-narai ka-wə.
妈妈出门时，吐里亚莱正在吃早饭。

通常情况下，如果不作单次限定，以单活动相动词构成的句子所表达的动作行为在短时间内要连续发生数次才会停止，即在其发生的时间内相当于活动情状，所以，当进行体构式与之结合后，句子表达单活动行为正在重复发生的状态。如下例：

例5. کله چه خبرې مې وویلې ، نیکه توخېده ، نو زما خبرې یې وا نه وربدې.
…… PST-PROG-3SM咳嗽 3SM爷爷 ……
kəla che khabare me wə-wayele, ni-kə tukhe-də, nu zma khabare ye wa-nə-wrede.
我说话的时候，爷爷正在咳嗽，没听见我的话。

进行体构式有时也与表示状态的语干结合，此时，表示状态的语干受到构式的压制转而带有"活动"特征，而结合后的句子表示的状态会与原来语干所表示的状态略有不同，变为隐含着开始和结束的临时状态。这就是状态情状句可以和进行体结合的原因。如下例：

例6. په هغو ورځو کې بریالی په کابل کې اوسېده.
PST-PROG-3SM居住 在喀布尔 3SM巴里亚莱 那些日子里
pə haghu wradzu ki baria-lai pə kabul ki usedə
那些日子吐里亚莱正住在喀布尔。

例6中，表示状态的语干（په هغو ورځو کې بریالی په کابل کې اوسېدل）顺从进行体构式的要求，转而带有"事件"特征，即隐含有"居住地点在不断变化"的意义，然后进行体构式又使其状态化，最后形成的句子表达在"开始居住在喀布尔"和"结束在喀布尔居住"之间的临时状态。

2. 作为状态构成构式的完成体构式 "فعلی + دی"。

普什图语完成体从语义到形式都与英语类似，Michaelis认为，完成体构式表达由其中的过去分词表示的事件发生之后产生的状态（Michaelis, 2006: 237-238），其作用是把事件转换为事件所引起的结果状态。

例7. دا کتاب تورپېکی لوستلی دی.
PRES-PER-3SM读　ACC-3SF图尔佩凯　3SM这本书
da kitab turpe-kəi lwastəlai dai.
这本书图尔佩凯已经读过了。

例8. ښوونکی خپل دفتر ته رسېدلی ده.
PRES-PER-3SF到达　（后置词）办公室　自己的　3SF老师
hu-wunke khəpəl daftar ta rasedəle da.
老师已经到办公室了。

例9. مشر ورور مې دروازه ټکولې ده.
PRES-PER-3SF敲　3SF门　我的　ACC-3SM哥哥
məshər wrur me darwaza takawəle da.
哥哥已经敲过门了。

例10. سورګل په دې چاره خبر شوی دی.
PRES-PER-3SM知道　ACC-3SF这件事　（前置词）　3SM苏尔古勒
sur-gul pə de cha-ra khabar shəwai dai.
苏尔古勒已经知道这件事了。

例7至10分别由渐成情状、瞬成情状和单活动情状语干与完成体构式结合构成，例7表达"已经读过"（لوستلی دی）的状态；例8表达"已经到达"（رسېدلې ده）的状态；例9表达"已经敲过"（ټکولې ده）的状态。

在普什图语中，如果状态情状句中的状态相动词可以加有界宾语（包括介宾）或有界补语，则可以与完成体构式结合，结合后的句子仍然表达状态，此时，完成体暗示这种状态有一个起点，如例10就暗示苏尔古勒从之前的某个时间开始就"知道这件事"了。

由于完成体构式的强制作用，表示活动情状的语干不仅可以与之结合，而且体义也要发生转移，变为表示状态。如下例：

例11. څغستلی یم.
PRES-PER-1SM跑
dzghas-təlai yem.

我已经跑过了。

例11的语干是由活动相动词"خغستل"（跑）构成的活动情状句，说话者出于主观的表意目的，使用完成体构式"压制"了原有的情状体义，使得句子表达"跑步"这件事已经完成了的结果状态。

3. 作为状态构成构式的惯常体构式"به + ی + فعل"。

惯常体表达在一段时间内长期存在的一种状态，不论语干的情状类型如何，与惯常体构式结合后都要表达这样一种状态。

例12. پر توري تختي باندی به مي ددہ نوم وليد
PST-PROG-3SM看到 3SM名字 他的 ACC-1SM我 HAB（小品词） 在黑板上

pər ture takh-te bande bə me də-də num wə-lid.

我常在黑板上看到他的名字。

例13. ساعت په ساعت به یي گلالۍ ته دغه شربت ورکاوه.
PST-PROG-3SM给 3SM果汁（后置词） 古拉蕾 ACC-3SM他 HAB（小品词） 每小时

sa-at pə sa-at bə ye gulaləi ta dagha shar-bat wər-ka-wə.

他每小时给古拉蕾喂一次果汁。

例14. کله چه زه کوچنی وم، د هغه سره به می لوبي کولي
PST-PROG-3PLF玩耍 ACC-1SM我 HAB（小品词） 和他一起 1SM是小的 1SM我 当

kəla che zə koch-nai wəm də ha-ghə sara bə me lobe ka-wəle.

我小时侯总和他一起玩耍。

例15. هغه به په کوټه کي دانګي راډانګي.
PRES-3SM跳来跳去 在屋子里 HAB（小品词） 3SM他

ha-gha bə pə kuta ki dangi ra-dangi.

他总是在屋子里跳来跳去。

例16. تل به تا ته باور لرم.
PRES-UNF-1SM相信（后置词）2SM你 HAB(小品词) 永远

təl bə ta ta ba-war la-rəm.

我永远相信你。

例12至16分别由瞬成、渐成、活动、单活动和状态情状语干与惯常体构式结合构成，例12表达"看到他的名字"这一事件在过去某段时间反复发生的状态；例13表达"喂果汁"这一事件"每小时"重复发生的状态；例14表达"一起玩耍"这一事件在"小时候"反复发生的状态；例15表达"跳来跳去"这一事件在包含说话时间在内的一段时间里反复发生的状态；例16表达"相信"这一状态的持续。

（二）开放构式的压制作用

普什图语开放构式包括无标记体构式和一般体构式。一般体构式语义特征值完全开放，对情状体没有压制作用，所以我们只讨论无标记体构式 "فعل- + ى + ø"。

由于普什图语无标记体是中性视点体，即视点在话题时间关注情状本身还是情状的核心阶段要依据语境条件来判断，所以其具有一般体构式和进行体构式的双重语义特征值，也就是说，在特定的语境条件下，无标记体构式与状态构成构式的作用相同。请看下列例句：

例17. کار ستا پلار چېرته دی؟ اوس زما پلار په فابريکه کې کوي

PRES-UNF(PROG)-3SM工作　在工厂里　3SM爸爸　我的　现在　（是　在哪里　爸爸　你的）

(sta plar cherta dai?) os zma plar pə fabrika ki kar kawi.

（你父亲呢？）我父亲现在正在厂里工作。

例18. لولم ته څه کوي؟ زه کتاب

PRES-UNF(PROG)-1SM读　ACC-3SM书　1SM我　（做　什么　你）

(tə tsə kawi?) zə kitab lwa-ləm.

（你在干嘛？）我正在读这本书。

例19. ټکوي سورګل څه کوي؟ دی دروازه

PRES-UNF(PROG)-3SM敲　3SF门　3SM他　（做　什么　苏尔古勒）

(sur-gul tsə kawi?) ha-gha darwaza takawi.

苏尔古勒在干吗？他正在敲门。

例17至19分别由活动情状、渐成情状和单活动情状语干与无标记体构式结合构成，由于语境的要求，三句中的无标记体构式都选取了进行体构式的语义，所以形成的句子都表达事件正在进行中的状态。

在普什图语中，状态情状和瞬成情状语干与无标记体构式结合时，无标记体构式只能选取一般体构式的语义，即形成的句子仍然表达语干本身的体义，状态仍旧为状态，瞬成仍旧为瞬成，不发生压制作用。如下例：

例20. پرمېزباندی پنځه مني، پنځه نارنجونه او یوه هندوانه شته دي.
PRES-UNF(ORD)-3PLM有　3SF西瓜　一　和　3PLM桔子　五　3PLF苹果　五
在桌子上

pər mez bande pin-dzə naranjuna aw yawa hindwana shta di.

桌上有五个苹果、五个橘子和一个西瓜。

例21. ستاسی لومړی ساعت په څو بجو شروع کېږي؟
PRES-UNF(ORD)-3SM开始　几点　在　3SM课　第一　你们的

sta-se lum-rai sa-at pə tsu baju shuru kegi?

你们的第一节课几点钟开始？

例20语干表达"شته دي"（有，存在）这一状态，和无标记体构式结合后体义不受影响，仍然表达"پرمېزباندی......شته دي"（桌上有……）这一状态；例21语干是由瞬成相动词"شروع کېدل"（开始）构建的瞬成情状句，和无标记体构式结合后体义同样不受影响，仍然表达"په......شروع کېږي"（在……开始）这一瞬成情状。

状态构成构式"强制"进入的情状表达某种状态，开放构式则不改变情状原有的时间语义特征。

结语

情状体与视点体在具体语句中是各自独立、又不可分割的关系。情状体是客观的，是句子体貌意义合成的基础；视点体是主观的，是句子体貌意义合成的必要条件。视点体作为观察情状的"工具"具有主观能动性，可以将语义上不相容的情状纳入视点之中，被纳入视点之中的情状体义要受到视点体构式体义的压制。

参考文献

[1] 陈前瑞. 汉语体貌研究的类型学视野[M]. 北京：商务印书馆，2008.

[2] 戴耀晶. 现代汉语时体系统研究[M]. 杭州：浙江教育出版社，1997.

[3] 尚新. 英汉体范畴对比研究——语法体的内部对立与中立化[M]. 上海：上海人民出版社，2007.

[4] 谢应光. 语法构式与语法范畴：英语语法范畴构式研究[J]. 天津外国语学院学报，2009(6).

[5] Tegey, H & Robson, B. 1996. A Reference Grammar of Pashto. Washington, D.C.: Center for Applied Linguistics, U.S. Dept. of Education, Office of Educational Research and Improvement, Educational Resources Information Center

[6] Smith, C. S. *The Parameter of Aspect* [M]. Dordrecht: Kluwer, 1991.

[7] Goldberg, A. E. & D. Casenhiser. *English Constructions* [A]. In B. A arts & A. M cM ahon (eds) The Hand book of English Linguistics [C]. Oxford: Blackwell Publishing l Ltd. 2006, 343-355.

[8] Kay, P. & C. J. Fillmore. *Grammatical Constructions and Linguistic Generalization: The What's X doing Y? Construction* [J]. Language, 1999, 75(1): 1-33.

[9] Michaelis, L. A. *Type Shift in Construction Grammar: An Integrated Approach to Aspectual Coercion* [J]. Cognitive Linguistics, 2004, (15): 1-61.

[10]. رشتین صدیق‌الله. پښتو ګرامر. پښتو ټولنه، ل ۱۳۲۷.

名词等级对普什图语分裂施格的影响

缪 敏[①]　金 鑫[②]

The Influence of Nominal Hierarchy to the Pashto Split-Ergative

【摘　要】 以往研究普什图语分裂施格的学者们都认为普语中存在施格结构，但触发其分裂的因素仅与"时"有关。然而，普语的第一、二人称单数在非过去时结构中作P时有特殊的宾格标志；表示有生命的代词"څوک"（谁；某人）在过去时结构作主语时采用施格，而表示无生命的代词"څه"（某物）则没有施格形式；所有指示代词在过去时结构中作主语时要采用施格形式，而不定代词则只有有生命的才有施格形式，无生命的则没有。可见，名词等级也是影响普什图语格标志匹配模式的另一个重要因素。

【关键词】 名词等级　普什图语　分裂施格

Abstract: In the past, scholars who studied the ergativity of Pashto believed that there was an ergative structure in this language and the factor that triggers the split is only related with "time". However, the first and second person singular in Pashto has a special accusitive marking when it acts as a P in the non-past tense structure. The animate pronoun "څوک" (means who or someone) should use the ergative in the past tense as a subject while the inanimate pronoun "څه" (means someting) does not have the ergative case . All demonstrative pronouns should be in the form of ergative as the subject in the past tense. However, only the animate indefinite pronouns have the ergative while the inanimate pronouns don't have. In summary, the nominal hierarchy is another important factor that triggers the split-ergativity of Pashto.

Key words: the nominal hierarchy; Pashto; split-ergative

---

① 缪敏，博士，讲师。主要研究领域：普什图语，语言类型学。
② 金鑫，博士（在读），讲师。主要研究领域：语言信息处理。

普什图语是普什图民族的语言,是阿富汗官方语言之一,主要在阿富汗境内、巴基斯坦的开伯尔—普什图省和俾路支省以及阿巴边境的普什图部落地区使用。普什图语隶属印欧语系印度—伊朗语族伊朗语支,有丰富的词形变化,属于屈折语。由于长年战乱,普什图语研究比较滞后,语言学方面的研究成果比较少,但仍不乏关于普什图语分裂施格方面的文章,这也足以见证施格研究在普什图语研究中的重要地位。学者们(如D.A.Shafeev,1964; Habibullah Tegey,1979、1996; Trask,1996; Farooq Babrakzai,1999)都认为普什图语中存在施格结构,并且触发分裂的因素仅仅与过去时有关。然而,我们认为除了"时"的因素,名词等级对普什图语分裂施格也有影响。

一、名词等级和分裂施格的关系

很多学者都曾提出和名词短语语义相关的等级。Dixon(1979)称名词短语的这种语义性质为"施事性等级"(Agency Hierarchy); Comrie(1978,1979)称为"生命度等级"(Animacy Hierarchy); Dixon(1994)更改为名词等级(The Nominal Hierarchy); Song Jae Jung(2008)延续了Dixon(1994)的叫法; Lindsay J.Whaley(2009)和伯纳德·科姆里(2010)称之为生命度等级(the animacy hierarchy); 威廉·克罗夫特(2009)称之为扩展生命度等级(the extended animacy hierarchy)。事实上,他们所提的等级大同小异,大致可以表述为:

表1 名词等级

第一、二人称代词	第三人称代词/指示代词	专有名词	普通名词		
			人类	有生	无生

根据这一等级,越靠近左边,生命度、定指度越高,越符合A的特征,越倾向于使用受格标志;越靠近右边,生命度、定指度越低,越符合P的特征,越倾向于使用施格标志。

事实上,这不是一个单一的、线性的、离散的序列,而是由好几个相互区别又互相联系的功能维度(functional dimensions)相互作用而形成的一个复杂交错的等级。这一等级实际上涉及四个功能维度:(1)人称等级(person hierarchy),第一、二人称的地位高于第三人称;(2)指称性等级(referentiality hierarchy),代词的地位高于专有名词,专有名词高于普通名词;(3)生命度等级(animacy hierarchy),人类普通名词高于非人类有生命名词,非人类有生命名词高于无生命普通名词;(4)有定性等级(definiteness hierarchy),有定的(definite)所指高于不定的特指（specific），不定的特指高于任指（nonspecific）。由于名词短语的语义比生命度等级或者扩展生命度等级更能涵盖上面所提的所有功能维度。因此，我们更倾向于称这一等级为名词等级。

DeLancey(1981)分析了三种分裂施格的模式：动态模式（active pattern）、移情层级分裂（empathy hierarchy split）和体分裂（aspectual split）。其中，移情层级主要和生命度（animacy）、施事性（agentivity）、主题性（topicality）有关，特别和人称关系密切。Dixon(1994)归纳了制约分裂施格模式的四个主要因素：动词的语义、核心名词短语的语义、小句的时/体/语气、主句/从句分裂。DeLancey的移情层级分裂和Dixon的核心名词短语的语义分裂有很多相似的地方。换言之，名词短语的语义是触发某些语言产生施格分裂的原因之一。典型的例子是迪尔巴尔语（Dyirbal），在该语言中，名词（和形容词）系统表现为施格模式，在第一、二人称代词系统却表现为受格模式。根据Delancey的统计，基于核心名词短语语义分裂的语言主要包括澳大利亚的大部分土著语言、北美的一些印第安语、西伯利亚地区的一些语言以及部分藏缅语。①

普什图语大体上属于基于时/体分裂的形态施格语言。然而，Khattak(1988)、车洪才、张敏（2003）、Mirdehghan Mahinnaz(2005，2013)都指出普什图语第一、二人称单数在非过去时中作宾语时要采用间接格（oblique case）②形式，而除此之外的其他名词短语都采用直接格（direct case）形式。可惜，他们都没有将这一发现与分裂施格联系起来。事实上，除了人称因素，名词等级中所涉及的其他功能维度是否也会对普什图语分裂施格产生一定影响？下面我们便一一来考察。

二、生命度对普什图语分裂施格的影响

Silverstein最早考察分裂施格语言的语法表现形式时发现NP的语义性质可以决定一种语言选择受格结构还是施格结构。他根据自然施事来说明类型共性：人类最有可能是自然施事；相反，非人类或者无生的最有可能是自然受事。对于这一点是很容易理解的，"因为通常生物才能执行行为动作，特别是受动作者意

---

① Delancey,Scott. *An interpretation of split ergativity and related patterns*. Language 57, 1981:628.
② 我们采用间接格来表述oblique case，而不是旁格，因为旁格是指主格以外所有其他词格形式的统称，而普什图语中的间接格仅相对于直接格（direct case）来说，仅指形态上的变（间接格）与不变（直接格）。

志控制的动作。而非生物也比生物更经常地成为动作的对象。"① 对于很多动词来说，如"相信""说""决定"等，核心论元通常是人类；还有其他一些动词，如"咬""看"等，核心论元可能是人类，也有可能是动物；很少有核心论元为非动物名词的动词。毫无疑问，人类名词短语在功能上更倾向于 A，非动物名词短语在功能上更倾向于 P。

通常，生命度等级由高到低的次序分别为：人类＞有生命＞无生命。不同的语言对于生命度的敏感度不同，会采用不同的区分。有些语言区分地比较简略，只作出有生和无生的对立，如澳大利亚土著语言 Mangarayi 语，有生 NP 采用主—受格系统，无生 NP 采用施—通格系统。② 还有些语言对有生命名词作出更细致的分类，如里撒恩古语（Ritharngu）③ 用特殊宾格代名词缀用于人类和高等动物，如狗和袋鼠等，而这个词缀不用于低等动物，如昆虫和鱼等，也不用于无生命物。大多数语言似乎都把无生命物当作没有区别的一类。但语言学家们发现在纳瓦霍语（Nowaho）④ 中，能自发动作的无生命实体，如风、雨、流水、闪电等，被划为生命度高于其他无生命物的一类名词。⑤

生命度在语言中常见的是人类和非人类之间的区别。在普什图语名词系统中生命度对施格的影响并不明显，但对名词单数和复数的形态变化有明显区分；但在代词系统中生命度对格有较明显影响，以下列疑问代词（不定代词）为例：

表 2　普什图语的直接格与间接格

释义 \ 格	直接格	间接格
谁；某人	څوک	چا
什么；某物	څه	څه

由上表可见，"څوک"的直接格和间接格形式完全不同，采用了异干交替（suppletive stem）⑥ 方法，而"څه"的直接格和间接格完全相同，没有变化形式。

---

① 陆丙甫：《从宾语标记的分布看语言类型学的功能分析》，《当代语言学》，2001 年第 4 期，第 25 页。
② Song Jae Jung. *Linguistic Typology: Morphology and Syntax*. 北京：北京大学出版社，2008:148.
③ 里撒恩古语是阿纳姆地的一种澳大利亚语。
④ 纳瓦霍语是美国西南部的一种阿萨巴斯加语。
⑤ ［英］科姆里：《语言共性和语言类型（第二版）》，沈家煊、罗天华译，陆丙甫校.北京：北京大学出版社，2010 年，第 228—229 页。
⑥ 异干交替是指形态聚合体的两个成分在形式上没有联系。例如英语中有一小部分形容词通过异干交替的形式来表示比较级：bad→worse。

再看具体用法：

（1）څوک راغی؟

  tsok   ra:gh-i

  谁. S. DIR   来. PST-M. 3SG

  谁来了？（Anne Boyle David，2014：179）

（2）ته څوک وینی؟

  tə   tsok   wi:n-e

  你. A. DIR 谁. P. DIR 看. PRS-2SG

  你在看谁？（车洪才/张敏，2003：64）

（3）تور چا وواهه؟

  Tor   cha: wuwa:h-ə

  吐尔. P. M. SG 谁. A. OBL 打. PST-M. 3SG

  谁打了吐尔？（Tegey，1979：378）

  （1）句为不及物动词过去时句，"څوک"（谁）采用直接格形式，作为S出现；（2）句为及物动词现在时句，"څوک"（谁）采用直接格形式，作为P出现，A"ته"（你）也采用直接格形式，A、P同格，该句属于中性配列；（3）句为及物动词过去时句，"چا"（谁）为"څوک"的间接格形式，作为A出现，P"تور"（吐尔）采用直接格形式，P和S同格，为通格，区别于A，A为施格，该句属于施通格配列。可见，有生命的代词"څوک"，可以作为S或A或P出现，有间接格形式"چا"，可以作为施格出现。

（4）څه به پیښ شی؟

  tsə   ba   peḥ-shi

  什么. S   PART   发生. PRF. PRS-M. SG

  将会发生什么？（Habibullah Tegey/Barbara Robson，1996：73）

（5）څه کوی؟

  ∅   tsə   kaw-e

  A省略   什么. P   做. PRS-2SG

  你在干什么？（车洪才/张敏，2003：65）

  （4）句为不及物动词将来时，"څه"作为S出现；（5）句为及物动词现在时，"څه"作为P出现，该句省略主语A，可以从动词词尾互文得出A为"第二人称单数"。无生命代词"څه"通常作为S或P出现，没有间接格形式，通常不会作为施格出现。

三、人称对普什图语分裂施格的影响

Siewierska(2013)分析动词一致关系时认为影响分裂匹配的因素有很多，人称是其中一个很重要的因素。一般情况下，第一、二人称不同于第三人称。例如在 Gunwinʸgu 语中，不管它们的语法关系如何，第一、二人称代词成分必须前置于第三人称代词。[①] 又如，在很多存在活动格局的语言中，通常都是第一、二人称采用活动匹配，第三人称则采用中性匹配，如夸萨蒂语（Koasati）、纳—德内语系（Na-Dene）的 Tlingit 语、阿拉瓦克语系（Arawakan）的 Amuesha 语、北美印第安卡多语系（Caddoan）的 Wichita 语等。当然，也有相反的情况，第一、二人称采用中性匹配，第三人称采用活动匹配，这样的例子极为罕见但也存在，如分布于巴西中北部兴谷河（xingu）上游的 Trumai 语就是这种语言，它的第三人称 S 和 P 都有加动词后缀 -e，但是第一、二人称在动词上却没有任何标志。

科姆里指出："格（标志）并不直接跟语法关系有关，而是直接跟 A 和 P 的区分有关。"[②] 即其功能在于帮助鉴别施事和受事。典型的 A 是高定指度和高生命度的，它的生命度越高，在型学上的标记性越弱；典型的 P 是低定指度和低生命度的，它的生命度越高，标记性越强。如果施事、受事均为高生命度、高定指度的名词，那么通常 P 需要被特殊标记。"越是语义上不容易混淆的施受关系，越是不需要形式标记，相反，越是语义上容易引起角色混淆的，越是需要强制性的显性语法形式去明确语法角色，这种情况在人类语言中是普遍存在的。"[③]

普什图语是否也存在被特殊标记的 P 呢？首先，我们来观察 P 为第一、二人称单数的情况：

（6）. زه ګرځم

zə garz-əm

我. S. DIR 散步. PRES. IMP-1SG

我在散步。（Khalid Khan Khattak，1988:52）

（7）. زه تا وینم

zə tā wi:n-əm

[①] Song Jae Jung. *Linguistic Typology: Morphology and Syntax* 北京：北京大学出版社，2008:170.
[②] ［英］科姆里：《语言共性和语言类型（第二版）》，沈家煊、罗天华译，陆丙甫校．北京：北京大学出版社，2010年，第148页。
[③] 陆丙甫：《从宾语标记的分布看语言类型学的功能分析》，《当代语言学》，2001年第4期，第258页。

　　　　我. A. DIR　　　　　　你. P. OBL　　　　　　看见. PRES. IMP-1SG
　　　　我看见你。（Khalid Khan Khattak，1988:52）
（8）ته ما وینی.
　　　　tə　　　　　　　　mā　　　　　　　　wi:n-e
　　　　你. A. DIR　　　　　　我. P. OBL　　　　　　看见. PRES. IMP-2SG
　　　　你看见我。（Khalid Khan Khattak，1988:52）

　　观察上面3个句子，（6）句为不及物动词现在时句，其中的S采用直接格；（7）、（8）两句为及物动词现在时句，并且P分别为第一、第二人称单数形式，其中A都采用直接格，P为间接格。比较（6）句和（7）、（8）句发现：S和A同格为主格，区别于P，P为受格，属于主受格标志系统。可见，第一、二人称代词单数形式在非过去时结构中都采用受格标志系统，P被特殊标记。

　　接下来，我们再来观察P为第三人称单数的例句：
（9）زه دی وهم.
　　　　zə　　　　　　　　dai　　　　　　　　wah-əm
　　　　我. A. DIR　　　　　　他. P. DIR. M　　　　打. PRES. IMP-1SG
　　　　我在打他。（Khalid Khan Khattak，1988:55）
（10）زه دا وینم.
　　　　zə　　　　　　　　dā　　　　　　　　wi:n-əm
　　　　我. A. DIR　　　　　　她. P. DIR. FM　　　打. PRES. IMP-1SG
　　　　我在看她。（车洪才/张敏，2003:58）

　　观察（9）、（10）句，这是及物动词现在时句，P分别为第三人称单数阳性和阴性。句中A和P都采用原格，比较（6）句和（9）、（10）句发现：S、A、P同格，没有区别，属于中性格标志系统。可见，第三人称代词单数的阳性、阴性形式在非过去时结构中作P，没有被特殊标记。

　　接着，我们来观察P为人称代词复数形式的例句。
（11）استاذ مونږ لټوی.
　　　　Ostaz　　　　　　　mung　　　　　　　laṭaw-i
　　　　老师. A. DIR　　　　我们. P. DIR　　　　寻找. PRES. IMP-3PL
　　　　老师在找我们。（Khalid Khan Khattak，1988:73）
（12）مونږ تاسو وینو.
　　　　mung　　　　　　　tāso　　　　　　　wi:n-u
　　　　我们. A. DIR　　　　你们. P. DIR　　　　看见. PRES. IMP-1PL
　　　　我们看见你们。（Khalid Khan Khattak，1988:52）

比较（6）句和（11）、（12）句发现：S、A、P同格，没有区别，属于中性格标志系统。可见，人称代词复数形式在非过去时结构中作P，没有被特殊标记。总结普什图语非过去时结构格标志匹配的具体模式见下表：

表3　普什图语非过去时格标志匹配模式

	1st&2nd		3rd	普通名词
	1st&2nd 单数	1st&2nd 复数		
A	直接格	直接格	直接格	直接格
S	直接格	直接格	直接格	直接格
P	间接格	直接格	直接格	直接格
匹配模式	受格匹配	中性匹配	中性匹配	中性匹配

普什图语属于SOV语言，施事、受事都在动词前面，当A、P同为高定指度、高生命度的NP时，如果不用格标志加以区分，往往会很难辨别施受关系。因此，在非过去时结构中，只有当P为第一、二人称单数时，需要被特殊标记，即存在特殊标记的P，也称为区别性宾语标志（differential object marking）。事实上，标记高生命度P的例子很多，例如在羌语中，宾助词zie^{33}一般要加在有生名词后面；浪速语宾格标记3ɛ^{31}一般只出现在指人或人称代词宾语上等等。①

四、有定性对普什图语分裂施格的影响

事实上，上文提到的第一、二人称生命度高于第三人称，从生命度本身得不到解释，但是却可以从前者比后者的有定性（definiteness）更高得到解释。有定性是指对所指对象的确定程度。通常，第一、二人称的对象直接参与谈话，自然比第三人称更容易确定，前者的有定性比后者更高。有定性等级从高到低是这样的：有定的＞特指的＞任指的。有定性是决定直接宾语是否为显性编码的重要因素。大量语言材料证明有定直接宾语有特殊标记。例如，土耳其语中只有有定直接宾语带特殊宾格后缀"-ι"（或它的元音和谐变体），所有其他直接宾语都用跟主语（A或S）一样，没有后缀形式；波斯语中的有定宾语要带特殊宾语标志"rā"。此外，在芬兰语、印地语中有定性和生命度的某些组合也会触发直接宾语带格标志的现象。

靠近名词等级左边的NP有定性越高，反之，靠近名词等级右边的NP有定性

---

① 罗天华：《SOV语言宾格标记的考察》，《民族语文》，2007年第4期，第25页。

越低。也就是说和人类相关的名词短语比非人类的更有有定性，有生命的名词短语比无生命的更有有定性。人称代词和指示代词总是和有定性相关。有定性对于普什图语的影响和上述触发直接宾语带格标志略有不同，它的主要表现之一是所有指示代词都有间接格形式，无论它指代有生命的名词还是无生命的名词，在过去时结构中作A时需要特殊标记；而不定代词在本文第二部分已经做过讨论，有生命的不定代词"کوږ"有间接格形式，通常作为S或A或P出现，无生命不定代词"څه"没有间接格形式，通常作为S或P出现，很少作为A出现。我们来比较下面两组例句：

（13）دا خبر تور راوور.

dā	khabar	Tor	ra:wu
这个.DEM.DIR	消息.P.M.SG	吐尔.A.M.SG	带来.PST.M.SG

吐尔带来了这个消息。（Tegey，1979：377）

（14）دې خبر تور اريان که.

de	khabar	Tor	aryān kə
这个.DEM.OBL	消息.A.M.SG	吐尔.P.M.SG	震惊.ST.SG

这个消息震惊了吐尔。（Tegey，1979：378）

这两个句子都是及物动词句过去时结构，不同的是（13）句中的"دا"（这个消息）在句子中作P，采用直接格形式，是通格；（14）句中的"دې خبر"作A，采用间接格形式，指示代词"دا"变为"دې"，是施格。

五、指称性对普什图语分裂施格的影响

指称性因素是决定核心名词短语语义分裂的另一个重要因素。不同的语言划分指称性的截点也会不同，大体上指称性等级从高到低可以分为：代词＞专有名词＞普通名词。如果代词系统和名词系统有不同的格的变化，那么代词系统为受格，名词系统为施格，没有例外[①]。例如，Dyirbal语在代词系统表现为主受格配列，在名词（和形容词）系统则采用施通格配列；又如东北高加索（North-East Caucasian）的拉克语（Lak）人称代词采用中性配列，名词采用施通格配列。[②]

许多语言根据指称性等级在人类名词短语内部又作区分。通常把专有名词和某些亲属称谓的生命度看作比所有其他人类名词的生命度高。这类名词短语所

---

① Dixon, R.M.W. *Ergativity*[M]. Cambridge University Press, 1994:84.
② ［英］科姆里著，沈家煊、罗天华译：《语言共性和语言类型（第二版）》，北京：北京大学出版社，2010年，第153页。

指对象固有的生命度按照生命度的原来意义并不比普通名词高，但由于指称性等级不同而表现出名词等级的不同。例如，Nhanda语不仅代词采用主—受格系统，而且人类名词和亲属名词也采用这一系统；又如楚科奇语作出了更为细致的区别：只有表达和说话人有亲属关系的亲属称谓，而且只有指称比说话人年长的亲属的亲属称谓才被看作有较高的生命度。①

在普什图语中，指称性对格标志模式有哪些影响呢？从上文表三中可以看出，在非过去时结构中，代词的第一、二人称单数采用主受格系统，其余都采用中性系统。这一分裂由从人称的角度解释更为合理，而且也并不是所有的代词和名词之间的分裂。再来观察普什图语的过去时结构，具体见表4，单数代词和部分名词采用施通格系统，而复数代词和其余名词采用中性系统。名词是根据其单词词尾（即形态，而非语义）来决定其采用什么格形式。可见，无论是在非过去时结构还是在过去时结构，代词和名词之间的分裂并不鲜明，因此，指称性对普语格标志模式的影响不明显。

表4 普什图语过去时格标志匹配模式

	人称代词		指示代词	不定、疑问代词		专有名词/普通名词		
						单数		
	单数	复数		有生	无生	M1.1, M2, M4, M5, M6, M7, F3, F5, F7	M1.2, M1.3, M1.4, M3, F1, F2, F4, F6	复数
A	间接格	直接格	间接格	间接格	直接格	直接格	间接格	间接格
S	直接格	直接格	直接格	直接格	直接格	直接格	直接格	直接格
P	直接格	直接格	直接格	直接格	直接格	直接格	直接格	直接格
匹配模式	施格匹配	中性匹配	施格匹配	施格匹配	中性匹配	中性匹配	施格匹配	施格匹配

---

① ［英］科姆里著，沈家煊、罗天华译：《语言共性和语言类型（第二版）》，北京：北京大学出版社，2010年，第227页。

六、数对普什图语分裂施格的影响

"数"是另一个和生命度的交互作用带有某种双重性的参项。Dixon把人称、数和性三者结合起来,提出了名词等级的补充等级①:

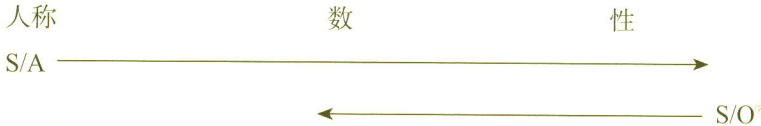

根据该等级,"人称"位于补充等级的左端,与人称代词相关,倾向于S/A等同;"性"位于补充等级的右端,与名词相关,倾向于S/O等同;"数"位于中间,同时与代词和名词相关。例如在Jarawara语中,人称和数与S/A一致,性根据不同的条件类型与S/P或S/A一致;在Koiari语③中,人称和数与S/A一致,同时,数也与S/P一致。

从人称代词和名词的数范畴来看,普什图语人称代词常采用异干交替等模糊的形态标注,而名词常采用附缀这种明显的屈折形态。缪敏分析得出"在普什图语名词系统中,数与格之间有一种交互作用,数有提高名词带格标记的作用。"④但是通过上述两张表格我们发现:单数代词更倾向于带格标志,而复数刚好相反。在代词系统人称代词的复数形式无论在过去时还是在非过去时,只采用直接格形式,即普什图语人称代词的复数没有间接格形式,也有很多学者认为这是间接格与直接格同形,如此一来便是数降低了人称代词的生命度。那么数到底能提高还是降低名词短语的生命度?科姆里表示:"我们不作任何概括,但肯定有相当的证据记录了数在两个方向上都能起作用,但总的来说,数所起的作用是随意的,没有重要意义。例如俄语,复数增加了名词短语带特殊的有生宾语词尾的可能性;但也有些语言如波兰语,复数降低了名词短语带特殊的有生宾格词尾的可能性。"⑤

---

① Dixon, R.M.W. *Ergativity*[M]. Cambridge University Press, 1994:94.
② S/O=S/P
③ 该语言中没有性范畴。
④ 缪敏:《普什图语名词格标记现象》,《东方语言文化论丛》,2016年35期,第148页。
⑤ [英]科姆里著,沈家煊、罗天华译:《语言共性和语言类型(第二版)》,北京:北京大学出版社,2010年,第218页。

七、结语

在上文中,我们将名词等级分为四个功能维度分别阐述它们对普什图语分裂施格的影响。然而,通过分析可以得知,生命度、人称和有定性对普什图语分裂施格的影响比较明显,指称性和数的影响则比较模糊。此外,这些功能维度往往是相互作用的,而不是完全仅靠其中一项起作用的。例如,第一、二人称单数在非过去时结构中作P时需要被特殊标记,既要参照人称因素,又要参照有定性因素;有生命不定代词的格标志形式既要参照有定性因素,又要参照生命度因素等等。因此,名词等级反映了好几个因素之间的一种自然交互作用,是一个复杂交错而不是单一和线性的等级,是影响普什图语分裂施格的另一个重要因素。

参考文献

[1][英]科姆里著,沈家煊、罗天华译,陆丙甫校.语言共性和语言类型(第二版)[M].北京:北京大学出版社,2010.

[2]车洪才、张敏.普什图语基础语法[M].北京:北京广播学院出版社,2003.

[3]陆丙甫.从宾语标记的分布看语言类型学的功能分析[J].当代语言学,2001,(4).

[4]罗天华.SOV语言宾格标记的考察[J].民族语文,2007,(4).

[5]缪敏.普什图语名词格标记现象[J].东方语言文化论丛,2016,(35).

[6][美]克罗夫特著,龚群虎等译.语言类型学与语言共性(第二版)[M].上海:复旦大学出版社,2009.

[7]Babrakzai, Farooq. Topics in Pashto Syntax[D], Doctoral dissertation, University of Hawai'i at Manoa, 1999.

[8]Delancey, Scott. *An interpretation of split ergativity and related patterns*[J]. Language57, 1981.

[9]Dixon, R. M. W. *Ergativity*[M]. Cambridge: Cambridge University Press, 1994.

[10]Khattak, Khalid Khan. *A Case Grammar Study of The Pashto Verb*[D]. Department of Phonetics and Linguistics School of Oriental and African Studies Faculty of Arts, University of London, England, 1988.

[11]Mirdehghan, Mahinnaz&Jahangiri, Nader. *Split-Ergative Morphology in Hindi/Urdu, Pashto& Balochi Languages*[J]. J. Humanities(2005)Vol. 12(3).

[12]Mirdehghan, Mahinnaz. *Ergative case & agreement marking: similarities and*

variations in Hindi/Urdu, Pashto and Balochi languages[J]. Dialectologia 10, 2013.

[13] Shafeev, D. A. *A short grammatical outline of Pashto*[M]. Translated and edited by Herbert H. Paper. Bloomington : Indiana University, 1964.

[14] Siewierska, Anna. Alignment of verbal person marking. In: Dryer, Matthew S. & Haspelmath, Martin (eds.), 2013 (Available online at http://wals. info/chapter/100, Accessed on 2016-04-10.)

[15] Song Jae Jung. *Linguistic Typology: Morphology and Syntax*. 北京：北京大学出版社, 2008.

[16] Tegey, Habibullah&Robson, Barbara. *A Reference Grammar of Pashto*[M]. Washington, D. C. : Center for Applied Linguistics, 1996.

[17] Tegey, Habibullah. *Ergativity in Pushto(Afghani)*[A]. In Linguistic method:essays in honor of Herbert Penzl, ed. Irmengard and Gerald F . Carr, 369-418. The Hague: Mouton Publishers, 1979.

[18] Whaley, Lindsay J. *Introduction to Typology—the Unity and Diversity of Language*[M]. 北京：世界图书出版公司, 2010.

亚非文学研究

以马克思主义女性主义批评视角考察20世纪初越南女性诗歌中的女性主义问题

管宏伟[①]

Examining feminism issues in Vietnamese feminist poems in the early twentieth century from a Marx feminist perspective

【摘　要】伴随西方科学精神的传入，二十世纪初越南文学发生重大变化，完成了从古代文学向现代文学的转变。在越南漫长的古代诗歌历史中，受儒家制度中男权等思想的压迫，女性诗歌长期势微。伴随西方思想的传入及新诗运动的发展，一批越南女性诗人陆续出现，在她们的部分作品中女性意识开始觉醒，女性主义思想得以体现。作为"妇女与社会性别学"的重要组成部分，20世纪后半叶，"女性主义"问题研究在全球范围受到广泛重视；与各类批评理论相结合，不同流派的女性主义批评相继产生并陆续被应用于文学作品，特别是女性文学作品的研究。本篇论文将以马克思主义女性主义批评研究方向为视角，考察20世纪初越南女性诗歌中所反映出的女性主义问题。

【关键词】越南　20世纪初　女性诗歌　女性主义　马克思主义女性主义批评

Abstract: In the early 20th century, western thoughts streamed directly into the vietnameses literature, two-Stage transitional of literature from ancient to modern happened in Vietnam. During the long peotry history of Vietnam, feminist poems was always less developed because of the Confucian patriarchy system. With the widespread of Western feminism in Vietnam, a number of feminist poems with gender consciousness has emerged. As an important part of *Study of women*

[①] 管宏伟，越南胡志明市师范大学在读博士，主要研究领域：中国、越南现代诗歌、女权问题等。

and gender, the research of "Feminism" has received extensive scholarly attention since the second half of 20th Century. Combined with various critical theories, different schools of feminist criticism are developed. Those feminist criticism theories have been applied into literature analysis, especially the female literature. In this article, we are going to explore the embodiments of the Marxist feminism criticism thoughts in the vietnamese feminist poems in the early twentieth century.

Keywords: Vietnam; the early 20th century; feminist poems; feminism; the Marxist feminism criticism

20世纪初是东方文学发生巨变的重要历史时期，对于处于中南半岛的越南文坛，这是一个从传统文学向新文学转变的重要阶段。在这一时期，越南文学除继续接受东方儒释道文化及中国传统文学的影响外，也开始受到来自包括法国文学在内的西方现代文明的影响。在此背景下，越南出现了"新诗"运动，创作了大批有别于传统的诗歌。伴随西方文明的传入，一批越南女诗人于20世纪初及1932—1945年的"新诗"运动中陆续出现，她们在作品中展现出的一系列女性主义问题引起了笔者的注意。本文将以马克思主义女性主义批评流派所关注与使用的部分马克思主义理论为基础，深入分析该流派思想与二十世纪初期越南女性诗歌的关系。

在进行论述前，有两点我们需要解释说明：一是本论文所研究作者作品的创作时间是1900—1945年。二是关于"女性诗歌"的概念。本篇论文所使用的"女性诗歌"并不是一个较为严格意义上的概念。尽管在部分研究者那里"女性诗歌"就等同于女诗人的作品，但从严格意义上讲，"女性诗歌"的突出特征应为女诗人在具体写作中呈现出的鲜明的"女性意识"和"性别经验"，因此并不是所有女诗人的创作，都可以归入这一范畴。严谨的"女性诗歌"概念于20世纪后半叶才于世界范围内出现。不过，鉴于诗歌史以往的具体实践，以及20世纪初特殊的历史时期（女性主义思想刚刚传入越南，可能并不是每位女诗人都能完全理解、消化并将其运用于诗歌创作），这篇论文中的"女性诗歌"概念是较为宽泛的，泛指女诗人的作品。

一、20世纪初越南新诗运动及女性诗歌

（一）越南新诗运动

越南和中国都是传统的儒家文化国家，也都使用科举制作为选拔人才的办法。越南是世界上最后一个废除科举制的国家（1919年），科举制使用汉字作为应试文字的规定成为制约其于15世纪出现的本国文字——喃字发展缓慢和未能普及的原因之一。越南"新诗"运动的出现并非偶然。从19世纪末至20世纪初，尽管法语在学校中被强制推行，但越南国语字（现代越南语）也已出现，并在一系列救国运动的背景下得到传播与发展。一批代表诗人，如：阮廷炤（Nguyễn Đình Chiểu, 1822—1888）、阮劝（Nguyễn Khuyến, 1835—1909）、宿昌（Tú Xương, 1870—1907）、潘文值（Phan Văn Trị, 1830—1910）、慈衍童（Từ Diễn Đồng, 1866—1918）、伞沱（Tản Đà, 1889—1939）……都开始创作国语诗。虽然在诗歌体式开发上他们借鉴吸收了来自越南民间文学体裁，如：取自歌谣的民间六八体、双七六八体诗歌、唱白韵文等的元素；但也许是因为他们是越南最后一批传统意义的儒士，总体来看，他们作品中的诗学元素仍受中国古诗，特别是唐诗影响，表现主题、韵律等仍带有厚重的古诗痕迹。随着西方文明思想的引进、科举制的废除以及一批从多途径接受到西方文学传播的青年学生、公职人员、知识分子的出现，加之渴望让诗歌摆脱古代诗学束缚的共同愿望，新诗应时而生。越南新诗的出现使越南诗歌历史上首次出现了日益有别于中国古代诗学特点的发展趋势，独立文字和诗学新元素的使用帮助新诗完成了从古代文学向现代文学的过渡，成为了世界文学中独具特色的一部分。

（二）20世纪初越南女性诗歌的总体情况

虽然偶有著名女诗人在越南古代文学史中出现，如：段氏点（Đoàn Thị Điểm, 1705—1748）、胡春香（Hồ Xuân Hương, 1772—1822）、清官县夫人（Bà Huyện Thanh Quan, 1805—1848）等，但和越南悠久的诗歌历史相比，女诗人的整体影响要微弱得多。如果再细究起来，与中国女诗人情况类似，除个别作品外，越南女诗人的诗词大多也仍是伤春悲秋的深闺心曲，在表达个体经验方面虽算得上直接，但无论是作品主题还是风格，都并未超脱男性诗人的经验，还称不上女性意识的觉悟。这种状态的解冻是始于20世纪初女权思想自西方各国和日本等国的传入。回顾20世纪初越南女性诗歌创作，1932年新诗运动开始前，便已经有：霜月英（Sương Nguyệt Anh, 1864—1921）、高玉英（Cao Ngọc Anh, 1878—1972）、淡芳（Đạm Phương, 1881—1947）、湘芙（Tương Phố, 1897—1973）等女

诗人陆续出现，她们的创作虽然体式上古诗痕迹明显，但内容上却已出现女性主义思想等西方诗学元素。1932—1945年的新诗运动也集中涌现出一批现代女诗人，虽然在数量及影响力方面无法与同时期男诗人比较，但充满着独特女性情怀及风格的作品在越南现代诗坛上留下了深刻烙印，云台（Vân Đài, 1904—1964）、恒芳（Hằng Phương, 1908—1983）、阮氏萌萌（Nguyễn Thị Manh Manh, 1914—2005）、梦雪（Mộng Tuyết, 1914—2007）、梅亭（Mai Đình, 1917—1999）、银江（Ngân Giang, 1916—2002）、英诗（Anh Thơ, 1919—2005）、秋红（Tôn Nữ Thu Hồng, 1922—1948）等都曾在新诗阶段风骚一时，同男诗人共同创造出一段越南现代诗歌的黄金时期。

二、女性主义、女性主义批评与马克思主义女性主义批评

（一）女性主义

女性主义，亦称女权主义，在英文里都是同一个词——Feminism，可简单理解为男女平权。这个术语最先于1870年出现在法国，后传入欧洲其他国家和包括美国在内的一些美洲国家。伴随现代科学和西方文学理论的发展，"女权主义"完成了从一种思潮向一类学科的过渡，于20世纪70年代成为妇女与社会性别学（Study of Women and Gender）的重要组成部分。通过文学作品的传播或越南知识分子的海外归来，20世纪初，女性主义思想从西方各国、日本及苏联传入越南。第一次世界大战后法国对越南实行的教育改革以及越南共产党的成立都对女权精神在越南的发展起到重要的推动作用。30年代，在经历了国内学术界几次有关妇女问题的气氛颇为活跃的论战后，女性主义思想得到了越南知识分子界的普遍接受与支持，借由登报及出版成书等形式推广开来，成为了这一时期越南女性诗歌中的诗学新元素。

（二）女性主义批评

女性主义批评（feminist criticism）兴起于20世纪60年代，是从当时欧美风起云涌的妇女解放运动中发展起来的一种极富活力，同时也具有较强政治性的批评理论。简要地讲，女性主义批评的基本观点认为西方文明是以男性为中心的，是由男性控制的，妇女处于从属地位；男女的性别差异不仅是由生理决定的，也是由父权制社会决定的，性属（gender）区别于性别（sex）之处在于前者是一种文化上的建构。"性属"作为妇女与性别学的核心概念，自在女性主义批评中出

现至今已逾40年[①],现已成为各个传统学科领域中一个常识性的概念和分析范畴,在研究和教学中被频繁地使用及不断发展,文学也不例外。在文学领域,女性主义批评关注妇女作为读者或作者在文学话语中的体验,也注重妇女在社会、家庭、政治、经济等方面的平等、独立和自主问题,一般具有较强的政治性,是一种具有强烈思想道德倾向的批评。[②]女性主义批评认为,西方的文学经典都是父权制度文化传统的产物,女性进行文学创作需要迎合男性社会价值观念,不然,她们的作品难以发表,即使出版了,也会受到强烈的抨击,遭到父权制文学传统的抵制和忽视。自女性主义批评兴起以来,它的发展受到其他许多批评理论的影响,如:心理分析、后结构主义、马克思主义、新历史主义、黑人美学、后殖民理论、生态批评等,女权主义批评借用了这些批评理论的不少观点和方法,从而形成了形形色色的流派,本文关注的马克思主义女性主义批评便是其中之一。

(三)马克思主义女性主义批评及其关注的马克思主义理论

马克思主义对各种当代批评产生了重要影响,女性主义批评也不例外,在女性主义批评、文学及"社会与经济学"三者间,马克思主义理论逐渐起到了桥梁作用,马克思主义女性主义批评流派由此而生。该流派将马克思主义的成熟理论应用于女性主义文学批评研究领域。马克思主义实际上并没有完整的关于女性主义批评的理论,但是在论述私有制等问题的过程中均涉及了妇女问题,而且它的唯物史观理论体系也被一些有影响力的女性主义文学批评家(如Kate Millett)所接受,她们认为:福柯、拉康等人的理论忽视了经济的生产模式,而这恰恰是决定"阶级关系"和"阶级权力"关系的十分重要的因素,马克思主义女性主义批评试图挪用马克思主义思想方法于性别关系的阐释,把性别观念视为历史发展的结果,将男权思想看作社会中两性的真正权力关系的体现,譬如:坚信男女是平等的、性别分工和不同的性别特征事实上掩盖了不平等的结构关系。由于论文篇幅有限,本文中我们只试举该批评流派所关注的马克思与恩格斯的各一条理论:

马克思主义指出,婚姻制度与家庭形式及两性关系都是历史发展的产物,人们的性别特征是与社会属性密切交织在一起的。这一基本原理受到大多数女性主义文学批评家的拥戴。马克思主义是从社会和经济而不是单一的政治或性别角度看待人类主体的展开和实现的。马克思主义历史观和辩证法认为,包括人的生物

---

① "性属"(gender)最早由美国人类学者盖尔·卢宾(Gayle Rubin)在其1975年发表的论文 *The Traffic in Women: Notes on the "Political Economy" of Sex* 中提出。
② 程锡麟、方亚中:《什么是女性主义批评》,上海:上海外语教育出版社,2011年,第2页。

存在也是一种社会建构，吃喝和生殖肯定是人的真正功能，但如果把它视为最终和唯一的目的，那人和动物就没有区别了。青年马克思在《1844年经济学—哲学手稿》中，便批判了男权主义对待妇女的这种陋习：

> 拿妇女当作共同淫乐的牺牲品和婢女来看待，这表现出了人在对待自己本身方面所经历的那种无限的堕落。男女之间的关系是人与人之间直接的、自然的、必然的关系。……因而，看男人如何对待女性就可以判断出人的整个文明程度。根据这种关系的性质就可以看出，人在何种程度上把自己理解为人。①

关于人与动物的区别，2000多年前孟子就有云："人之所以异于禽兽者几希，庶民去之，君子存之"。②孟子所说的是"仁"，是人的道德。现代社会的道德也应该体现在社会对待女人的态度方面。

当恩格斯在论述由于工业社会使妇女进行劳动市场，改变了妇女的经济地位及男权统治发生根本动摇时，并没有忘了告诫人们："自一夫一妻制出现以来就扎下了根的对妻子的虐待"还将残存下去。这类现象的消除将有待私有制的彻底消亡，这将经历一个漫长的过程。在谈及从野蛮时代到文明时代的劳动分工时，恩格斯分析到：

> 从前保证妇女在家中占统治地位的唯一原因——"妇女只限于从事家务劳动"，——现在却成了保证男子在家中占统治地位的原因。妇女的家务劳动现在同男子谋取生活资料的劳动比较起来已经失掉了意义；男子的劳动就是一切，妇女的劳动是无足轻重的附属品。在这里就已经表明，只要妇女仍然被排除于社会的生产劳动之外而只限于从事家庭的私人劳动，那么妇女的解放，妇女同男子的平等，现在和将来都是不可能的。妇女的解放，只有在妇女可以大量地、社会规模地参加生产，而家务劳动只占她们极少的工夫的时候，才有可能。③

许多马克思主义女性主义批评理论都是以诸如上述理论为基础而发展起来

---

① ［德］马克思著，刘丕坤译：《1844年经济学—哲学手稿》，北京：人民出版社，1979年，第72页。
② 出自：《孟子·离娄下》。
③ ［德］马克思、恩格斯著，中共中央马克思恩格斯列宁斯大林著作编译局编译：《马克思恩格斯全集》(第3卷)，《家庭、私有制和国家的起源》，北京：人民出版社，2006年，第24页。

的。我们在本篇论文中也将从这些理论出发，考察20世纪初越南女性诗歌中的女性主义问题。

三、20世纪初期越南女性诗歌中所体现的女性主义

第一次世界大战后，法国在越南实行教育改革，越南女性历史上第一次得以进入学校读书识字。从这一角度出发，出现于20世纪初的全体越南女诗人都无愧为女权斗争先锋。不止于此，这些女诗人所创作的诗歌内容还与当时的政局、人情世态联系得颇为紧密，在涉及人性道德的同时，男女性别意识也有所体现。如高玉英的《傲世》①："谁说我辈性孤傲，鄙世尚险焉能乐！鄙人有财更贪财，鄙人高位不配位！鄙女钟情钟于口，鄙男爱国、爱空谈。鄙视世人皆此矣，岂敢轻视凡人间"。可以说这首韵诗直至今天都仍然具有其时效性和社会性。在发表于1920年的作品《自嘲》中，女诗人也同马克思主义理论中对两性关系的看法一样，对"妇女在社会中被轻视"的现象直接给予了攻击："思于己却厌于己，身无长处却有名。无势、无神、无事业，半仙半俗半修行。闲云酒醉渐入魂，囊涩诗疯智徘徊。道友来去不得踪，不知与谁叙惊言。"女诗人安卿②年长高玉英24岁，也同样在20世纪之初的几年中留下诗句，规劝人们应该过朴素的生活、控制自身的欲望，所呼唤的正是马克思主义女性主义批评所关注的人性道德与精神文明——《自述》（节选）："……/既知浮生如梦，避入兰亭所谓几何！若不如持身素淡，红尘风霜无可责。/……"。

1930年前后，越南南方的陈氏寿女士捐资予"进步启蒙会"③修建产院和幼

---

① 《傲世》（*Ngao đời*）是越南女诗人高玉英（Cao Ngọc Anh, 1878—1972）于20世纪初的诗作，具体创作年份仍有待考证。高玉英出身名门，是东阁大学士高春欲（Cao Xuân Dục）之女。诗歌原文：Ai bảo là ta tính ngạo đời, Khinh đời vẫn khó há rằng chơi! Khinh người lắm của còn ham của, Khinh kẻ cao ngôi chẳng xứng ngôi! Khinh gái chung tình, chung cửa miệng, Khinh trai ái quốc, ái đầu môi. Có khinh chăng nữa là khinh thế, Nào dám khinh đâu khắp mọi người!《自嘲》（*Tự trào*）原文：Nghĩ mình mà lại ngán cho mình, chẳng có chi mà lại có danh. Không thế, không thần, không sự nghiệp, Dở tiên dở tục dở tu hành. Bầu vơi rượu thánh hồn lai láng, Túi nhẹ thơ tiên trí quẩn quanh. Đạo hữu ở hay đâu vắng nhỉ, Biết ai đàm đạo mấy câu kinh.

② 安卿（Nhàn Khanh, 1854—？）：生于一个儒学世家，父亲是有名的儒士，姓杨；母亲为裴姓尚书之女。《自述》（*Tự thuật*）节选部分原文：Đã sinh ra kiếp phù sinh, Còn len vào chốn lan đình làm chi! Thà nếm trải hoặc lê thanh đạm, Cái phong trần chưa dám bẻ bai.

③ 进步启蒙会（1919—1945）：又名AFIMA（为法文原名缩写：l'Association pour la Formation Intellectuelle et Morale des Annamites），是越南民间成立的一个进行西学与越南传统文化间交流的协会。

儿园，教育家淡芳①赋诗《安传孝子传》②对此义举表示感谢并赞扬陈女士为孝义典范。在20世纪初越南社会时局动荡不安的大背景下，道德问题和一些传统的价值观念均在西方工业化生产方式的冲击下日益扭曲和变形，淡芳女士以诗歌为工具，表达出自己对新时期妇女应履行新角色的观点和看法，鼓励妇女进行文化学习和走出家庭、积极参与社会工作：

B.T.D女士教授女学生国语③	Tr.T.L女士学用织布机④
满园春色采春花，	千丝万缕入一梭，
抖擞精神学家话。	宽窄由己出机杼。
呼吁姊妹共读史，	薄技不求济于世，
创世独立需娇娃？	多寡相助行客殊。

两首诗不仅再现了彼时妇女积极参与学习的精神风貌，女诗人悲壮及激情昂扬、不让须眉的气魄也由经后两句跃然纸上。女诗人通过作品鼓励女性通过学习和投身社会工作走出家庭，勇于去打破传统社会给予女性的性别分工，从而改变阶级关系并努力突破建立在此关系之上的累积上千年的男权社会赋予男性的阶级权利。这些都与上节中恩格斯所提出的鼓励妇女参加社会生产的理论不谋而合。在约20年后诗人梦雪的诗句中，我们也听到相同的声音。《断肠十曲》是诗人梦雪于1945年创作的一组十首组诗。1944年10月—1945年5月越南北方发生了由第二次世界大战、天灾等原因引发的饥荒，有40—200万人死于饥饿，梦雪通过该组诗呼吁南北方人民（彼时尚未统一）应团结一致，共同面对困难：《长安米价》⑤

---

① 淡芳（Đạm Phương，1881—1947），原名"公孙女铜庚"，出身皇族，其父是越南阮朝明命帝第66代皇子，自幼学习中文、法文和现代越南语，是越南著名教育家和社会活动家。
② 《安传孝子传》(An Truyền hiếu tử truyện)：该诗的创作时间约为1930年前后。安传是一县名，位于今天的越南承天顺化省内。
③ 《B.T.D女士为女学生教授国语》(Chị B.T.D. dạy các trò gái học quốc văn)：该诗的创作时间约为1930年前后，B.T.D为姓名缩写。原诗：Vườn xuân vui xới lấy xuân hoa, Rèn đúc tinh thần tiếng nước nhà. Hỡi chị em ai từng đọc sử, Dựng nền độc lập phải đàn bà?
④ 《Tr.T.L女士学用织布机》(Chị Tr.T.L dệt vải khung máy)：该诗的创作时间约为1930年前后，Tr.T.L为姓名缩写。原诗：Tóm trăm nghìn mối một thoi giăng, Rộng hẹp tùy mình máy nhặt khoan. Nghề mọn dám mong gì tế thế, Nhỏ to đủ giúp kẻ đơn hàn.
⑤ 《长安米价》(Giá gạo Tràng An) 是组诗中的第一首，节选部分原文："Tổ quốc bâng khuâng hồn nghệ sĩ, Cô em rủ chị học làm thơ. Em vui bể mực dầm hồn thơ, Chị mải rừng xây lới mơ. Cấp sách về đây tự nẻo xa, Người đang ngắc ngoài đợi chờ ta. Vốn nghèo biết giúp gì, em nhỉ? Ngã mại kỳ văn, nhĩ mại hoa."

（节选）：

> "……/忧思祖国魂迷惘，姑母邀姊学作诗。欣入墨海魂浸诗，姊仍浸于阁中思。携书行路心中挂，助垂危者以归家。穷困何能助，妹啊？我卖文章，你卖花。"

在包括《长安米价》在内的全部十首诗中，梦雪不仅站在女性立场表达出对时局的忧虑，更体现出越南妇女在战争时期勇于冲破男女性别界限、渴望男女共同作战的英勇气魄。女诗人在多首诗歌中都鼓励南方妇女积极学习，以文化知识贡献出自己的力量。

通过以上诗歌我们可以发现，20世纪初越南女性诗歌中的女权意识整体上还是较为温和但却不失清晰明确的。如果与中国同时期女诗人对比，时代并没有在越南造就像秋瑾一样的政治女英雄，但提及政治，我们不得不提到越南南方女诗人阮氏萌萌。有别于其他同时期越南女诗人，阮氏萌萌发表过的不同艺术类型作品都渗透着较强的政治意识，作为女权思想在越南的推广先锋，她与秋瑾间存在很多相似点。

1929年5月2日《妇女新闻》报创刊号的面世创越南女性报刊发行先河，标志着自1914年2月11日"女权"概念首次出现在《东洋杂志》[①]上起，越南女权主义运动经过十几年在越南知识分子界的几次论战后，终于从一类"书本报刊"思想正式迈入实践。此时的女权概念已发展得颇具内涵，包括：学习权利、工作权利以及妇女的政治权利。作为新诗运动中引领南方新诗发声及迅速发展的先锋女诗人，阮氏萌萌为女权思想在越南的传播也做出了特殊贡献。1934年5月，阮女士随报社代表团北上，在越南多地，包括：顺化省、广治省、南定省、河内市、海防市停留收集资料并就一些社会及人文问题组织公开演讲。期间，阮氏萌萌就多个妇女问题进行了演说并引发了强烈的社会反响，主题包括："男性对于先进妇女的部分言论""一位先进妇女的一天""是否应婚姻自由"以及"是否应废除多妻制"。通过几场演讲，阮氏萌萌呼吁全体妇女应积极学习并投身社会工作。由此也不难理解，为何怀青、怀贞会在《越南诗人》[②]中评价这位女士为"既

---

① 《东洋杂志》：Đông Dương tạp chí（1913—1919），是在越南发行的第一本越南语杂志，首刊发于河内，由法国人F. H. Schneider创立并任社长。

② 《越南诗人》：该书于1942年首次出版，是越南首部对新诗时期（1932—1945年）优秀诗歌进行编选及批评的作品，由怀青、怀贞两兄弟编著，时至今日已多次再版。书中对具体诗人和诗作的评价均根据编著者主观想法，得到很多越南当代作家的接受与好评。

有才华又有胆量"①。具体到这位女诗人的诗歌创作风格,由于自幼便在法国人创办的西贡女子学堂中学习,女诗人被存留至今的12首诗歌中10首均为受法国诗歌影响的自由体诗歌,在越南新诗时期的女诗人队伍中独树一帜。而另外的两首诗也颇值得玩味,即1933年女诗人应《文学周刊》杂志主编之邀为"古风诗歌赛"所创作的两首近体诗,并在比赛中获得三等奖。值得注意的是虽然结构、韵律均为唐诗,但这两首诗在情感表达方式上已从借自然山水寄托道德精神,转变成西方浪漫诗派的崇尚自我、直抒情怀——《赠文学周刊》②:"'文学周刊'将刊行,欲以重振抖神经。道德一隅才华创,词章新貌蕴废兴。俗笔横扫千军败,星火照亮路文明。惟愿杂志常稳固,共与香江山御屏!"。

通过以上部分20世纪初的越南女性诗歌我们可以看出,马克思主义女性主义文学批评流派虽然在此阶段尚未形成,但其所关注及使用的部分马克思主义理论已经借由女性主义的传播被越南女诗人意识到并反映在了她们的作品中。这些作品所反映出的妇女问题也成为了这一时期女性诗歌中的新鲜的诗学元素。

四、结论

恩格斯曾告诫人们说:"认为人们可以到马克思的著作中去找一些不变的、现成的、永远适用的定义"是一种误解③。和女权主义研究一样,作为科学的马克思主义也是随着实际生活的发展而发展的,人们可以尝试着将其运用到很多不同的研究课题中来寻找新发现,这也正是马克思主义女性主义流派形成的原因及本篇论文的理论出发点。

从本文的诗歌中我们可以清晰地看到,20世纪初,当西方各国妇女在为争取选举权及更多政治权利与男性霸权思维做斗争时,越南女性也开始通过诗歌向统治了意识形态上千年的儒家制度进行发难。虽然马克思主义女性主义批评流派于彼时尚未形成,但这些反映出一系列妇女问题的诗歌却成为了该流派所关注的马

---

① Thanh Việt Thanh & Thiện Mộc Lan. *Nữ sĩ Nguyễn Thị Manh Manh. Hồ Chí Minh: NXB. Văn nghệ TPHCM*, 1988. P.5.
② 《赠文学周刊》(*Tặng"Văn học tuần san"*) 原诗:"Văn học tuần san" sắp ấn hành, Làm cho khỏi phụ tiếng Thần kinh. Gốc xưa đạo đức tài bồi dưỡng, Vẻ mới từ chương điểm chuyết xinh. Trận bút quét ngàn quân liệt bại, Ngọn đèn soi một nẻo văn minh. Mong sao tạp chí cho bền vững, Cùng với sông Hương núi Ngự Bình!…
③ [德]马克思、恩格斯著,中共中央马克思恩格斯列宁斯大林著作编译局编译:《马克思恩格斯全集》(第25卷),北京:人民出版社,2006年,第17页。

克思主义理论在文学作品上的成功应用。站在历史的今天回顾这些诗歌，它们不仅能够鼓励当代东方女性在男女平权的道路上继续奋斗，也要求每个人都需要用包容、多元的科学精神审视这个世界和我们自己，为建设人类文明贡献力量。

参考文献

［1］Hoài Thanh-Hoài Chân, *Thi Nhân Việt Nam 1932-1941*, NXB Văn Học, Hà Nội, 2014.

［2］Nguyễn Tấn Long, *Việt Nam thi nhân tiền chiến*, Quyển thượng và quyển trung Nxb. Văn học , Hà Nội, 1996.

［3］Lê Đình Kỳ, *Thơ mới Những bước thăng trầm*, NXB Tp Hồ Chí Minh, 1993.

［4］Thanh Việt Thanh-Thiện Mộc Lan, *Nữ sĩ Nguyễn Thị Manh Manh*, NXB. Văn nghệ TP.HCM, 1988.

［5］马克思、恩格斯著，中共中央马克思恩格斯列宁斯大林著作编译局编译.马克思恩格斯全集［M］.北京：人民出版社，2006.

［6］林树明.迈向性别诗学［M］.北京：中国社会科学出版社，2011.

［7］Chris Weedon, *Feminist Practice and Poststrutruralist Theory*, Great Britain, 1987.

［8］Joan Wallach Scott, *Gender and the Politics of History*, Revised Edition, Columbia University Press, 1999.

印度尼西亚现代文学中的民族认同建构

张 燕①

Indonesian National Identity in the Modern Indonesian Literature

【摘 要】 印尼现代性的核心关切是建构现代印度尼西亚（简称印尼）民族认同、建立现代民族国家。在民族认同觉醒期、探索期和高涨期，印尼现代文学通过"民族寓言"的形式与社会、历史和文化紧密相连，一方面呈现出对"西方"既追求又反思的焦虑，另一方面显示出对"本土"既批判又留恋的情怀，承担建构现代民族认同的文化功能。

【关键词】 印尼现代性　民族认同　印尼现代文学

Abstract: Constructing an Indonesian national identity and building a modern independent nation state became a core concern of Indonesian Modernity. During the National Identity Awakening Period, Exploration Period and Upsurge Period, modern Indonesian Literature, as a national allegory, close connected with Indonesian society, history and culture. On the one hand, there was the anxiety to both pursue and re-examine the Western cultures; on the other hand, there was the contradictory tendency to both criticize and cherish local traditions. The Modern Indonesian Literature played an important role in constructing the Indonesian national identity.

Keywords: Indonesian modernity; national identity; modern Indonesian Literature

现代性进程开始以后，建构现代印尼民族认同、建立印尼国家成为荷属东印度殖民地人民的核心关切。印尼现代文学受到社会变革的深刻制约，与社会、历史和文化紧密相连，通过"民族寓言"的形式发挥了建构现代民族认同的重要文化功能。

---

① 张燕，信息工程大学洛阳校区亚非系博士、讲师，主要研究领域：印尼文化与文学。

一、印尼现代性进程与印尼现代文学发展

(一)印尼现代性与印尼民族认同

现代性涉及到政治、经济、社会和文化的深刻转型,最早出现的是西方/启蒙现代性,是西方发明的特有意识形态。西方国家推行殖民政策的同时将西方现代性作为普世价值向全世界推广,建立起西方先进,非西方落后的话语体系。荷属东印度殖民地区域在与殖民者遭遇的过程中构筑起自身民族主权国家的前景,在民族运动中进入现代,促生了受动并借鉴于西方现代性却包含本土特性的印尼现代性。由于其文化意识是在与西方遭遇中被模塑的,文化身份的断裂和重构要求印尼现代性始终在"西方"和"本土"之间审视、评价和选择。

印尼现代性中最为重要的命题是建构现代民族和国家。民族精英亟需在观念上"再造"现代印尼,设计现代民族认同。在拥有多元部族文化的殖民地区域产生的现代印尼民族观念虽然以某些客观原因为基础,但更为重要的是民族成员具有某种源于被殖民的相似的遭遇、情感、诉求或命运。从这种意义上看,印尼民族这种"想象的政治共同体"[1]是民族主义凭借"民族认同"(national identity)进行想象的。Identity 可译为"身份"或"认同"。"身份"倾向于指某个个人或群体据以确认自己在一个社会里之地位的某些明确的、具有显著特征的依据或尺度,如性别、阶级、种族等;"认同"倾向于指某个个人或群体试图追寻、确证自己在文化上的"身份"时。[2]对于印尼民族而言,主要倾向于指追寻、确证自身在文化上的"身份",所以翻译为"民族认同"。印尼"民族认同"是本土群体用于确证其在文化上明确的、"具有显著特征的依据或尺度"的动态身份追寻过程,被想象为印尼民族的固有特质,在很大程度上定义着现代印尼民族和国家的性质。

(二)印尼现代文学在现代性进程中的功能

根据北京大学梁立基教授在《印度尼西亚文学史》中的观点,1920年至1945年产生的印尼文学作品属于印尼现代文学,其发生发展与印尼(主要指殖民地核心区域)从"半殖民地的近代资本主义殖民地社会"[3]逐渐成长为独立民族国家的现代性进程具有深刻的逻辑关联,是它所置身的历史语境中社会运动与时代

---

[1] [美]本尼迪克特·安德森:《想象的共同体:民族主义的起源与散布》,上海:上海世纪出版集团,2011年,第5页。
[2] 汪民安主编:《文化研究关键词》,南京:江苏人民出版社,2007年,第283页。
[3] 梁立基:《印度尼西亚文学史》,北京:昆仑出版社,2003年,第317页。

精神的组成部分。

殖民地人民在意识到遭受荷兰殖民的共同命运后，产生了建构崭新印尼民族国家的愿望。文化变革承担了在思想文化领域创造现代印尼理念、建构现代民族认同的使命。印尼现代文学作为文化变革的重要组成部分，是建构意识形态和文化身份便捷有效的途径。美国批评家詹明信（Fredric Jameson）指出："第三世界的文本，甚至那些看起来好像是关于个人和利比多趋力的文本，总是以民族寓言（National Allegory）的形式来投射一种政治：关于个人命运的故事包含着第三世界的大众文化和社会受到冲击的寓言。"① 所以，"印度尼西亚的民族运动以反帝反封建和争取民族独立为斗争目标，这也是民族独立前印度尼西亚现代文学的基本特征和所要反映的时代主题"②。印尼现代文学具有确立现代价值、改造国民精神和建构民族认同的历史功能。

二、印尼现代文学创作对于民族认同建构的影响

从民族觉醒的角度看，印尼现代史发展大致可以分为三个阶段：民族认同觉醒期，从1908年"至善社"③宣告成立到1928年召开青年大会前；民族认同探索期：从1928年发布《青年誓言》到1942年日本占领前；民族认同高涨期：从1942年日本占领印尼到1945年印尼宣布独立。每个时期的文学作品中都蕴含着特定的民族认同想象。

（一）民族认同觉醒期的民族认同与文学创作

1. 现代性发端期的民族意识萌发

在前现代时期，荷属东印度殖民地充满巨大的差异性和多种社会形态。在反殖民的过程中，伊斯兰教"被当地人认为是一种能抗衡西方征服者对东南亚海岛主要部分的无情侵略的强大精神力量"④ 而迅速发展起来，成为殖民地的普遍意识形态。然而，渐进的殖民过程深刻加剧了印尼各地的不平衡，人民"仍然彼此

---

① 詹明信著，张旭东编，陈清侨等译：《晚期资本主义的文化逻辑》，北京：生活·读书·新知三联书店，1997年，第523页。
② 梁立基：《印度尼西亚文学史》，北京：昆仑出版社，2003年，第393页。
③ 至善社（Budi Utomo）是由巴达维亚医学学生成立的非政治性组织，其最初宗旨是促进教育和社会文化的发展。
④ 尼古拉斯·塔林著，贺圣达等译：《剑桥东南亚史》，昆明：云南人民出版社，2003年，第276页。

分裂，他们不仅被相对小的殖民军队所屈服，而且彼此积极地帮助荷兰实现这种征服……印度尼西亚认同感或目标感根本就尚未存在"[1]。

荷兰殖民政府实施的"自由主义"新殖民政策[2]和"道义政策"[3]开启了殖民地现代性进程，促发了文化深层变革。因为"由殖民政府及行政管理所造就的一致性，有时反而会使当地人民产生一种民族感"[4]，所以"意识形态尤其是政治意识形态上民族主义成为对于广大居民阶层最有吸引力和最有影响的思想"[5]。本土精英接受民族主义思想，认为现代民族国家需要建立在殖民政权创造出来的基础上，因为这是"未来国家唯一的共通性和民族特性"[6]，民族身份问题成为重要现代性关切。所以，"民族主义存在所必须的共同体意识，这是殖民国家在接受西方教育的年轻一代印度尼西亚人当中不经意创造的东西，这代年轻的印度尼西亚人接下来便把思想传播到大众当中"[7]。

1908年成立的"至善社"宣告印尼民族开始觉醒，所有的政治集团都参与到建构现代民族价值思想体系的社会实践中。具体而言，始于20世纪初的宗教改革运动主张利用启蒙思想发展伊斯兰教，推动现代民族主义发展。由于内部分裂，伊斯兰教力量丧失了民族运动的领导地位。无产阶级采用马克思主义作为反帝反殖的思想纲领，领导了1927年大革命。革命失败后印尼共产党遭到重大打击，影响力大为减弱。弱小的民族资产阶级在西方资产阶级和侨民资本的夹缝中生存，主张接纳西方文化，建设现代印尼民族。在伊斯兰民族主义和马克思主义大为削弱之时，以苏加诺为代表的民族资产阶级设想了一种调和伊斯兰思想和马克思主义的民族主义，对民族运动产生巨大影响。

---

[1] ［澳］梅·加·李克莱弗斯著，周南京译：《印度尼西亚历史》，北京：商务印书馆，1993年，第203页。
[2] "自由主义"新殖民政策以1870年《糖业法》和《土地法》的颁布为开端，规定取消甘蔗强迫种植制度，允许租赁土地给私人资本。
[3] "道义政策"实施于20世纪初，即荷兰政府拨款为殖民地人民谋福利，主要内容包括兴办教育、兴修水利、实行移民。
[4] ［英］埃里克·霍布斯鲍姆著，李金梅译：《民族与民族主义》，上海：上海人民出版社，2000年，第165页。
[5] 贺圣达：《东南亚文化发展史》，昆明：云南人民出版社，1996年，第412页。
[6] ［英］埃里克·霍布斯鲍姆著，李金梅译：《民族与民族主义》，上海：上海人民出版社，2000年，第165页。
[7] 史蒂文·德拉克雷著是，郭子林译：《印度尼西亚史》，北京：商务印书馆，2014年，第64页。

2. 现代文学发生期的民族认同变迁

在《青年誓言》出现以前，殖民地人民对于"印度尼西亚"概念的认知经历了从地方民族主义到印度尼西亚民族主义的发展过程，最具代表性的证据是，印尼诗人耶明（M. Jamin）在1923年发表的诗集中歌颂的祖国是故乡苏门答腊，而在1928年创作的诗篇中出现了《印度尼西亚，我的祖国》（*Indonesia Tumpah Darahku*）。①

觉醒初期，无产阶级、伊斯兰教和民族资产阶级都参与了现代文学叙事。无产阶级革命文学以宣传教育革命和战斗为宗旨，以革命诗歌和革命小说为主体，在大革命失败后便销声匿迹。伊斯兰教虽然曾是联系群岛人民唯一的精神纽带，但"由于印尼群岛的复杂性以及前伊斯兰教文化的影响，印度尼西亚伊斯兰教受到许多传统法和地方习惯法的影响。"②在建构现代民族认同诉求的感召下，伊斯兰民族主义视正统伊斯兰教为先进文化元素，主张革除伊斯兰教中落后的传统信仰成分，在文学中普遍存在倡导回归正统伊斯兰教义的叙事倾向。资产阶级文学是这一时期最重要的文学组成部分，是由民族资产阶级和小资产阶级主导的、多为图书编译局③出版的文学作品，如《多灾多难》（*Azab dan Sengsara*，Merari Siregar，1920），《西蒂·努尔巴雅》（*Siti Nurbaya*，Marah Rusli，1922），《错误的教育》（*Salah Asuhan*，Abdul Muis，1928）等。早期民族主义先驱卡尔蒂妮（R.A.Kartini）意识到"土著人民"（boemipoetra）深受殖民主义和封建主义的双重压迫，主张反迷信、反权威、反传统、反封建，利用西方先进思想文化促进印尼进步、提高民族地位，同时注重保持民族性（这里指爪哇部族性）："爪哇人不能徒然模仿欧洲人。爪哇人应该更进一步理解自己的民族。"④卡尔蒂妮调和西方现代和本土传统的观点代表大部分民族资产阶级的态度，深刻影响了资产阶级文学。

总体而言，由于印尼民族觉醒是东西方遭遇的结果，现代与传统成为印尼现

---

① Ajip Rosidi. *Sastra dan Budaya: Kedaerahan dalam Keindonesiaan*［M］. Bandung: Pustaka Jaya, 2016:16.
② 贺圣达：《东南亚文化发展史》，昆明：云南人民出版社，1996年，第416页。
③ "图书编译局"（Balai Pustaka）的前身是荷兰殖民政府成立的"土著学校和民间读物管理委员会"，是官方图书出版管理机构。
④ 王任叔著，周南京整理：《印度尼西亚近代史（下）》，北京：北京大学出版社，1995年，第814页。

代文学始终关注的重要叙事话题。在资产阶级文学里，民族主义成为个人启蒙的驱动力量，民族觉醒与个人启蒙同向发展，民族将个人从封建传统束缚中解救出来，主要表达"反封建"的价值诉求。在这一过程中，知识分子普遍采取调和西方现代性和本土传统性的态度，将个人启蒙视作民族觉醒的前导性话题，一面批判封建传统、追求个人权利，力图把人从家族部族霸权下解放出来；一面保留本土优秀传承，强调正统伊斯兰教和文化精髓在民族精神中的基础性地位。"现代"和"传统"的调和，既便于引进西方先进思想，又有利于保存本土共有情感信仰和文化代码，建构特色印尼民族认同。

（二）民族认同探索期的民族认同与文学创作

1. 革命低潮时期的民族国家构想

大革命失败后，荷兰殖民政府施行法西斯统治，民族运动陷入低潮。印尼共产党被迫转入地下活动，丧失民族运动的领导地位。影响广泛的"印度尼西亚民族党"（Partai Nasional Indonesia）以民族主义思想为基础，以争取印尼民族独立为宗旨，但在殖民政府的打压下被迫解散，苏加诺等激进的民族主义领袖基本都被拘留、逮捕或流放。

但是，"印度尼西亚"民族国家概念的正式形成为殖民地人民的社会探索、文化变革和政治实践提供了明确指向。温和的民族主义者（如"大印度尼西亚党"和"印度尼西亚人民运动党"）和伊斯兰教组织（如"印度尼西亚伊斯兰联盟党""伊斯兰教士联合会"）成为民族运动的保存力量，在有限范围内继续进行民族运动。他们对"印度尼西亚民族"存在不同构想，例如，"大印度尼西亚党"是以"印度尼西亚主义为基础的，目标是团结各种族集团，……印尼民族是具有共同理想、名誉和教育的各种族的融合体"[1]；"印度尼西亚人民运动党"代表萨努西认为"种族（ras/race）这一概念是站不住脚的。只有两个概念，即民族（natie/nation）和国家（negara/state），才有现实的基础；而这两个概念均与种族无涉。民族是个文化概念，同时与成员的归属感相关联；国家则是保卫其成员利益的政治统一体。"[2] 在持有各种主张的政党和组织中，以苏加诺为首的民族主义思想占有相对优势。苏加诺认为民族应与一定的地域相联系，民族主义就是要建立一个民族的国家，印尼这个国家必须包括整个印尼领土。他说印尼民族主义不是

---

[1] 杨启光：《二战前印尼原住民的印尼民族观》，《东南亚研究》，1989年第4期，第53页。
[2] 杨启光：《二战前印尼原住民的印尼民族观》，《东南亚研究》，1989年第4期，第54页。

爪哇的、苏门答腊的、婆罗洲或西伯里斯、巴厘或其他的民族主义，而是共同成为一个民族国家基础的民族主义。①这意味着必须将家族部族主义和地方民族主义上升为涵盖整个印尼领土、以国家独立为目标的民族主义，对于建构现代印尼民族具有重要的参考意义。

2. 东西方文化论战期的民族认同探索

这一时期民族运动的重点转向文化领域，民族精英开始进一步思考印尼文化的建设方向和民族的身份认同。他们依靠《新作家》（Pujangga Baru）杂志等媒体发表观点，逐步引发知识界对民族新文化建设的热烈讨论。《新作家》杂志是1933年创办的第一本全国性文艺月刊，是"引导充满活力的新精神，建构统一印度尼西亚新文化的月刊"②，为推动印尼现代文学走向全国发挥了巨大作用。依托《新作家》进行创作的作家群体被称为"新作家派"，在整个30年代到日本占领前代表了印尼文学界的主流。"'新作家派'不代表任何政治或宗教规范……他们之间没有任何文化或哲学概念的关联。他们更像被建立印尼新文化和新民族的愿望结合起来的民族主义者。"③除"新作家派"之外，以图书编译局为代表的其他文学派别也继续为印尼现代文学的发展做出相应的贡献。

1935年，以《新作家》为依托，印尼文化界开始了轰轰烈烈的"东西方文化论战"。"西方派"代表阿里夏巴纳（Sutan Takdir Alisyahbana）认为："我们所说的印度尼西亚精神，即觉醒的精神，复兴的精神，民族的精神是或者大部分是从西方获取的，至少也是通过西方而来的……我相信只有西方，从充满活力这点来讲，才能把东方从奴役中解脱出来。""我们必须找寻适用于未来印尼社会全面发展需要的社会和文化良方……我们民族不是第一次吸收外来文化，除以往的印度文化、阿拉伯文化外，现在是时候我们开眼看西方了。"④其代表作《扬帆》（Layar Terkembang，1936）清晰表达了他"全盘西化"的立场。而"东方派"萨努西（Sanusi Pane）认为："现代是历史的延续……（西方）重视物质导致忽略精

---

① 苏加诺：《苏加诺演讲集》，北京：世界知识出版社，1956年，第13页。转引自陈衍德：《从民族解放运动到民族分离浪潮——20世纪东南亚民族主义的角色转换》，《东南学术》，2003年第5期，第154–161页。
② Sapardi Djoko Damono. *Novel Sastra Indonesia Sebelum Perang*[M]. Jakarta: Pusat Pembinaan dan Pengembangan Bahasa Departemen Pendidikan dan Kebudayaan, 1979: 58.
③ Bill Archive, *Literaturen*, Leiden/Koln: E.j. Brill, 1976: 58.
④ Achdiat K. *Mihardja*(ed.). *Polemik Kebudayaan*[G]. Jakarta: Balai Pustaka, 2008: 3–15.

神，智力用于征服自然。它犹如只要能掌握物质便可以牺牲灵魂的浮士德……（东方）重视精神导致忽略物质，智力用来寻求梵我一如，它犹如在因陀罗峰修行的阿周那……最完美的方向是，把浮士德与阿周那结合起来，把功利主义、智力主义和个人主义同精神至上主义、集体主义情感协调起来。"[1]。其代表戏剧《新人》（1940）体现了"精神必须与物质统一起来"[2]的态度。

"东西方文化论战"是印尼知识精英在社会变革的背景下，在西方现代和本土传统之间进行身份选择的实验性行为，反映了知识分子群体对于民族新文化的根本方向和民族新国家何去何从的关切和思考。无论"西方派"还是"东方派"都认为西方文化是处于文明进化十字路口的印尼可资借鉴的重要思想资源。"西方派"主张全盘西化，不利于整合分散的部族文化、站在历史传承的基础上构建新型民族认同，并可能将"西方先进、东方落后"的话语内化于本土精神气质之中，无法看到西方文明背后存在的代价和问题。"东方派"虽然肯定西方文化对物质文明的积极影响，但是反对将现代进化论泛化到精神和人文领域，主张秉承爪哇文化中的精神传统，以反思和改良的态度"推陈出新"。

（三）民族认同高涨期的民族认同与文学创作

1. 日本占领时期的民族意识高涨

日本在1942年至1945年占领印尼期间实施残酷的法西斯统治，一方面大肆掠夺压榨，另一方面大张旗鼓地宣传，把自己伪装成亚洲和印尼民族的大救星，以允许印尼独立为诱饵，骗取印尼人民对战争的全力支持。日占初期，印尼人盲目相信日本刻意宣传的解放者形象，希望日本带领印尼获得独立。为了巩固在印尼的统治，日本军国政府拉拢以苏加诺为首的民族主义者。苏加诺成为日本在印尼的最高代理人，使印尼民族思想、国家观念以及苏加诺—哈达二元领导地位获得更为广泛的传播。随着太平洋战争局势日益紧张，日本政府起用印尼人填补荷兰人的行政和军事空缺，在客观上为印尼独立提供了非常重要的政治和军事准备。在战争后期，日本公开允诺印尼独立。1945年8月17日，苏加诺和哈达签署独立宣言，宣布印尼独立。

独立前夕的印尼地区存在多种势力，各自拥有不同的立场和诉求。为了最大程度地整合力量，苏加诺提出了建国五项基础——潘查希拉（Pancasila），即"民

---

[1] Achdiat K. Mihardja(ed.). Polemik Kebudayaan[G]. Jakarta: Balai Pustaka, 2008: 18-25。
[2] 梁立基：《印度尼西亚文学史》，北京：昆仑出版社，2003年，第561页。

族主义、人道主义/国际主义、社会公正、代议政府和信仰神道"①。这种折中方案是建立民族国家的基础和对未来发展道路的规划，获得大部分人群的支持。克利福德·格尔兹（Clifford Geertz）指出："潘查希拉概念是借古典传统的比喻性延伸来构筑新的符号体系，以便用它来赋予新生的共和政体以形式和意义的最突出努力。"②"潘查希拉"是以印尼主体文化——爪哇文化传统为源头、融合本土传统和西方现代性的"独立的印度尼西亚的哲学基础……可以在那上面建立起永恒的独立的印度尼西亚的大厦"③，可被视作对于印尼现代民族认同的正式规定。

2."双刃"文学中的民族认同凸显

日本政府实施出版审查制度，关停《新作家》杂志，禁止发行荷兰语和方言出版物，同时设立"文化中心办公室"（Keimin Bunka Shidosho），指导文学家和艺术家进行宣传创作。这些措施从客观上动摇了西方文化对于印尼的长期垄断，推动了印尼语言和文学的发展。这一时期的作家在战胜荷兰殖民主义的鼓舞下表现较为活跃，在宣传性诗歌、短篇小说和戏剧等多方面的创作中都有突破性发展。以苏加诺为代表的民族资产阶级认为"西方殖民者是真正的敌人，日本人也是敌人，但却可以利用来达到印度尼西亚的目的。"④这种独特的建设性对日占时期的文学创作产生了重大影响，出现了具备双重功能的"双刃文学"，一方面为日本统治和大东亚共荣的宣传效力，另一方面积极为民族独立运动和建构民族国家服务，不仅塑造了"觉醒的亚洲人"，更塑造了"觉醒的印尼人"，表现出强化民族认同、建构民族国家的强烈愿望。"双刃文学"在日占初期为日本宣传效力的功能较为突出，在日占后期宣传民族独立的功能则日益凸显⑤，如诗歌《我们一代人》（Angkatanku，L.H.Lubis）、长篇小说《热爱祖国》（*Tjinta Tanah Air*，Nur Sutan Iskandar，1945）等。

更重要的是，西方的溃败对民族主义者产生了巨大的心理震撼，使他们开始用理性的目光重新审视"西方—东方""先进—落后"的二元对立命题，重塑民族自尊心。在文学文本中，"本土知识分子都迫不及待地想躲开可能吞没他们的

---

① 史蒂文·德拉克雷著，郭子林译：《印度尼西亚史》，北京：商务印书馆，2014年，第74页。
② [美]克利福德·格尔兹著，韩莉译：《文化的解释》，南京：译林出版社，1999年，第18页。
③ [印尼]苏加诺：《苏加诺演讲集》，北京：世界知识出版社，1956年，第7页。
④ [澳]莱格：《苏加诺政治传记》，上海：上海人民出版社，1977年，第149页。
⑤ 梁立基：《印度尼西亚文学史》，北京：昆仑出版社，2003年，第570页。

西方文化","决心与他们民族最古老的前殖民地时期的生命重新对接"[1],反思西方现代性,批判唯个人论、唯物质论的软弱性和虚幻性,聚焦于重塑现代民族认同中的印尼特色,在文化传承中选择有利于国家建设的特色元素,使"过去"成为有用的"现在",将起源于传统共同体的集体意识和无私精神书写为新生印尼民族的固有本质,从而激发出人们强烈的民族自尊心和自豪感。

三、结语

建构印尼民族认同隶属于印尼现代性目标,是在"西方性"与"本土性"之间动态选择建构的。印尼现代文学服务于建构民族认同的重大思想命题,在"西方"与"东方""现代"与"传统""西方性"与"印尼性"之间审视取舍,一方面体现出对现代和西方既追求又反思的焦虑,另一方面显示出对传统和印尼既背弃又留恋的情怀,"现代"和"传统"共同构成其内部复杂的张力。

印尼民族认同觉醒期、探索期和高涨期的文学脉络与建构现代民族认同的目标具有深刻关联。在觉醒期里,知识分子普遍采取调和西方个人权利和本土哲学内涵的态度,利用民族主义驱动个人启蒙,将个人从封建束缚中解救出来;在探索期里,民族精英注重在意识形态领域开展新文化设想,将西方文化视作新民族的构成要素和组成特质,本土传统精神根基遭到批判,甚至出现"弃旧图新"的激进倾向;在高涨期里,随着"西方中心论"的瓦解,思想领域对于西方文化的反思和对于印尼特性的重建日趋明显,民族认同中的印尼性日益凸显。

参考文献

[1] 埃里克·霍布斯鲍姆著,李金梅译.民族与民族主义[M].上海:上海人民出版社,2000.

[2] 本尼迪克特·安德森.想象的共同体:民族主义的起源与散布[M].上海:上海世纪出版集团,2011.

[3] 贺圣达.东南亚文化发展史[M].昆明:云南人民出版社,1996.

[4] 梁立基.印度尼西亚文学史[M].北京:昆仑出版社,2003.

[5] 史蒂文·德拉克雷著,郭子林译.印度尼西亚史[M].北京:商务印书馆,2014.

---

[1] [阿]法侬:《论民族文化》,转引自罗岗等主编:《后殖民主义文化理论》,北京:中国社会科学出版社,1999年,第278页。

[6] Ajip Rosidi. *Sastra dan Budaya: Kedaerahan dalam Keindonesiaan*[M]. Bandung: Pustaka Jaya, 2016.

[7] Sapardi Djoko Damono. *Novel Sastra Indonesia Sebelum Perang*[M]. Jakarta: Pusat Pembinaan dan Pengembangan Bahasa Departemen Pendidikan dan Kebudayaan, 1979.

浅析马来班顿的审美特征

谈 笑[①]

Aesthetic Characteristics of Malay Pantun

【摘　要】世界各国、各民族的诗歌都拥有各自不同的特点和形式，从这些诗歌中我们可以体会到不同民族的审美趣味。班顿作为一种马来民间诗歌体裁，有其特定的音韵和格律，在音节、节奏、韵脚、句式、长度等方面都具有比较明显的特点，这些特点集中地反映了马来人在文学创作和文学欣赏中的独特趣味，是马来民族审美意识形态的集中体现。

【关键词】班顿　审美特征　马来文学

Abstract: The poems of the nations of the world have their own different characteristics and forms. From these poems we can appreciate the aesthetic taste of different nationalities. As a Malay folk poetry genre, pantun has its own phonology and metrical, In the syllable, rhyme, sentence and length have obvious features. These features reflect the unique interests of the Malays in literary creation and literary appreciation and become expression of the Malay national aesthetic ideology.

Keywords: pantun; Aesthetic characteristics; Malay Literature

文学首先是一种审美意识形态，作为"最初的文学"，诗歌这一体裁的审美意识形态特性更是无比鲜明。诗歌是所有文学体裁中最能集中反映人类对真善美追求的一种，具有其他文学体裁所无法替代的"五象之美"，即视象、音象、义象、事象和味象之美。班顿是马来民族的一种传统诗歌体裁，长期广泛流传于马来世界，蕴含着巨大的美学价值和社会文化价值。班顿的审美特征，源自于马来民族的审美心理，反过来这种审美心理又在班顿的创作和传播中得到不断淬炼和升华。

[①] 谈笑、广东外语外贸大学博士、副教授，主要研究领域：马来文学。

一、"以小为美"的马来民族审美心理

每一种诗歌体裁都有其自身的特点,从外部视觉效果上来看,跟其他马来古典诗歌体裁相比较,班顿的最明显特征就是"短""小",一首班顿,寥寥四行,每行四词,却具有如此顽强和旺盛的生命力,能够在众多传统文学体裁中独享马来民族的尊宠。这是与马来人所特有的民族审美心理密切相关的。马来人在长期的生产、生活实践过程中,逐渐培养了一种独特的审美感觉、审美能力,积累了美的经验,丰富并扩展了生活的本质。

从人类学意义上而言,马来民族是一个栖居在海岛东南亚地区的"年轻民族"。多数研究者认为,马来人的祖先约在5000年前才从亚洲内陆逐渐南下,迁至中南半岛,并经马来半岛(一说经安达曼群岛)进入苏门答腊岛,然后往东扩散到爪哇、加里曼丹、苏拉威西和菲律宾群岛,往西扩散到马达加斯加岛。这种迁徙浪潮持续数千年之久。古代马来人散居在从中南半岛到婆罗洲的村社当中。从历史上来看,他们从未在这一广大区域内建立起强大统一、威慑四方的中央集权式政权。公元7世纪兴起于苏门答腊南部的室利佛逝(Sri Vijaya)政权疆域虽广,但只是一个初具国家形态的部落联盟,它没有形成一个统一的管理体制,各部落基本保留着原来的氏族部落管理体制,处于十分松散的状态。[①] 随后于13世纪在这一区域崛起的满者伯夷(Majapahit)王国也不是现代意义上的统一国家,统一的政治基础和经济基础都十分薄弱。整个统治区域内社会生产力落后,发展极不平衡。[②]1402年由拜里米苏拉(Perameswara)建立的马六甲苏丹王朝(Kesultanan Melaka)是马来民族古代史上最为引以为豪的伊斯兰政权,也不过居于马来半岛一隅,很难与真正的强权抗衡。跟世界其他地区同时期的大国文明相比,马来社会政治经济发展相对比较缓慢,影响力有限。马来文化深受各种外来文化的影响,长期处于来自印度、阿拉伯、中国、西方的强势文化冲击之下。加之人种的关系,马来人普遍身材比较矮小。在这样的大背景下,马来民族逐渐产生了一种以小国、弱者自居的民族心理。但是弱者也有自尊,也渴望自强。通过漫长的历史进程,马来人在民族性格、审美心理的塑造上逐渐形成了"以小为美"的观念,崇尚智慧和品德,渴望"以小胜大""以弱胜强"。这一点可以从马来民间文学——动物故事中的"鼷鹿(Sang Kancil,又称鼠鹿)崇拜"可以清楚地看出来。关于这一点,廖裕芳在其所著的《马来古典文学史》中是这

[①] 梁志明等:《古代东南亚历史与文化研究》,北京:昆仑出版社,2006年,第161页。
[②] 贺圣达:《东南亚文化发展史》,昆明:云南人民出版社,2011年,第239页。

样说的：

> 在动物故事里通常有一种动物扮演重要的角色，这种动物通常是弱小的动物。然而由于运用聪明才智，这种动物使得其他动物服从自己进而令整个丛林的动物们向它俯首称臣。在马来文学和爪哇文学中，动物主角是鼷鹿。①

鼷鹿是世界上最小的鹿类动物，分布在中南半岛至爪哇、婆罗洲一带的热带丛林中。体长42—48厘米，尾长5—7厘米，体重1.2—2千克。为夜行动物，多单独活动。喜欢在沟谷茂密灌丛或山坡高草丛中生活。行动十分灵敏，善于隐蔽。在马来民间故事中，小小的鼷鹿常常通过计谋战胜比自己强大得多的老虎和鳄鱼等凶猛的动物，后来被苏莱曼先知任命为森林的法官，负责解决人与人之间、动物与动物之间的纠纷。最终它成为丛林之王，可以惩罚一切不肯臣服于它的动物。身材矮小但是灵巧机敏，力量弱小但却能君临天下，这正是马来人对自我形象的一种典型心理暗示和梦想诉求，因此千百年来马来民族对于这种小动物的形象喜爱有加，以致于以"kancil"命名的一种马来西亚国产小型汽车也格外畅销。

除了在动物界的鼷鹿崇拜，在马来民族传统文化中也随处可见"以小为美""以小为强"审美观的例证。例如以下两种具有鲜明马来民族特色的文化符号——马来民族的传统武术"班扎西拉"（Pencak Silat）和举世闻名的马来短剑"克里斯"（keris）。

"班扎西拉"（Pencak Silat）或"希拉"（Silat，意为"自卫格斗术"），从字面上来理解"Pencak Silat"大致是"巧妙的格斗"的意思，实为一种传统的马来武术。古代的马来半岛是械斗频发之地，人们常常会学习武术以自卫。精通武术的马来武士深受人们的爱戴，被认为是政治和社会地位的表达和象征。马来武术的动作体系很复杂，其不仅包含防御性动作，如踢、打、擒抱等，也暗含一系列进攻性技术，如步法、摔、投及相关武器的使用，非常注重动作的精准和连贯。② 其动作要领也是降低身体重心，以灵活迅速的动作、精妙准确的打击实现"以巧取胜""四两拨千斤"而不是靠蛮力重击取胜。在马来西亚影视作品中不乏以灵巧的小个子马来人击败粗壮的外族人作为噱头的情节。

"克里斯"（keris）短剑是最有名的马来传统兵器，同时也是一种极具马来民

---

① ［新加坡］廖裕芳：《马来古典文学史》（上卷），北京：昆仑出版社，2011年，第10页。
② 龚晓辉等编著：《马来西亚概论》，广州：世界图书出版公司，2012年，第155页。

族特色的精巧工艺品。其剑身犹如龙身作波浪起伏状，故又名曲剑。被公认为宝剑的"克里斯"是不能售卖或购买的，设欲易主，就唯有以馈赠方式进行，否则必失去所谓宝剑的神秘作用。当马来铸剑技师制作"克里斯"时，剑身之曲数亦须严守单数之规矩，比方五曲、七曲、九曲以至於卅一曲与四十七曲不等，倘将"克里斯"的波曲铸成双数则被认为是不祥之剑。"克里斯"剑身短小，在有限空间内的近身作战中很有优势，但如果在开阔地带，对方使用更长的兵器，如长剑、长矛或者棍棒，克里斯剑的威力便值得怀疑了。克里斯剑实际上是一种更适于偷袭或者突然行刺的兵器，而不适于阵地战。"克里斯"在马来民族传统意识中被认为是具有"灵魂"和"神力"的，颇具神秘和神圣色彩，被视作身份地位的象征，深受社会各阶层喜爱。

除此之外，在马来社会中"以小为美""以巧为强"的其他例证也随处可见。例如，马来传统手工艺品锡器和马来蜡染"巴迪"（batik），其形制、图案无不极尽精巧细腻。以上这些例子都证明了在马来民族文化当中，"小巧精致"就代表了美。了解了这种"以小为美""以巧为强"的民族审美心理，就不难理解短小精悍、格律整齐的班顿为何格外受到马来人的青睐。试举两例：

Yang kurik kundi,	红豆黑豆，
Yang merah saga;	其色各明；
Yang baik budi,	世间美好，
Yang indah bahasa.	唯有德行。
Anak-anak jahat,	孩子学坏，
Kita kena ajar;	长辈需教；
Kalau kita lihat,	听之任之，
Lagi kurang ajar.	必走歪道。

诗歌的语言本来就是所有文学体裁中最精炼的语言，上面这两首班顿无疑将这种精炼做到了极致。两首班顿通篇都只有寥寥四行12个单词总共不到20个音节，以马来民族审美观"以小为美"的标准来衡量堪称完美之作。这种简单、整齐的句式，节奏、音顿强烈，适合用于表达爆发的情绪，音调显得短促、有力，适合反复吟唱，带有一种质朴、纯粹的原始审美意味，马来先民们生命律动的自然表现从中展露无遗。按照诗歌"五象"之说，从"视象"角度来看建行齐整，

物象鲜明；从"音象"角度来看节奏铿锵，读来朗朗上口；从"义象"角度来看意蕴优美、含义深刻；从"事象"角度来看主题突出、说理清晰明了；从"味象"角度来看韵味无穷，完全符合诗歌"五象美"的各项标准。

二、短小精悍——班顿的格律韵式之美

文学是语言的艺术，诗歌更是语言的艺术。任何文学文体都是一种独特的语言存在体。它们对人类情绪、体验的感性叙说，是有赖于于语言的审美化运作的。而所谓审美化运作，就诗歌而言，是指在总体上遵循一般语言规律的前提下，创造性地改变一些普通语言的组构程式，并将这些在语音、词汇、修辞等方面的变异组构，逐步形成为一种诗歌特有的运作规范，用以对诗中的情意蕴含、人生体验进行审美化的描述。这是诗歌的重要文体学特色。也就是说，诗歌的语言有别于一般生活语言和其他文体中的语言，它有其自身特殊的运作规范。因为就诗歌本身而言，是一种用讲节奏和有韵律的语言来抒情言志的文学文体。具体来说，所谓节奏，是指由语音的高低、轻重、断续所形成的有规律的音调节拍（而非意义上的节奏）；所谓韵律，是指同一元音（汉语中指韵母）的声音按照一定的规律在诗中的反复出现和回应。这两种东西，对于诗歌来说是绝对不可少的。少了它们，诗歌也就不成其为诗歌了。[1] 也就是说，诗歌之美很大程度上是建立在语音之美基础上的，套用诗歌"五象之美"的审美标准，这属于"音象美"。班顿作为一种以马来语为承载语言的民间诗歌，其"音"（韵律、节奏等）、"形"（诗章、节、行）之美正是它备受推崇的重要原因。

班顿的载体——马来语是一种和谐悦耳的语言，优雅动听且富于音乐性，适合于吟咏歌唱，因而也可以称之为诗的语言。马来语被一些欧洲研究者称为"东方的意大利语"，这是因为：

（1）发音优美，适合于诗歌韵文的创作，与被称为"音乐的语言"的意大利语类似；

（2）语法结构朴素而规律性强，简单易学。

班顿本身就是一种可以演唱的歌谣，有一定的曲调。不同于演唱方法至今已经基本失传的中国古典诗歌体裁"词"，直到今天班顿仍然有多种可以吟唱的调式，在马来社会生活中的各种活动中都可以看到演唱班顿的表演。这就充分体现了班顿与生俱来的音乐性，即便抽离曲调只剩下歌词，其韵律和节奏都是极其讲

---

[1] 杨仲义：《中国古代诗体简论》，北京：中华书局，1997年，第8-9页。

究的。马来民间大多采用吟诵或演唱的形式来表演班顿。在表演的时候,通常都有乐队或乐器伴奏,表演形式有独诵或独唱,也有集体吟诵或集体演唱。很多时候,会采取对歌的形式,进行即兴创作和演唱的比拼。至今仍在流行的马来民歌很多都以班顿为歌词。关于这一点,廖裕芳在其著作《马来古典文学史》中写道:

> 班顿(pantun)最初是一种可以诵唱的民间歌谣或民间诗歌。直到现在,班顿诗仍广为人们所吟唱。阿卜杜拉·门希在《去吉兰丹航海》(Pelayaran ke Kelantan)中记录了吟唱班顿诗的方法,同时还记录了几种人们经常吟唱的班顿曲调,如杜瓦曲调(Lagu Dua)、格达拉曲调(Lagu Ketara)、格达邦曲调(Lagu Ketapang)或冬当情歌(Dondang Sayang)等等。班顿最初出现在文学作品《马来纪年》和与其同一时代的一些通俗故事中。此外,一些沙依尔诗中也常常穿插有班顿诗,如《庚·丹布罕》(Ken Tambuhan)。①

关于班顿的样式和特点,可以从外部和内部两个方面来界定。哈伦·马特·皮亚在其著作《传统马来诗歌——体裁和功能的讨论》(Harun Mat Piah, *Puisi Melayu tradisional: Satu pembicaraan genre dan fungsi*, Kuala Lumpur: Dewan Bahasa dan Pustaka, 1989.)一书中给出了具体的描述:

外部特征指的是其结构以及整个视觉及听觉效果,这包括以下几个方面:

A. 由成对的诗句组成,最常见的形式是四行。
B. 每一行有4—5个基词,每一行的音节为8—10个。
C. 每首诗有高潮部分,通常表现为下阙比上阙的音节更多、更长。
D. 每首诗由两部分组成,即上阙(引子)和下阙(真义)。
E. 有固定的韵脚,即 a-b-a-b 隔行尾韵。
F. 每一首诗有一个完整的主题。

内部特征包括:

A. 依据马来人的世界观和认知而运用某些特定象征。
B. 上阙两句与下阙两句之间存在着语义上的联系,这种联系包括具体的和

---

① [新加坡]廖裕芳著,张玉安、唐慧等译:《马来古典文学史》(下卷),北京:昆仑出版社,2011年,第312页。

抽象的，或者通过象征来实现。[①]

当然，以上只是班顿的常规形态，实际上班顿还存在着一些变体，如每首只有两行的"闪电班顿"（pantun kilat）和超过四行的多行班顿，或者由多首四行班顿组成的"连环班顿"（pantun berkait），其韵式除了通常的a-b-a-b隔行尾韵还存在着极少量的a-a, a-a 和a-b, b-a尾韵。

班顿因何而美？从诗歌"五象说"来看，是因为其短小整饬的建行形式和铿锵优美的韵式构成了诗歌的"视象美"和"音象美"。试举几例：

Buah langsat kuning mencelah,	椰色果儿黄又大，
Senduduk tidak berbunga lagi;	野牡丹还没开花；
Sudah dapat gading bertuah,	只要得到美象牙，
Tanduk tidak berguna lagi.	牛角哪个还要它。

这首班顿严格遵守了"每行四词"的格律，从韵式上来看，它不仅符合a-b-a-b的隔行每句押韵，甚至做到了隔行每词押韵！第一行中四个词的尾韵"ah""at""ing""ah"与第三行的四个词尾韵完全一致，第二行中的四个词的尾韵"uk""ak""a""i"与第四行的四个词尾韵完全一致。

Berburu ke padang datar,	狂奔去空地，
Dapat rusa belang kaki;	抓到斑脚鹿；
Berguru kepalang ajar,	有师不好学，
Ibarat bunga kembang tak jadi.	如花不盛开。

这也是一首充分展现音韵美的班顿，它同样做到了隔行每词押韵。不但押每个单词的尾韵"u""e""ang""ar""at""a""ang""ar"，而且押每个单词的头韵"er""e""a""a""a""u""e""a"，真正做到了每个音节都押韵。在吟诵时可以达到完美的韵律效果，呈现出高度的"音象美"。当然这是班顿中韵律美的极致，一般情况下能够做到隔行押句尾最后一个音节的尾韵就可以了。

[①] Harun Mat Piah, *Puisi Melayu tradisional: Satu pembicaraan genre dan fungsi*, Kuala Lumpur: Dewan Bahasa dan Pustaka, 1989, P123.

Terang bulan terang di kali,	明朗月光照河上,
Buaya timbul disangka mati;	鳄鱼装死浮上来;
Jangan percaya mulut lelaki,	男人嘴巴信不得,
Berani sumpah tidak berani mati.	只敢发誓不敢死。

这首班顿音节整饬，每行4个词（第四行5个），每句9—11个音节，"i"为每句尾韵并一韵到底，押韵十分工整。歌者对眼前事物的描述（鳄鱼浮在水面上装死），通过语音、音韵及节奏的组合，渲染气氛（哀怨悲凉），抒发思想感情（薄情寡义、只会甜言蜜语哄骗女人的男人不可信），唤起闻者（读者）的审美情趣。

在马来语中，除了6个单元音（a,i,u,é,o,e），还有3个复合元音（ai, au, oi）。另外，古典马来文学作品，包括诗歌作品，原来是采用阿拉伯语字母拼写，"u"与"o"或"ou""e"与"ai"同韵，同时"nya"与"na"同韵，"intan"与"hitam"，"pura"与"dua"和"ah"同韵，"ih"与"i"同韵。[①]这使得马来语的语音和音节富于谐声，音韵丰富，灵活多变，容易安排押韵，使得诗歌的创作更为简便易行。加之马来语词汇有不少是以浊鼻音作为闭音节，这使得每个词汇的发音铿锵悦耳，响亮动听。当它作为诗歌的韵律出现时，无疑更能给人们带来听觉上的享受。马来语的多音节现象是班顿诗音象美的基础。虽然班顿不像中国古典诗词那样有着平仄的音调变化，但马来语每个单词中有轻重音节之分，一个词2—3个音节，加上闭音节和开音节的变化，这大大增加了诗人安排诗歌韵律的难度。因此，相比于使用单音节和有音调的汉字的中国古典诗词，使用马来语的马来班顿这种对于格律的严格讲究在世界各国诗歌中显得尤为难能可贵。马来民间诗人借此奏出或激越高亢、或低昂沉郁、或简淡清亮、或重浊洪迈的乐章。其音韵之美变化无穷，可使人闻之变色，或喜上眉头，或泣下沾襟。毫无疑问，在吟诵这样音韵优美、抑扬顿挫的班顿时，那种油然而生的美感是触手可及的。而马来民间诗人在创作班顿时，对于节奏、韵律的追求已经到了精益求精的极致。可以说班顿对于格律的严格要求和中国古典诗词是完全一致的。也就是说，押韵程度越高，就越能展现创作者的高超水平。由于班顿的韵律非常规则，咏诵时朗朗上口，很有音乐感，所以在马来族各种群众集会中常有班顿的吟诵表演。

---

① ［新加坡］廖裕芳著，张玉安、唐慧等译：《马来古典文学史》（下卷），北京：昆仑出版社，2011年，第321页。

三、均衡和谐——班顿的结构之美

班顿有其自身固定的基本结构，即由上阕（前两行）和下阕（后两行）构成。上阕也可以叫做"引子"，马来语称之为"sampiran"（吊钩）或"pembayang"（影子）。下阕也可以叫"真义"，马来语称之为"isi"（内容）或"maksud"（含义）。试举两例：

Makan sirih berpinang tidak,	嚼了栳叶不嚼槟榔，
Sirih ambik dari seberang;	栳叶拿取就在身旁；
Sudah berkasih bertunang tidak,	有了对象订婚不忙，
Ada kekasih diambil orang.	恋人成了别人新娘。

在这首班顿中，前两行"Makan sirih berpinang tidak, Sirih ambik dari seberang;（嚼了栳叶不嚼槟榔，栳叶拿取就在身旁；）"就是"上阕"（引子），后两行"Sudah berkasih bertunang tidak, Ada kekasih diambil orang.（有了对象订婚不忙，恋人成了别人新娘。）"就是"下阕"（真义）。

Rumah kecil tiang seribu,	一间小屋千根柱，
Rumah besar tiang sebatang;	一间只有柱一根；
Semasa kecil ditimbang ibu,	幼时尚有母怜爱，
Sudah besar ditimbang gelombang.	长大漂泊在浪尖。

在这首班顿中，前两行"Rumah kecil tiang seribu, Rumah besar tiang sebatang;（一间小屋千根柱，一间只有柱一根；）"为"上阕"（引子），后两行"Semasa kecil ditimbang ibu, Sudah besar ditimbang gelombang.（幼时尚有母怜爱，长大漂泊在浪尖。）"为"下阕"（真义）。

这就是最典型的班顿结构，即：四行诗句分为两层，每层两行。前两行是表层结构，后两行是深层结构。表层结构营造诗的气氛和情调，深层结构托物言志、借景抒情，或进行比喻，或表达某种象征意义。

上阕与下阕之间的关系一直是班顿研究中一个引人入胜的议题。上阕（前两行）的特点类似于中国民歌中的"起兴"。下阕（后两行）才是作者想要表达的真实内容。上下阕之间是否存在语义联系，学界并未形成定论。有的学者认为前两行有一定含义，是后两行内容的"引子"，其作用是不仅要引出后两行的尾韵，还要烘托出它的内容含义；有的学者则认为前两行仅仅是作者即兴的联想，与后两行的内容并无关联，其作用只是为了引出后两行的尾韵和吸引听众的注意力，引发大家对后两行将要表达的内容的猜想。不过学者们都同意把班顿后半部分作为全诗的精髓所在。①

无论如何，一首优秀的班顿除了韵律优美之外，从其内容上来讲，"引子"部分应能烘托或加强它的中心内容，发挥一种含蓄的暗示或比喻的作用。在这个问题上不妨兼收并蓄，区别对待，即两种情况的存在都有其合理性。因为通过对大量现存班顿文本的研读可以发现，上阕与下阕之间存在关联和不存在语义关联的情况都非常常见。因此这种争论也就失去了意义。但是，如果我们换一个角度，跳出语义关联与否的死结，从审美角度来审视这种结构特点，班顿上阕与下阕结构所呈现出来的形式美感，充分展现了马来人对于"平衡""和谐"之美的重视，而这种民族审美情趣，更多地来自于伊斯兰教信仰带给他们的影响。上阕与下阕之间的"联系"，实际上更多的是体现出班顿在诗歌美学上的优势。一般而言，上阕通常以一个自然物象、远近闻名的事件或者乡村生活中的某种个人体验为引导。为下阕提供一种反射、知觉和心境。而一首班顿上阕与下阕之间形成的"谜面"与"谜底"的关系，则给班顿的倾听过程带来了更强烈的欣赏乐趣。当一位班顿的创作者吟诵出看似毫无意义的上阕时，倾听者其实已经在猜测这个"吊钩"会钩出怎样的"下阕"。当创作者接着吟诵出下阕时，如果上下阕之间的确存在着天衣无缝的"线索"和"暗示"，倾听者则会对创作者的高超技巧表示由衷的赞叹。这正是班顿在酷爱猜谜的马来民族中"永葆青春"的一个秘诀。在艺术手法方面，在"上阕"之中借物起兴，先言他物，然后引起所咏之事，或是用作定韵、起情，这几类表现方法混合使用，成为诗歌在艺术水平上的一种跃升。这与中国古代民歌集《诗经》中的赋、比、兴手法有异曲同工之妙。这不仅仅是一种表现方法，更重要的是它展现了马来民族在审美能力方面从自发走向自觉的飞跃，是马来文学审美中介确立的表现，并直接影响了马来文学审美特征的最终形成。

四、结语

班顿的审美特征来自两个方面：外部与内部。其外部审美表现为结构形式之

---

① 王青：《马来文学》，北京：外语教学与研究出版社，2004年，第12页。

美、音韵格律之美；其内部之美表现为象征隐喻之美、思想情感之美。在伊斯兰文化传入马来世界并成为主流意识形态之后，马来文学中关于美的概念或者诗意的因素很大程度上便来源于伊斯兰文学中的审美元素和价值观，即对于平衡、统一和谐的追求。因此，传统马来文学的作者们在创作班顿这种传统马来诗歌时，无不严格遵从这种文学习惯，将其视为一种创造美的重要手段和工具。这包括对班顿所特有的形式和结构的强调，例如a-b-a-b隔行押韵、对每行词数和音节数的限定、上阕与下阕的格式等等。惟其如此，才能保持班顿的独特审美特性。在班顿创作当中，马来民族将本民族的传统审美观和伊斯兰教审美观有机地结合起来，从而造就了班顿这一马来文学中最具审美价值的文学形式。

参考文献

[1] 杨仲义. 中国古代诗体简论[M]. 北京：中华书局，1997.

[2] 王青. 马来文学[M]. 北京：外语教学与研究出版社，2004.

[3] 梁志明等. 古代东南亚历史与文化研究[M]. 北京：昆仑出版社，2006.

[4] [新加坡]廖裕芳. 马来古典文学史[M]. 北京：昆仑出版社，2011.

[5] 龚晓辉等.《马来西亚概论》[M]. 广州：世界图书出版公司，2012.

[6] Harun Mat Piah. *Puisi Melayu tradisional: Satu pembicaraan genre dan fungsi*[M]. Kuala Lumpur: Dewan Bahasa dan Pustaka, 1989.

印尼女作家阿尤·乌塔米笔下的历史与现实

周启宇[①]

The History and Reality Described by the Indonesian Female Writer Ayu Utami

【摘 要】"新秩序"时期的印尼文坛在苏哈托政府的文化高压政策下呈现出一片沉寂,然而1998年后的改革浪潮鼓舞了一大批青年作家通过文学大胆发声,阿尤·乌塔米便是其中典型一位。她于1998年出版的小说作品《萨曼》被认为是后苏哈托时代印尼文坛的先锋之作。此后,乌塔米相继创作了一系列小说作品,清晰地描绘出一幅幅"新秩序"时期的社会历史画卷,深刻地批判了改革时代的印尼社会现实,为后苏哈托时代的印尼文坛带来一股新风。

【关键词】印尼 文学 阿尤·乌塔米

Abstract: In the New Order period, the Indonesian literary world was silenced under the cultural high pressure policy implemented by the Suharto government. However, the waves of reform after 1998 encouraged a large number of young writers to utter a loud voice through literature. Ayu Utami was one of them. Her novel, *Saman*, published in 1998, is considered to be the pioneer of Indonesian literary world in the post-Suharto era. Since then, Utami has created a series of fiction works, clearly portrayed many social and historical pictures of Indonesia during the New Order period, profoundly criticized the social reality of Indonesia during the Reform era, and bring a fresh air for the Indonesian literary world of the post-Suharto era.

Keywords: Indonesia; Literature; Ayu Utami

[①] 周启宇,信息工程大学洛阳校区亚非语言文学专业硕士研究生,研究方向:印尼语言文学。

阿尤·乌塔米（Ayu Utami）是印尼当代女作家、新闻工作者，她于1998年出版的首部小说作品《萨曼》[①]因犀利地揭露了苏哈托统治时期的黑暗现实而被看作是后苏哈托时代印尼文坛的先锋之作。[②]同年，《萨曼》获得了雅加达文艺委员会（Dewan Kesenian Jakarta）颁发的"莎耶巴拉小说奖"（Sayembara Roman），此后被翻译为多国文字畅销海外。乌塔米是一位笔耕不辍的女作家，她的小说作品纵跨印尼20世纪五十年代至改革初期的历史与现实，大胆地触及政治、宗教与性等长期被"新秩序"政权压抑的话题，清晰地描绘出一幅幅变革之际的印尼社会画卷，为后苏哈托时代的印尼文坛带来一股新风。本文拟从文学对历史的重塑性、印尼现代宗教信仰与女性主义思潮三个角度透视她对历史的重塑和对现实的批判。

一、苏哈托时代的落幕与改革时代的开始

20世纪90年代末是印尼经济和社会发生重大变化的时期，1997年亚洲金融危机最终导致苏哈托在内外交困中被迫辞职。在长达32年的执政期间，苏哈托以军队为强力后盾，以专业集团党为执政工具，推行威权统治。苏哈托政权自称"新秩序"，以彰显与苏加诺"旧秩序"时代的界线。苏哈托领导的专业集团党在"新秩序"时期一党独大，仅有的两个在野党在六次大选中都充当陪衬。苏哈托宣称的民主成为极权的装饰品，印尼社会组织和个人的政治自由空间急剧萎缩，政府权力失去监督，司法独立和人权均难以保障。苏哈托政府甚至出台《社会组织法》插手社会组织内部事务，使得社会组织和民众的言论自由名存实亡。[③]

苏哈托政府认为媒体机构也如同社会组织和政党一样必须接受政府的管理，因而对大众媒体采取了严格的管控政策。报刊杂志遂变成维护当权者利益的工具，发表反对意见的出版物均遭到取缔。[④]"新秩序"时期的印尼文坛也因苏哈托政府的文化高压政策而变得死气沉沉，1965年以来基本上没有召开过真正的文学会议，作家的创作积极性也大受影响。任何反对"新秩序"政权的积极人士都会遭到当局的指控，"新秩序"政权更是成立了特别军事法庭，专门对被认

[①] Ayu Utami.*Saman*［M］.Jakarta: Kepustakaan Populer Gramedia, 1998.
[②] Abighifari.*Dwilogi 'Saman & Larung'*（*Ayu Utami*）: *Sastra Era Reformasi*［EB/OL］.2015-8-31.https://abighifari.wordpress.com/2015/08/31/dwilogi-saman-larung-karya-ayu-utami/
[③] 杨晓强：《后苏哈托时期的印尼民主化改革研究》，厦门：厦门大学出版社，2015年，第49页。
[④] Dhaniquinchy.*Pers di Masa Orde Baru*［EB/OL］.2010-06-01.https://dhaniquinchy.wordpress.com/2010/06/01/pers-di-masa-orde-baru/

为是"叛乱分子"的人进行秘密处决。①印尼著名作家普拉姆迪亚·阿南达·杜尔（Pramoedya Ananta Toer）在"九三〇"事件后被禁锢达14年之久，直至1979年底才获释。而他在狱中坚持以口头形式创作的《人世间》（*Bumi Manusia*）、《万国之子》（*Anak Semua Bangsa*）等经典作品被许多文学评论家认为"不比那些荣获诺贝尔文学奖的巨著逊色"，却被"新秩序"政权宣布为禁书，禁止在印尼全境收藏和传播。在苏哈托的威权统治下，文学越来越远离政治，极力回避当时社会的现实矛盾，印尼的文艺事业发展受到了极大打击。②而这样一个严格而残酷的政治氛围直至1998年苏哈托下台后才结束。

苏哈托的继任者哈比比总统在17个月的任期内进行了广泛而深入的政治改革，其中包括解除党禁、实行三权分立、削弱军方对政治的影响和放松对新闻出版及言论自由的管制等。这一系列非渐进式的民主改革措施让印尼社会力量获取了更大的活动范围，使民众对过去和现任政府的不满情绪有了发泄的机会。③而在改革时代的印尼文坛也出现了一批青年作家利用文学大胆发声，阿尤·乌塔米便是其中典型的一位。

二、阿尤·乌塔米与她的小说创作

阿尤·乌塔米于1968年出生在印尼西爪哇省茂物，年幼时便随父母搬至首都雅加达生活。乌塔米自幼酷爱读书。她曾在一次采访中提到，幼时家中没有很多书供阅读，因此她对《圣经》爱不释手，"我把《圣经》看作一本引人入胜的故事集"，"我把它当作文学而不是经文在读"。④后来，乌塔米进入印度尼西亚大学文学院学习俄语专业，此间她在报刊杂志上发表了许多时事评论文章。1990年乌塔米又被印尼一个选美活动评为冠军，但她也没有在模特事业上继续发展，而是投身于自己热爱的新闻事业当中。此后乌塔米曾辗转在《维度》（*Matra*）、《正义论坛》（*Forum Keadilan*）和《民主与改革》（*Demokrasi & Reformasi*）等多家报刊杂志社从事新闻记者工作。

---

① Kampekique.*Perbandingan Kebebasan Pers Pada Masa Orde Baru Dan Masa Reformasi Di Indonesia*［EB/OL］.2011-08-11.https://kampekique.wordpress.com/2011/08/11/perbandingan-kebebasan-pers-pada-masa-orde-baru-dan-masa-reformasi-di-indonesia/
② 梁立基：《印度尼西亚文学史》，广州：世界图书出版公司，2014年，第422页。
③ 张祖兴：《评哈比比执政时期印尼的政治改革》，《东南亚研究》，2002年第2期，第47–51页。
④ Ika Krismantari. *Bookworm: Ayu Utami: Reading for Writing*［EB/OL］.2015-06-08.http://www.thejakartapost.com/news/2015/06/08/bookworm-ayu-utami-reading-writing.html.

然而，由于苏哈托政府对新闻界的严格管控政策，"新秩序"时期的大量新闻媒体都遭到封禁，全印尼只有一家为当时政府承认的新闻记者组织即印尼记者工会。[①]1994年包括《时代》(Tempo)在内的三家周刊被时任宣传部长查封，身为新闻记者的乌塔米便走在了反抗"新秩序"政权压迫新闻和出版自由的前列。她与其他几位进步的青年记者联合成立了"独立记者联盟"(Aliansi Jurnalis Independen)以表达对"新秩序"政权高压政策的抗议，然而却因积极参加社会民主活动而丧失了记者的职业资格。[②]"独立记者联盟"随后也被取缔，其中三位记者成员被捕入狱，其他成员不得不从事地下新闻出版工作。[③]面对"新秩序"政权的独裁统治和文化高压政策，当时的印尼文艺界出现了一句名言："当新闻被封禁时，文学就应当发声。"乌塔米正是在这一理念的指引下创作了小说《萨曼》，以此作为对"新秩序"政权的有力回击。"小说常常就是对现实的抗争"，"《萨曼》正是为了反抗这一时期的束缚"，[④]乌塔米曾这样表达她对《萨曼》的看法。

1998年5月21日，苏哈托在印尼人民要求民主改革的呼声中被迫下台，小说《萨曼》就诞生于苏哈托宣布下台的前十天，印尼人民对自由的追求和对社会不公的憎恶毫不掩饰地在小说中体现了出来。《萨曼》就像击入平静湖面的巨石一样打破了苏哈托威权统治下沉闷的印尼文坛，它因参与宣示了风云变幻之际印尼社会文化与政治态势的巨大变革，一时间引起社会强烈反应，乌塔米也因此获得2000年荷兰克劳斯亲王奖。2001年，《萨曼》的姊妹篇《拉戎》[⑤]出版，乌塔米继续让同样的小说人物诠释同样的故事主题——对言论自由和性解放的追求，以及对社会不公的批判。

小说《萨曼》有着多视角、碎片化的复杂结构，但有两条较为明显的故事线索：一条是四个年轻女孩对自由爱情的渴望和追求；另一条是男主人公萨曼坎坷的人生经历。萨曼从一位同情底层人民的天主教神父，转变为一名社会运动参与者，积极反抗"新秩序"政权压迫平民百姓的后殖民主义政策，然而在政府当局的秘密追捕下不得不逃往美国避难。小说《拉戎》将故事放在了萨曼逃往纽约的

---

① 温北炎，郑一省：《后苏哈托时代的印度尼西亚》，北京：世界知识出版社，2006年，第24页。
② Gie Goris.Indonesian Writer Ayu Utami: 'Love is still the name of the game'[EB/OL].2012-8-2.http://www.mo.be/en/article/indonesian-writer-ayu-utami-love-still-name-game.
③ Ayu Utami's Bio[EB/OL].http://www.ayuutami.info/414949018.
④ Lukman Solihin.Sastra Pasca-Orde Baru, Sastra Perlawanan[EB/OL].2008-08-28.http://melayuonline.com/ind/news/read/5688/sastra-pasca-orde-baru-sastra-perlawanan.
⑤ Ayu Utami.*Larung*[M].Jakarta: Kepustakaan Populer Gramedia, 2001.

两年后：萨曼通过情人雅思敏（Yasmin）结识了另一位社会运动积极分子——拉戎；在了解到雅加达紧张的政治态势后，萨曼决定重返印尼，与拉戎一起帮助三名学生运动积极分子逃避"新秩序"政权的迫害。

2008年，乌塔米因出版她的第三部小说《数字"Fu"》[1]而获得印尼赤道文学奖（Kusala Sastra Khatulistiwa）。这部小说主要讲述了1999年至2004年间三个身份迥异的年轻人在爪哇农村的传奇经历。书中充满了对爪哇农村自然风景、原始信仰与风俗习惯的描绘，同时还包括许多爪哇社会流行已久的历史故事和神话传说，以及发生在三个年轻人身边、无法用"现代性"常理解释的"灵异事件"。乌塔米在小说中探讨千百年来爪哇族人信仰的神秘主义与现代印尼社会崇尚"单一"的宗教概念之间的关系，她还称这部小说带有"批判的精神主义"（spiritualisme kritis）的气息。

此后，《数字"Fu"》的续篇《爪哇往事》[2]和《神秘女人拉莉塔》[3]相继出版。乌塔米依旧带领读者穿梭在古老的爪哇文化与现实的印尼社会之间，同时展现她对政治、宗教、文化和性等诸多禁忌话题的"再思考"。

乌塔米曾在她2003年的散文集《单身寄居者》[4]中表示将不会结婚，但在2012年她基于爱人Prasetya Riksa的人生经历创作了小说《恩里克的爱情故事》[5]，随后又在2013年依据自身的爱情和婚姻经历创作了两部自传性质的小说——《单身寄居者》[6]和《A的自白》[7]。这三部作品后来被称作"真实故事三部曲"（Trilogi Kisah Nyata）。乌塔米在书中表达了对爱情、婚姻和性等问题的深刻感悟，同时对印尼女性的不平等地位进行了一番严厉地拷问。[8]实际上，女性主义思想也是贯穿乌塔米整个创作历程的一个重要主题。

三、阿尤·乌塔米笔下的历史与现实

就文学和历史的关系而言，文学不是次等的被动存在物，而是彰显历史真正

---

[1] Ayu Utami.*Bilangan Fu*[M].Jakarta: Kepustakaan Populer Gramedia, 2008.
[2] Ayu Utami.*Manjali dan Cakrabirawa*[M].Jakarta: Kepustakaan Populer Gramedia, 2010.
[3] Ayu Utami.*Lalita*[M].Jakarta: Kepustakaan Populer Gramedia, 2012.
[4] Ayu Utami.*Si Parasit Lajang*[M].Jakarta: Gagas Media, 2003.
[5] Ayu Utami.*Cerita Cinta Enrico*[M].Jakarta: Kepustakaan Populer Gramedia, 2012.
[6] Ayu Utami.*Si Parasit Lajang*[M].Jakarta: Kepustakaan Populer Gramedia, 2013.
[7] Ayu Utami.*Pengakuan Eks Si Parasit Lajang*[M].Jakarta: Kepustakaan Populer Gramedia, 2013.
[8] Frequently asked questions about my marriage[EB/OL].http://www.ayuutami.info/414924693.

目的活生生的意义存在体。①阿尤·乌塔米在她的作品中重塑了大量的印尼历史事件，对"新秩序"政权主导的意识形态进行了颠覆。同时，乌塔米还深切地关注印尼社会现实，她在作品中对现代印尼宗教信仰和女性地位等问题进行了一番发人深省的拷问。

（一）对印尼社会历史的重塑

一般认为，1965年"九三〇"事件标志着苏哈托走向印尼权力中心的开始，而乌塔米通过历史漩涡中小人物的悲伤往事折射"九三〇"事件，表达她对"新秩序"政权迫害大量无辜人士的质疑。在小说《拉戎》中，老妇人Adjani（即主人公拉戎的奶奶）回忆了她和丈夫在"九三〇"事件中遭难的情景。1965年9月30日晚，将军委员会的六名陆军将领遭苏加诺总统警卫营营长翁东中校（Kolonel Untung）杀害，以苏哈托为代表的军方认定"九三〇"事件是印尼共产党谋划的一场政变，因此在全国范围内展开了大规模的搜捕和迫害共产党人和左派人士的行动。②小说中，拉戎的父亲因遭人指控被残忍逮捕，他的母亲也被人污蔑。Adjani多年后向拉戎回忆起那段往事时仍潸然泪下，被贴上丑恶标签的她过着孤苦无依的生活直至死去。

在长达三十多年的"新秩序"时期，印尼共产党和左派思想都遭到严厉的封禁。1998年苏哈托下台后，对"九三〇"事件幕后策划者的不同推测才逐渐浮出水面。印尼学者Michael Wood所著的《现代印尼官方历史："新秩序"视角与反面观点》便总结了对"九三〇"事件策划者的不同观点。③乌塔米在小说中并没有迎合"新秩序"时期的历史观点，也没有对印尼历史上这一重大事件进行正面回顾，转而站在普通的受害家庭的立场上，通过虚构的小说情节从侧面重现这段黑暗的历史。

在小说《爪哇往事》中，女主人公玛尔雅（Marja）遇到一位独自居住在荒坟野林中的老妇人Murni，她的故事则更令人唏嘘不已：1966年她的新婚丈夫同时也是总统警卫营成员的Sarwengi被残忍杀害，而她作为印尼妇女运动的成员也在苏哈托的反共清洗中被捕入狱。在狱中饱受折磨的她生下一子并辗转交由热心人士Haji Samandiman抚养，然而十几年出狱后的Murni却没有了Haji Samandiman及亲生骨肉的音讯，也不知丈夫的尸骨葬在何地，一人在野林中靠捡拾木柴为

---

① 王岳川主编：《后殖民主义与新历史主义文论》，济南：山东教育出版社，1999年，第182页。
② 梁英明：《东南亚史》，北京：人民出版社，2010年，第260-263页。
③ Michael Wood.*Official History in Modern Indonesia: New Order Perceptions and Counterviews* [M].Brill Academic Publishers, 2005.

生。机缘巧合的是，玛尔雅的男友尤达（Yuda）在参加军队举行的一次攀岩活动时结识了上尉Musa。在胎记和证物的比对下，Musa正是Murni和Sarwengi的孩子，而Haji Samandiman早已去世多年。然而受到"新秩序"政权教条主义灌输的Musa显然无法面对这样的事实真相，而老妇人Murni心中无法抹平的伤口和身上背负的惨痛污点也亟待当前的印尼社会去关注和拯救。

乌塔米在作品中重塑的历史不仅仅是"九三〇"事件，1994年棉兰工人大罢工运动和1996年7月27日骚乱也分别出现在小说《萨曼》和《拉戎》之中。前者是1994年3月发生于棉兰的大规模工人游行示威活动。小说中，萨曼原本是一名神父，他违背宗教教义帮助贫困村庄的村民发展种植业改善生活，然而他和村民们的成果却惨遭政府当局和垄断公司的破坏。萨曼痛恨"新秩序"政权与垄断公司勾结压榨平民百姓的做法，因而积极投身到劳动人民反抗独裁的社会运动之中。1994年的棉兰工人运动体现了底层工人要求提高工资待遇的诉求，却遭到政府当局的残酷压制。萨曼因参与其中而成了警察局"最紧急抓捕的五个人之一"，他最终不得不逃往美国。后者是因1996年7月苏哈托企图暗中控制印尼民主党选举，从而引发民众不满，大量民主人士在雅加达街头进行抗议，最终与警察和军队发生冲突而导致社会骚乱的悲剧事件。[①]乌塔米在小说中提到，"新秩序"时期，大众媒体都受到政府的高压管制，而身在纽约的萨曼只能通过电子邮件和"地下媒体"来了解雅加达的政治态势。

而在小说《恩里克的爱情故事》中，主人公恩里克（Enrico）也参与了1978年万隆工学院学生运动。为反对1978年人协大会将再次推选苏哈托为总统，万隆工学院学生挂出巨大红色横幅表示抗议。小说中，恩里克和其他学生们知道武装部队将进入校园镇压学生抗议，甚至做出了视死如归、捍卫校园的决定。然而，声势浩大的学生运动最终以闹剧草草收场。

乌塔米在她的小说中重塑了1965年以来的印尼社会历史片断，她没有追求正史、大事件和所谓伟大人物及宏伟叙事，而是将一些普通人（非政治人物、非领袖人物）作为分析对象，观察在历史网络中心的人是以怎样的怀疑否定眼光对当时的社会秩序加以质疑。[②]上述的历史事件，其主要参与者都是被"新秩序"政权打上"叛乱分子"标签的社会边缘群体：受到"九三〇"事件牵连的普通家

---

① As Ril.Tragedi 27 Juli 1996［EB/OL］. 2014-12-23. http://wartasejarah.blogspot.com/2014/12/tragedi-27-juli-1996.html.

② 王岳川主编：《当代西方最新文论教程》，上海：复旦大学出版社，2008年，第391页。

庭、罢工示威的棉兰工人、参与街头抗议的民主人士和学生运动中群情激愤的青年学生。他们影响了社会秩序、危害国家安全，因此"新秩序"政权必须禁止他们的活动，甚至清除他们的存在。然而，乌塔米却在小说中以鲜明的个人化和民间化的方式，讲述了这些群体被"新秩序"政权所忽略、遮蔽甚至扭曲的那些历史，展现了不同于官方历史所记录的印尼社会风貌，对"新秩序"时期的主流意识形态进行了颠覆，反映了后苏哈托时代印尼社会反对专制统治与独裁压迫、追求真正的民主自由的思想潮流。

（二）对现代"单一神论"的批判

印尼是世界上穆斯林人口最多的国家，然而伊斯兰教并非印尼国教，这与兼容并包的爪哇传统价值观密切相关，爪哇文化能够与伊斯兰教等多种宗教融为一炉。[①] 尽管以伊斯兰教为主体，印尼社会仍然有着多元的宗教信仰。小说《萨曼》中，主人公萨曼作为一名棉兰地区的天主教神父自然肩负着传教的使命，但是当他看到普拉布姆里村（Prabumulih）村民的穷苦生活时，他便下定决心要帮助村民们摆脱困苦，他的心游走在宗教的清规戒律与内心的理想信念之间。然而，他个人的信念最终无法被现实社会所兼容，他和村民们多年的劳动成果最终在"新秩序"政权和垄断公司的联合碾压下付之一炬，而他还面临煽动罪的指控。

而在《数字"Fu"》中，乌塔米着眼于爪哇传统文化，将对印尼现代社会崇尚"单一"的宗教概念的批判提升到了一个新的高度。小说《数字"Fu"》以爪哇文化的核心地带——中爪哇南部山村为故事背景，批判印尼现代宗教价值观对爪哇传统文化的侵蚀。在城市里长大的尤达以为原始信仰和神话传说是迷信的，而在爪哇农村生长的加地（Jati）却坚信爪哇神秘主义：加地对爪哇社会流传的神话传说和历史故事烂熟于心，他认为这些是爪哇神秘主义的源泉所在。加地和尤达看见村民们正在进行祭祀仪式，尤达便产生了质疑，但是加地却说，"不应当用现代性的眼光去看待爪哇岛上的传统信仰"，"现代性的眼光一个重要特点就是功利性。"[②] 爪哇族人有着万物有灵的神秘主义信仰，他们相信物质世界充满精灵的力量，从而敬畏山林，包括山林里的一切树木、湖泊、动物乃至鬼魂，因此，爪哇传统信仰使得人与自然和谐地分离而又共存。然而，现代宗教，尤其是基督教和伊斯兰教创造了"原始宗教"这一说法，"单一神论"抛弃了原始

---

① 蔡金城：《论爪哇文化的兼容性》，《东南亚研究》，1997年第3期，第59赠。
② Ayu Utami. *Bilangan Fu* [M]. Jakarta: Kepustakaan Populer Gramedia, 2008: 133.

宗教对日常生活的"解释、预测和控制功能",[①]现代文明浸染下的印尼社会忽视了精神信仰的重要性而看重功利主义。小说中,加地还劝阻好友尤达和他的攀岩团队不要用野蛮、粗犷的攀岩方式对待充满传奇故事的瓦杜固农山(Gunung Watugunung),他建议人与自然应当和谐相处,人应当与自然亲近对话,而不是征服自然。

在《数字"Fu"》的结尾部分,加地在报纸上发表文章痛斥"后现代社会的三大敌人——现代性、单一神论和军人政治",而这正是乌塔米对印尼现代社会精神信仰缺失的批判。她认为现代文明虽然带来了社会的发展,但是资本主义带来的私有制和机械化却使得爪哇原始山林遭到破坏,人们的原始信仰也在不断缺失。而在改革时代,军人仍然控制着社会权力,他们与财团勾结加大对爪哇自然山林的开发,同时"单一神论"的宗教观使得原始山林失去了人们在精神上的敬畏与庇护。在"三大敌人"的侵袭下,古老的爪哇文化与原始的自然生态在现代人的目光里逐渐远去。

(三)对女性主义思潮的张扬

女性主义一词原意指"妇女解放",最早产生于19世纪末的法国,后在英美等国以及世界范围内流行开来。女性主义可以理解为以消除性别歧视,结束对妇女的压迫为政治目标的社会运动,以及由此产生的思想和文化领域的变革。[②]

印尼曾受荷兰殖民三百多年,殖民政府推动了西方文化传入印尼。20世纪初期,在欧洲女性主义思潮的影响下,印尼妇女解放运动也开始逐渐发展。在文学方面,著名女作家恩哈·迪尼(NH.Dini)在20世纪70年代发表多部长篇小说,着重表现女性的生活、情感和欲望,力争实现女性自我主体的觉醒,[③]可以说迪尼开印尼女性主义文学之先河。而乌塔米则表现出更加鲜明的女性主义色彩,尤其体现在婚姻观和性自由问题上:

第一,否认现有的婚姻制度中女性的不平等地位。小说《萨曼》中雅思敏受父母之命嫁给了门当户对的卢卡斯(Lukas),但她事实上一直都爱着萨曼,她费尽心思帮助萨曼逃往美国,用秘密电子邮件与他保持联系。乌塔米在散文集《单

---

① [澳]安东尼·瑞德著,孙来臣、李塔娜、吴小安译:《东南亚的贸易时代:1450—1680:第二卷 扩张与危机》,北京:商务印书馆,2013年,第190页。

② 洪晓楠、郭丽丽:《论女性主义对科学的批判、重建及其反思》,《自然辩证法研究》,2004年第4期,78页。

③ 张燕:《印尼女作家恩哈·迪尼长篇小说〈启程〉中的女性形象分析》,《东方语言文化论丛》,2016年第35期,第262页。

身寄居者》中阐释她本人不愿结婚的理由,她认为在当前印尼男权社会的背景下,现代女性应当争取与男性平等的地位。2011年,她最终在教堂与同居多年的爱人Prasetya Erik以天主教形式举行婚礼,她在个人网站中写到:"不进行正式登记是因为她希望能够继续对不平等的婚姻制度发出批判的声音。"① 在小说《A的自白》中,乌塔米直言女性不应当成为男性的消费品。小说主人公A不能接受母亲的说法,她不认为"女性应当像瓷器一样,如果破损就失去了价值。"② 她也无法接受现有的婚姻制度中,男性作为一家之主的规则。

第二,肯定女性的性自由。《萨曼》中莱拉(Laila)一直为将"第一次"献给有妇之夫斯哈尔(Sihar)而忧虑,她怀揣真爱的心焦灼不已,可她又不愿违背父母的训诫和传统习俗的规制。塔拉(Shakuntala)正与她恰恰相反,她尚在青春期时就敢于与陌生男子约会,毫不在乎所谓的"道德伦理",勇于追寻自己想要的幸福。莱拉在纽约与学习舞蹈的塔拉相遇,也是因为塔拉的启蒙,莱拉才陡然明白原来在纽约这样的大都市,女性性自由似乎是被所有人坦然接受、再正常不过的事情。小说《爪哇往事》中,玛尔雅与加地一同探寻爪哇古迹,两人逐渐萌生好感,然而,玛尔雅已有男友尤达——也是加地的好友,因此,玛尔雅与加地不得不克制彼此的爱意,两人的感情在古老的爪哇遗迹间炽热而晦涩,冲动而隐秘。而小说《A的自白》开篇便叙述女主人公A决定在二十岁时结束自己的"童贞时代",她不仅在校园里同时交往了两个男友,还自甘堕落去当别人的"情妇"。③

乌塔米在小说中对"性"这一话题毫不避讳,她的作品中甚至有不少相当露骨的性描写内容。但是,正如印尼文学评论家古纳万(Goenawan Mohamad)所言,乌塔米的作品并不是那种为写"性"而写"性"的"香艳文学"。④ 乌塔米用犀利的笔触,对印尼男权社会男尊女卑的思想进行了颠覆,质疑了保守的婚姻观,将印尼现代女性对传统思想束缚的抗争描绘得淋漓尽致。

---

① Frequently asked questions about my marriage[EB/OL].http://www.ayuutami.info/414924693.
② Ayu Utami.*Pengakuan Eks Parasit Lajang*[M].Jakarta: Kepustakaan Populer Gramedia, 2013: 34.
③ Aprijanti.Buku: Pengakuan Eks Parasit Lajang[EB/OL].2013-9-27.http://www.aprijanti.com/2013/09/pengakuan-eks-parasit-lajang.html.
④ Abighifari.Dwilogi 'Saman & Larung'(Ayu Utami): Sastra Era Reformasi[EB/OL]. 2015-8-31.https://abighifari.wordpress.com/2015/08/31/dwilogi-saman-larung-karya-ayu-utami/

四、结语

文学总是特定历史的社会文化产物,文学作品都是被特定历史所打造出来的。"新秩序"时期的印尼文坛在苏哈托政府的高压政策下呈现出一片沉寂,1998年进入改革时代后在民主与自由的思潮影响下印尼文坛迸发出活跃的新气象,阿尤·乌塔米便是后苏哈托时代的一位敢于大胆批判印尼社会历史与现实的女作家。她在小说作品中重塑印尼历史事件,向"新秩序"政权主导的意识形态提出了抗争和挑战;她孜孜不倦地描绘爪哇传统文化,批判现代宗教对爪哇传统信仰的侵蚀;她用诸多性格鲜明的女性形象,极力地张扬女性主义思想。作为改革时代印尼文坛的一颗耀眼新星,乌塔米用自己独特的方式参与到改革时代印尼历史与现实的构建中去。

参考文献

[1] [澳]安东尼·瑞德著,孙来臣,李塔娜,吴小安译.东南亚的贸易时代:1450—1680:第二卷 扩张与危机[M].北京:商务印书馆,2013.

[2] 梁立基.印度尼西亚文学史[M].广州:世界图书出版公司,2014.

[3] 梁英明.东南亚史[M].北京:人民出版社,2010.

[4] 王岳川主编.当代西方最新文论教程[M].上海:复旦大学出版社,2008.

[5] 王岳川主编.后殖民主义与新历史主义文论[M].济南:山东教育出版社,1999.

[6] 温北炎,郑一省.后苏哈托时代的印度尼西亚[M].北京:世界知识出版社,2006.

[7] 杨晓强.后苏哈托时期的印尼民主化改革研究[M].厦门:厦门大学出版社,2015.

[8] 蔡金城.论爪哇文化的兼容性[J].东南亚研究,1997,(3):59-63.

[9] 洪晓楠,郭丽丽.论女性主义对科学的批判、重建及其反思[J].自然辩证法研究,2004:(4):78-82.

[10] 张祖兴.评哈比比执政时期印尼的政治改革[J].东南亚研究,2002.02:47-51.

[11] 张燕.印尼女作家恩哈·迪尼长篇小说《启程》中的女性形象分析[C].东方语言文化论丛,2016,(35):262-273.

[12] Ayu Utami. *Saman* [M]. Jakarta: Kepustakaan Populer Gramedia, 1998.

［13］Ayu Utami. *Larung*［M］. Jakarta: Kepustakaan Populer Gramedia, 2001.

［14］Ayu Utami. *Bilangan Fu*［M］. Jakarta: Kepustakaan Populer Gramedia, 2008.

［15］Ayu Utami. *Manjali dan Cakrabirawa*［M］. Jakarta: Kepustakaan Populer Gramedia, 2010.

［16］Ayu Utami. *Lalita*［M］. Jakarta: Kepustakaan Populer Gramedia, 2012.

［17］Ayu Utami. *Cerita Cinta Enrico*［M］. Jakarta: Kepustakaan Populer Gramedia, 2012.

［18］Ayu Utami. *Si Parasit Lajang*［M］. Jakarta: Kepustakaan Populer Gramedia, 2013.

［19］Ayu Utami. *Pengakuan Eks Si Parasit Lajang*［M］. Jakarta: Kepustakaan Populer Gramedia, 2013.

［20］Michael Wood. *Official History in Modern Indonesia: New Order Perceptions and Counterviews*［M］. Brill Academic Publishers, 2005.

［21］Widyasari Listyowulan. *Narrating ideas of Religion, Power, and Sexuality in Ayu Utami's novels: Saman, Larung, and Bilangan Fu*［D］. Master's dissertation, Ohio University, 2010.

［22］Sugiarti. Analisis Kritis *New Historicism* Terhadap Novel Indonesia Modern Dalam Kerangka Sejarah Sastra［J］. *Litera,* Vol. 08, No. 02, Oktober 2009: 165–178.

［23］Wiyatmi. Representasi Sejarah Indonesia Dalam Novel-novel Karya Ayu Utami［J］. Litera, Vol. 12, No. 2, Oktober 2013: 209–223.

［24］Abighifari. Dwilogi 'Saman & Larung' (Ayu Utami): Sastra Era Reformasi［EB/OL］. 2015-8-31. https://abighifari.wordpress.com/2015/08/31/dwilogi-saman-larung-karya-ayu-utami/

［25］Aprijanti. Buku: Pengakuan Eks Parasit Lajang［EB/OL］. 2013-9-27. http://www.aprijanti.com/2013/09/pengakuan-eks-parasit-lajang.html.

［26］As Ril. Tragedi 27 Juli 1996［EB/OL］. 2014-12-23. http://wartasejarah.blogspot.com/2014/12/tragedi-27-juli-1996.html.

［27］Ayu Utami's Bio［EB/OL］. http://www.ayuutami.info/414949018.

［28］Dhaniquinchy. Pers di Masa Orde Baru［EB/OL］. 2010-06-01. https://

dhaniquinchy. wordpress. com/2010/06/01/pers-di-masa-orde-baru/

[29] Frequently asked questions about my marriage[EB/OL]. http://www. ayuutami. info/414924693.

[30] Gie Goris. Indonesian Writer Ayu Utami: 'Love is still the name of the game'[EB/OL]. 2012-8-2. http://www. mo. be/en/article/indonesian-writer-ayu-utami-love-still-name-game.

[31] Ika Krismantari. Bookworm: Ayu Utami: Reading for Writing[EB/OL]. 2015-06-08. http://www. thejakartapost. com/news/2015/06/08/bookworm-ayu-utami-reading-writing. html.

[32] Kampekique. Perbandingan Kebebasan Pers Pada Masa Orde Baru Dan Masa Reformasi Di Indonesia[EB/OL]. 2011-08-11. https://kampekique. wordpress. com/2011/08/11/perbandingan-kebebasan-pers-pada-masa-orde-baru-dan-masa-reformasi-di-indonesia/

[33] Lukman Solihin. Sastra Pasca-Orde Baru, Sastra Perlawanan[EB/OL]. 2008-08-28. http://melayuonline. com/ind/news/read/5688/sastra-pasca-orde-baru-sastra-perlawanan.

老挝《香茗的故事》的叙事结构和人物心理分析

程 雪[①]

The Narrative Structure and the Character psychology of Laos' *The Story of Siangmiang*

【摘 要】本文通过对老挝民间文学作品《香茗的故事》(披·彭萨巴编撰版)的叙事结构分析,得出其故事叙述主要基于"香茗与国王"之间的二元对立的结论,伴随该二元对立,其叙事不断展现出"戏弄父亲形象或逃避来自父亲形象的惩罚"的故事主题。在叙事结构下所隐含的人物心理层面,笔者认为香茗同国王之间的矛盾冲突,是老挝处于传统封建社会的庇护关系下的一种稳定的等级分明、不对等的互惠制下的人物关系的投射,并非是普遍观点所认同的源自阶级对立;而香茗同国王(父亲形象人物)之间之所以展现出一种对抗与惩罚的情绪张力,实质上是来自于父子关系中的一种人性的本能冲突。

【关键词】老挝民间文学 香茗的故事 封建庇护制 二元对立 弑父情节

Abstract: In this paper, through the analysis of the narrative structure of the story of Laos folk literature *The story of Siangmiang* (Phi Pengsapha Compilation Edition), it is concluded that the story narration is mainly based on the binary opposition between "Siangmiang and the King." The opposition is constantly showing the story of "teasing his father's image or evading punishment from his father's image." In the narrative structure implied by the psychological level of the characters, I believe that the contradiction between Siangmiang and the king is the conflictin of Laos traditional feudal society which under the asylum relationship of a stable level of different, unequal reciprocity of the characters. The projection

---

[①] 程雪,北京大学外国语学院亚非系在读博士,主要研究领域:东方民间文学、东南亚文化。

of the relationship is not what the general view agrees with from the class antagonism; and the relationship between Siangmiang and the king (the image of the father) shows an emotional tension of confrontation and punishment, which is essentially from the relationship between the father and son An instinctive conflict of human nature.

Keywords: Laos folk literature; *The Story of Siangmiang*; Feudal asylum system; Binary opposition

《香茗的故事》属于老挝民间故事，根据老挝教育部师资培训中心1996年出版的《师范学院老挝文学专业教材》的界定，《香茗的故事》隶属民间故事中的滑稽民间故事。滑稽民间故事产生于老挝封建社会时期，在封建社会衰落阶段得到进一步发展，由老挝劳动人民创造，是生活和劳动的产物，反映了劳动人民同社会的抗争。它最主要的特色是内容引人发笑，这些笑料性质多样，如：表达开怀、训诫、批判、讽刺和谴责。另一大特色是由多章构成，每章可长可短，极富戏剧性，每章又由多节多段构成，每一段每一节都有一个冲突点；冲突点可以是思想上的、行动上的或言语上的，每一个冲突的解决都带来令人发笑的效果，从而吸引和抓住读者。

《香茗的故事》在老挝流传广泛，因其滑稽性得到各阶层人民的喜爱，是老挝滑稽民间故事的代表性作品。目前所见版本分别是由披·彭萨巴收集、转写及续写的《香茗的故事》老挝文版本（共29篇）和张良民在中文《老挝民间故事》中收录的《香茗的故事》（共3篇）。张良民翻译并收录的三篇分别是《遵守》《道心思》和《鲫鱼上树》，在这三篇中香茗以一个普通劳动人民的身份出现，三篇文章戏弄及批判对象分别是财主、官吏和县官的儿子，其中《遵主》一文和披·彭萨巴老挝文版中的第二篇《陶金（香茗原名）跟跑在马后面》故事情节基本一致，最大的区别是人物身份不同，《遵主》中二元对立的人物角色是普通劳动人民和财主，《陶金跟跑在马后面》是皇帝养子和负责抚养他的大臣；《道心思》和《鲫鱼上树》在披·彭萨巴的老挝文版本中未有相似故事。虽只有三篇，但普通劳动者同统治阶级、达官显贵之间的矛盾与对立已十分突显，在这三篇中香茗的形象机智、正义。

普遍观点认为，在封建统治者和劳动者矛盾冲突遍布的封建社会，滑稽民间故事的意义在于劳动人民以笑声作为武器，去讽刺和批判统治者从而获得内心的胜利，笑声成为讽刺和批判统治者的武器，同时彰显了劳动人民的智慧，有阶级斗争意味。但笔者认为，阶级斗争意味是随着时代变迁为适应意识形态转变而在近当代衍生而来。从文章描述的场景来看，笔者认为披·彭萨巴的老挝文版更贴近作品产生于封建时期的原貌，而《老挝民间故事》收录的三篇从人物结构和戏剧冲突设置都体现出鲜明的无产阶级文学意象。本文将以披·彭萨巴老挝文版本（2011年第7版）为分析文本对《香茗的故事》进行叙事结构分析和人物心理分析。

一、叙事结构分析

披·彭萨巴是老挝当代一位睿智的诗人、作家，其老挝文版《香茗的故事》完成于1990年12月18日，根据披·彭萨巴的出版前言，披·彭萨巴搜集编撰的香茗的故事原文是韵文诗体，因为韵文诗体读起来过于繁复，不利于理解故事的内涵，故将韵文诗体转译为白话文。为了方便读者在短时间内抓住文章内容，在转译过程中没有逐字逐句对译，只将故事精髓进行呈现。披·彭萨巴在有生之年并未集齐香茗故事的全部篇章，为了使其有新内容也更加丰富，披·彭萨巴自己续写了三篇，即收录在《香茗的故事》中的最后三篇。

其老挝文2011年第7版《香茗的故事》主要讲述了一个普通人家的小男孩因为和王子同时出生而被当作王子的弟弟，两人一同成长、共处直到最后先后离世的故事，共29篇，分别是：1.先王请求陶金为养子；2.陶金跟跑在马后面；3.小沙弥金吃甘蔗；4.赢得商人普洱茶故更名为香茗；5.香茗选妻；6.香茗的饮食美味药；7.香茗评价国王的大象；8.为国师哭丧；9.诱骗国王吃秃鹫；10.香茗打宫女；11.觅豁嘴者前来修露台；12.下鸡蛋比赛；13.国王让香茗寻找蜡防印花筒裙；14.诱骗香芽闻屁；15.秃子角斗；16.香茗看大老爷的屁股纹路；17.香茗预测国王七日内驾崩；18.金辟朗的问题解决之道；19.香茗诱骗国王跳入湖中；20.国王让香茗鸡鸣之前前来觐见；21.香茗摘辣椒；22.派香茗作战；23.香茗分发智慧之母；24.绘画比赛；25.香茗和国王的斗水牛比赛；26.香茗乘坐划桨船；27.国王让香茗全屋前来觐见；28.国王不想再看见香茗的脸；29.香茗吃国王的毒药。这个版本从生至死涵盖香茗一生，若将整版《香茗的故事》看作一个大故事，整个故事按照发生顺序可分为三个阶段：儿童期（铺垫准备阶段）→沙弥期（转变阶段）→成人期（发展至结束阶段），其中儿童期两篇（第1篇、第2篇），沙弥期两篇（第3篇、第4篇），成人期二十五篇（第5篇至第29篇），进一步划分如下：

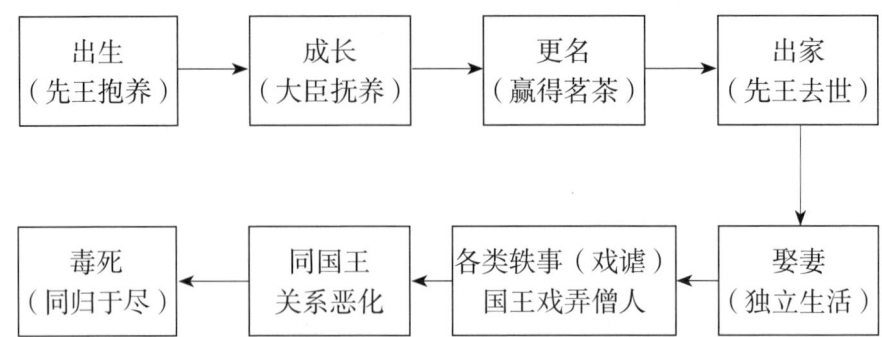

对比同样由披·彭萨巴收集、转写及续写的《香茗的故事》2005年第6版与2011年第7版，在故事排列顺序上有三处不同（编号以第7版为基准）：（1）14.诱骗香芽闻屁，16.香茗看大老爷的屁股纹路；（2）19.香茗诱骗国王跳入湖中，22.派香茗作战；（3）24.绘画比赛，28.国王不想再看见香茗的脸。在2005年第6版当中，每一处的两篇故事顺序倒置。第一处与第二处均处于成人期内各类轶事的叙述，不造成实质性影响。鉴于第6版与第7版中披·彭萨巴的自述完全一致，同样写明第27、28、29三篇是新撰写篇章，第三处顺序的倒置无法准确判断第24篇与第28篇哪一篇为新撰写。但是无论哪一篇为新撰写都不影响香茗的故事叙述结构与故事主题。

《香茗的故事》中的故事叙述主要包含"戏弄父亲形象或逃避来自父亲形象的惩罚"这一主题，在这29篇之中，除了第1、4、5、14、16、26篇这6个故事之外，其余23个故事的主要戏剧冲突都是来自于香茗和父亲形象之间的冲突。并且在这7则故事中，只有第4、14、26篇这三则故事中父亲形象缺席。笔者在本文中将"父亲形象"定义为：在同香茗的相处模式中具有父权权威或执行父亲功能的人物，即香茗的王兄（现任国王）、抚育香茗的大臣、香茗在寺庙修行期间的和尚们。

叙事结构模式：父亲形象提出一个要求→香茗运用"机智"逆转或化解这个要求→香茗成功戏弄、逃避惩罚或帮助父亲形象。分别以《2.陶金跟跑在马后面》《11.觅豁嘴者前来修露台》《18.金辟朗的问题解决之道》和《20.国王让香茗鸡鸣之前前来觐见》为例：

1.《2.陶金跟跑在马后面》：抚育陶金的大臣骑马去大广场，要求陶金跟在他身后，这期间大臣的镰刀、烟叶掉了，陶金没有理会，大臣到达广场发现后斥责了陶金，要求他下次无论什么东西掉了都要捡起来（a）；第二次陶金再次跟随大臣去大广场，就把马粪都捡了起来（b），大臣怒斥陶金，陶金却说"这完全是按照您的吩咐，无论是什么东西掉了，我都要捡起来（c）。"

戏弄或逃避惩罚主题的三个功能将故事发展的进程分化为三个阶段：a之前为提出要求阶段，b为香茗运用"机智"逆转要求阶段，c是成功戏弄父亲形象。

2.《11.觅豁嘴者前来修露台》：国王发现皇宫露台坏了，要求香茗找树杈子来修（a），香茗却找来一堆豁嘴的人（b），国王怒斥香茗，香茗却说：我正是按照您的吩咐找来的（c）。（因为在老挝文中，豁嘴俗称"树杈子"。）

戏弄或逃避惩罚主题的三个功能将故事发展的进程分化为三个阶段：a之前为提出要求阶段，b为香茗运用"机智"逆转要求阶段，c是成功戏弄父亲形象。

3.《18.金辟朗的问题解决之道》：笪尼城因为在同塔佤腊瓦谛城（香茗所属城邦）的秃子角斗（第15篇）中输了，心里一直不快，其国王以高僧金辟朗所提出的问题设难，看塔佤腊瓦谛城何人敢应征；塔佤腊瓦谛城没有人敢应征，国王找来香茗，让香茗想办法（a），香茗为自己举行了剃度仪式，让自己成为一天的和尚（b），然后用自己的聪明才智赢得了胜利（c）。

戏弄或逃避惩罚主题的三个功能将故事发展的进程分化为三个阶段：a之前为提出要求阶段，b为香茗运用"机智"化解要求阶段，c是成功帮助父亲形象。

4.《20.国王让香茗鸡鸣之前前来觐见》：国王让香茗鸡鸣之前前来觐见，来晚了会有惩罚（a），香茗来晚了，国王欲施加惩罚，香茗却说"我是按照您的吩咐做的，您看，我的确走在一只鸡的后面，鸡在我前面。"（b）惩罚取消（c）。（老挝文中，"鸡鸣之前"也可以表达"鸡走在前面"的意思。）

戏弄或逃避惩罚主题的三个功能将故事发展的进程分化为三个阶段：a之前为提出要求阶段，b为香茗运用"机智"化解要求阶段，c是成功逃避来自父亲形象的惩罚。

通过对以上四篇小故事的分析，可见围绕戏弄或逃避惩罚主题，每则故事都按照有头有尾的叙述逻辑程序进行呈现，不论故事的具体内容为何，其"三段式"的叙述结构模式是大体不变的，且既有单纯式故事又有复合式故事（《18.金辟朗的问题解决之道》）。

不论单纯式故事还是复合式故事，推动故事情节不断向前发展，使得故事得以延续的是故事之中的二元对立关系。在《香茗的故事》中，最突出的一对二元对立关系是香茗与国王：弟弟与哥哥，下层与上层，聪明与愚蠢，表面与内心。依照《香茗的故事》中各人物在每则故事中的角色，可将之分为：主角（香茗，第1到29篇，共29篇），反角（国王，第5、6、7、9、10、11、12、13、17、19、20、21、22、23、25、27、28、29篇，共18篇；和尚，第3、16、26篇，共3篇；

商人，第4篇，共1篇；外邦国王，第15、18、24篇，共3篇；外邦王子，第14篇，共1篇），捐助者（商人，第15、18篇，共2篇），差遣者（宫女、大臣、围观群众，散见于各篇），共4类角色，相对于主角、反角，捐助者与差遣者处于被动与从属地位。通过香茗同国王之间作为"主角与反角"的数据对比（29∶18），可见香茗与国王之间的二元对立关系是推动故事发展的主线。

二、人物心理分析

不同于从阶级对立角度对老挝滑稽民间故事的故事内涵进行解构的一般观点，笔者认为在老挝传统封建社会中，社会支配方式是利用庇护关系构建的下层劳动民众对高层统治者单向的高度个人忠诚，这是一种等级结构明确、不对等的互惠关系。下层劳动民众用忠诚、支持、提供服务或尊敬来对待上层统治阶层，上层统治阶层则回馈以保护，这种互惠关系是一种功利性的工具性依赖，同个人的利益相关联，并无多少价值性关联；由于成员之间的情感性关系，进而带来长久的稳定性、极高的合作性，很少发生背叛；相互之间有一种道德义务，有一种给予——帮助关系的正当性。更为重要的是，庇护关系是一种单线联系的社会组织化形式，纵向联系很重要，横向联系不重要。这就意味着，相对于下层劳动民众同高层统治者间的联系，下层劳动者彼此间的联系微不足道。

《香茗的故事》所呈现的社会关系即是一种典型的庇护关系，故事主线是香茗同国王之间的互动，是下层同上层的纵向联系；每一则故事的每个情节单元都是二元的角色构成，不见香茗同自身阶层或其他阶层的横向互动（由于香茗的人物身份虽是国王养弟，但人物出身是下层劳动人民，所以将香茗同非国王阶层的联系都笼统的视为横向联系）。国王同香茗、和尚、商人、大臣、宫女、群众的等级差别鲜明，香茗并不敢真正抗拒国王的命令，所以才会运用自身的机智为自己的行动寻找一种正当合理性或巧妙逃避国王的惩罚。香茗对国王和自己城邦忠诚，在《15.秃子角斗》《18.金辟朗的问题解决之道》这两个故事中，外邦筶尼城国王对香茗的塔佤腊瓦谛城发难时，香茗总是十分配合、尽职尽责、尽心尽力为国王与国家化解威胁。

庇护关系使得传统封建社会成为高度组织化的社会，这种组织化不同于由国家统领的现代组织化，是一种从外部观测高度分散但内聚力极高的组织化。筶尼城与塔佤腊瓦谛城是并存关系，而《14.诱骗香芽闻屁》中未详细提到城邦名称的某城邦王子香芽，说明在当时老挝的国土之上除了这两个城邦之外，至少还有一个城邦与之共存。多城邦共存，分而治之，不仅符合庇护关系的"从外部观测高度分散，但内聚力极高"，而且同样符合1707年澜沧王国分裂之后的历史环境，也印证了笔者提出的"从文章描述的场景来看，披·彭萨巴的老挝文版更贴近作品产生的封建时期，更贴近文本原貌"的观点。

通过对文本中的故事角色设置、分布、主要人物形象、出现次数的数据对比和功能分析，可进一步说明《香茗的故事》在宏观心理层面展现的是一种庇护关系下稳定的人物行为模式，人物之间的互动行为并不以阶级对立为出发点。在上一节的"叙事结构分析"中，已分析出共有4类角色设置：主角、反角、捐助者、差遣者，相对于主角、反角，捐助者与差遣者处于被动与从属地位。文本中出现的主要人物形象及出现次数：香茗（第1到29篇，共29篇）、国王（除第3篇外，共28篇）、和尚（第3、8、16、18、26篇，共5篇）、商人（第4、15、18篇，共3篇）、外邦国王（第15、18、22、24篇，共4篇）、外邦王子香芽（第14篇，共1篇）、王后（第5、17篇，共2篇）、先王（第1、2篇，共2篇）、养育香茗的大臣夫妇（第1、2篇，共2篇），香茗亲生父母（第1篇，共1篇）；宫女、大臣、围观群众散见于各篇，不对故事情节演进产生实质性影响。

庇护关系的突出特征是下层同上层之间不对等的互惠关系，抛却香茗作为国王养弟的情感性因素，在《香茗的故事》中香茗同国王之间存在互惠关系，国王抚育并为香茗娶妻，香茗在国家面临挑战时为国家解难。同时，香茗与国王是故事文本中最为突出的二元对立关系，二者之间存在一组对抗与惩罚的情绪张力。

为什么香茗和国王这一对庇护关系的主要互惠人物关系会出现对抗性与惩罚性情绪呢？鉴于香茗的对抗性情绪与国王的惩罚性情绪相互派生，笔者将着重分析香茗对抗性情绪的产生原因，从而一同分析出为何国王会对香茗有惩罚性情绪。

在香茗故事的叙事性分析中，笔者认为"戏弄父亲形象或逃避来自父亲形象的惩罚"是香茗故事的主题，进一步将"父亲形象"定义为：与香茗的相处模式中具有父权权威或执行父亲功能的人物，即香茗的王兄（现任国王）、抚育香茗的大臣、香茗在寺庙修行期间的和尚们。将香茗的王兄（现任国王）列为首要的"父亲形象"人物，是因为王兄取代先王的地位加冕成为国王，之后先王叮嘱国王无论香茗将来犯什么错，都要原谅他，不能伤他性命，随即驾崩（《2.陶金跟跑在马后面》后半篇）。随着抚育香茗的大臣淡出香茗的生活，遵照先王遗嘱的国王更多的承担起父子结构中父亲的位置，比如在《5.香茗选妻》中即是国王为还俗后的香茗张罗婚事。在父子结构的意象中，父亲一般以一种全知全能、善妒而严格的形象出现。在香茗的故事中，尽管国王不如香茗机智，但这反而构成国王意欲对香茗施加惩罚的诱因，这也可以归结为父亲形象中的善妒，感觉自己的地位受到了威胁，害怕被取代，从而利用"约"的形式对儿子形象施以惩罚。在《香茗的故事》中，这种"约"的形式即为叙事结构模式中的第一个功能项"父亲形象提出一个要求"，香茗正是利用自己的机智去逆转或化解这个"约"，从而逃避惩罚。香茗对于"约"的逆转或化解，很多是通过解析国王表述这个"约"时的语言漏洞进行的（《8.为国师哭丧》《10.香茗打宫女》《11.觅豁嘴者前来修露台》《13.国王让香茗寻找蜡防印花筒裙》《17.香茗预测国王七日内驾崩》《18.金辟朗的问题解决之道》《19.香茗诱骗国王跳入湖中》《20.国王让香茗鸡鸣之前前来觐见》《21.香茗摘辣椒》《22.派香茗作战》《23.香茗分发智慧之母》《27.国王让香茗全屋前来觐见》《28.国王不想再看见香茗的脸》），这也应征了香茗是一种处于"儿童期"的形象设定，因为对于儿童来说，语言是一种魔法（word magic），可以把战胜父亲形象的愿望（wish）变成现实（reality）。

在儿童期早期，会产生儿童的自我中心主义（Egoism），会有一种"自恋"地投射，把应对客体（object）进行投射的力比多（libido）投射给了自身，儿童就会处于自以为是的状态。在《香茗的故事》中，香茗显然常常处于这种儿童期早期的自恋状态，他会通过"自身的智慧"自以为自己解决了问题，自以为自己已经战胜了父亲形象，自以为自己实质上当了国王。在《22.派香茗作战》这个篇章之前，国王对待香茗还揉和着更多的兄长情感，对待弟弟既有一种与生俱来的敌意却又能呈现出一种关爱，视香茗为一种威胁也只是希望骗其吃秃鹫肉使其智慧消失而已（《9.诱骗国王吃秃鹫》）。但到《22.派香茗作战》中，伴随着香茗的成长与各种对国王戏弄的积累，国王直接表达了让弟弟（儿子）死掉的愿望。儿童的力比多（libido）相较于繁衍（prodution），更注重的是要活下去的意愿，是一种生命意志（will to life），一种自我保全，这样就会导致一种让儿童从自恋阶段过渡至对象选择阶段（object choice）的倾向，由于对象选择并不等于摹拟作用，此时在认同原则的指引下，儿子就会以父亲形象为榜样，进一步试图取代父亲，产生"弑父情结"，与此相伴生的就是由于触犯了"禁忌"导致的来自于父亲更为严厉的惩罚，父亲再也不愿意再见到儿子（《28.国王不想再看见香茗的脸》），父亲要毒死儿子（《29.香茗吃国王的毒药》[①]），同时香茗用在死前预谋好的计策让国王自己毒死了自己，弑父愿望终于达成，二者双双殒命。

[①] 需要说明的是虽然《29.香茗吃国王的毒药》是由披·彭萨巴续写的，但在壮族类似香茗形象的"小甘罗"系列故事中，小甘罗之死与香茗之死如出一辙，笔者认为披·彭萨巴是参考了此类的故事母题进行的续写，有一定分析参考价值。详见梁大宗：《壮族佬族机智人物故事研究》。

这些关系,可列表如下:

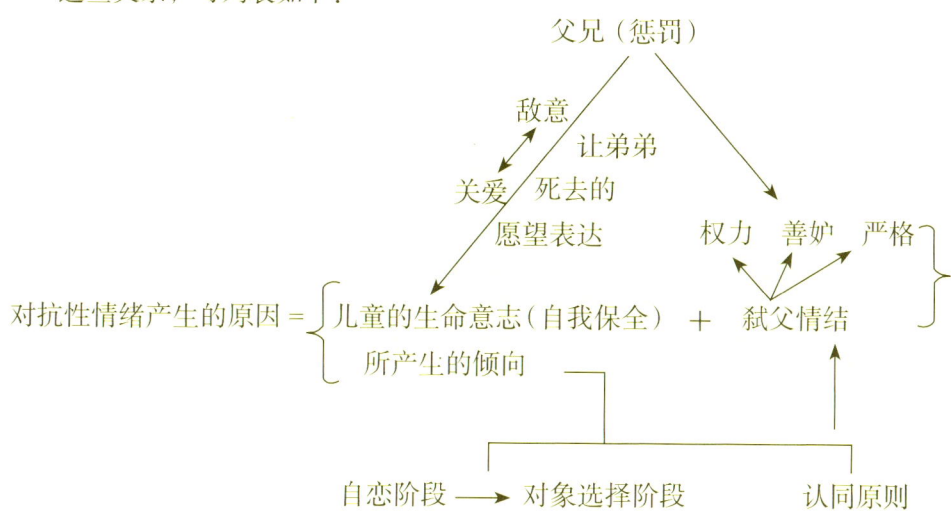

三、结语

笔者从叙事结构和人物心理两个层面对《香茗的故事》进行了分析。通过叙事结构分析,分析出《香茗的故事》的故事主题为"戏弄父亲形象或逃避来自父亲形象的惩罚",推动故事情节不断演进的最主要的一对二元对立关系是:香茗与国王。从而在人物心理分析部分通过对故事主题和主要二元对立关系的分析,得出香茗同国王之间的矛盾冲突并非源自阶级对立这一普遍观点,二者之间是老挝处于传统封建社会在庇护关系下的一种稳定的等级分明、不对等的互惠制下的人物关系的投射。而香茗同国王之间之所以展现出一种对抗与惩罚的情绪张力,实质上是来自于父子关系中的一种人性的本能冲突。

参考文献

[1] 万建中.民间文学引论[M].北京:北京大学出版社,2006.
[2] 张良民编译.老挝民间故事[M].沈阳:辽宁少年儿童出版社,2001.
[3] 庞希云主编.东南亚文学简史[M].北京:人民出版社,2011.
[4] 李宁.群体心理学[M].广州:暨南大学出版社,2001.
[5] [老挝]披·彭萨巴.香茗的故事[M].万象:Sengsouvanh出版社,2005.
[6] [老挝]披·彭萨巴.香茗的故事[M].万象:Sengsouvanh出版社,2011.
[7] [老挝]老挝教育部师资培训中心.师范学院老挝文学专业教材[M].1996.
[8] [美]阿兰·邓迪斯.民俗解析[M].桂林:广西师范大学出版社,2005.

[9][奥]西格蒙德·弗洛伊德.精神分析引论[M].北京:商务印书馆,2014.

[10][奥]西格蒙德·弗洛伊德.精神分析引论新编[M].北京:商务印书馆,2013.

[11][奥]西格蒙德·弗洛伊德.图腾与禁忌[M].上海:上海人民出版社,2005.

[12][奥]西格蒙德·弗洛伊德.弗洛伊德心理治疗案例三种[M].上海:上海社会科学院出版社,2007.

[13] S. N. Eisenstardt. *Power,Trust and Meaning:Essays in Sociological Theory and Analysis*[M]. University of Chicago Press. 1995.

马来西亚灰姑娘故事母题初探

侯燕妮

【摘　要】唐朝笔记小说《酉阳杂俎·支诺皋（上）》载有《叶限》一文，该故事与马来西亚"灰姑娘"故事《芭旺布迪与芭旺梅拉》有着异曲同工之妙。本文运用比较研究法，对中马"灰姑娘"故事母题进行对比。通过对两个不同文化圈社会背景和文化传统的对比分析，探寻中马"灰姑娘"故事异同的原因。

【摘　要】叶限　灰姑娘故事　马来西亚　母题

Abstract: The Chinese story of *Yexian* from the literary sketches *Youyangzacu* in Tang Dynasty shares a lot of very similar plots with Malaysian Cinderella-typed story *Bawang Putih dan Bawang Merah*. In this paper, the comparative study method is applied to make comparison between the motif of Cinderella stories in two countries. Through comparative analysis of social background and cultural traditions of two different cultural circles, the author tries to explore the similarities and differences between the two Cinderella-typed stories in China and Malaysia.

Key words: *Yexian*; Cinderella-typed story; Malaysia; motif

中国现存最早的、有完整文字记载的灰姑娘故事文本即唐代段成式的笔记小说《酉阳杂俎》[1]支诺皋篇中的叶限故事，在我国流传至少有一千多年，从成文年代来看，堪称世界上最早的灰姑娘故事文字记载。在马来西亚，也存在着一个"灰姑娘"型故事——《芭旺布迪与芭旺梅拉》[2]。由于该故事情节跌宕起伏、文字细腻优美、人物形象丰满，且主题鲜明突出，将马来民族对善与恶、美与丑的态

---

[1] （唐）段成式著，曹中孚校点：《酉阳杂俎》，上海：上海古籍出版社，2012年。
[2] Rubaidin Siwar: *Bawang Putih dan Bawang Merah*, Kuala Lumpur: Dewn Bahasa dan Pustaka, 2001.

度和情感表现得淋漓尽致,因此在马来社会流传度高,深受马来民族的喜爱。稍作比较,就会发现二者在母题、情节、人物、主题等方面存在着惊人的相似。

本文首先将对中国的《叶限》和马来西亚的《芭旺布迪与芭旺梅拉》故事情节及两个故事中所包含的母题做一个简单介绍,继而以比较故事学中芬兰学派所倡导的历史地理比较研究法对《叶限》和《芭旺布迪与芭旺梅拉》所包含的五个母题进行对比,提取故事中的文化因子,将这种文化因子置于特定的时间、空间、背景上进行考察。为什么要用比较研究法,刘守华在《比较故事学》一书中提到:"在世界各地普遍流传的民间故事,特别是其中富有幻想色彩的童话故事,因其具有明显的类同性与变异性,最适宜用比较的方法加以研究。"①"人们在比较研究中发现,在地球村许多国家、民族居住的广大区域之内流行的神话、故事,在主题、情节上大同小异的现象十分普遍。除对其异同点进行精细比较外,更以浓厚的兴趣追溯它的成因。"②因此,本文除了对母题及故事情节进行对比外,还将结合两个不同文化圈的社会背景和文化传统,分析故事情节的差异以及文化符号在这些情节中的运用,即追溯产生这些异同的原因。

一、中马灰姑娘故事母题——《叶限》和《芭旺布迪与芭旺梅拉》故事

《酉阳杂俎》是一部笔记小说,全书共三十卷,二十篇。叶限的故事就在《支诺皋》上篇的第三则中。叶限故事全文短小精悍,故事情节大致如下:

秦汉前,有个名为吴洞的人娶了两个妻子,其中一妻子去世,留下一女名为叶限。一年后,吴洞也离开人世。后母独揽家庭大权,并对叶限百般虐待,常命叶限去危险的丛林砍柴,去深渊打水。后来叶限偶得一条金眼鱼,养于盆中。金眼鱼越长越大,叶限便将其喂养于后院池中。后母得知此事,将鱼杀害并吃掉。正当叶限伤心之际,得神人指点,让叶限将鱼骨藏于室内。叶限照做,"金玑衣食,随欲而具"。后来,叶限后母携其亲生女儿参加洞节,命叶限在家看守。待后母及其女走远,叶限便"衣翠纺上衣,蹑金履"前往。不料在洞节却险被其妹妹认出,于是仓促逃离,逃离中落下一只金鞋。该金鞋经过多次辗转,最终被邻近一个名为陀汗国的岛国国王所获,于是国王便令全国所有妇女试穿该金鞋以找

---

① 刘守华:《比较故事学》,上海:上海文艺出版社,1995年,第3页。
② 刘守华、陈建宪主编:《民间文学教程(上卷)》,武汉:华中师范大学出版社,2002年,第298页。

出金鞋真正的主人。经过一番搜寻，国王最终找到了叶限，叶限身着翠纺，脚蹬金履，惊为天人。叶限将故事始末告知国王，国王下令将后母及其女以乱石击死，并将叶限及鱼骨带回陀汗国，封叶限为"上妇"。由于国王贪得无厌，一年后，鱼骨失去神力，国王将鱼骨埋于海边，后被海水冲走。

《芭旺布迪与芭旺梅拉》故事自成形以来，经过多年发展流变，现存版本较多，而且每个版本之间的人物关系、具体故事情节都存在一些差异。在众多版本中，以马来作家鲁拜丁·西瓦尔（Rubaidin Siwar）搜集整理的版本流传最广，最受大众欢迎。其故事梗概如下：

农民阿里伯（Pak Ali）和妻子拉布（Labu）虽恩爱，但结婚五年依然膝下无子。阿里伯在征得拉布同意后另娶二房昆杜尔（Kundur）。两年之后，两个妻子各产下一名女婴，拉布所生女婴名为芭旺梅拉（Bawang Merah），昆杜尔所生女婴名为芭旺布迪（Bawang Putih）。两个妻子性格迥异，势如水火。但慑于丈夫和正室的威严，身为小妾的昆杜尔不敢造次。一日，阿里伯在捕鱼时不慎被毒刺刺中，不治身亡。不久，拉布被昆杜尔诱骗推下水井淹死，留下芭旺梅拉和后母及其女共同生活。芭旺梅拉受尽后母虐待，只能隐忍。一天，一位白胡子老爷爷托梦芭旺梅拉，告知其母亲拉布的魂魄附在后院井里的一条鲤鱼身上。于是芭旺梅拉便精心喂养该鲤鱼以寄托对母亲的哀思。不久，昆杜尔发现此事，设计将该鲤鱼杀死并诱骗芭旺梅拉吃下。白胡子老爷爷又托梦将此事告知芭旺梅拉，让芭旺梅拉将鱼骨搜集起来埋在后院。后来，埋鱼骨的地方长出一颗大榕树，拉布的魂魄继续庇佑芭旺梅拉，长大后的芭旺梅拉经常在树下荡秋千、唱歌。一天，年轻英俊的拉惹[1]打猎经过此地，被芭旺梅拉的歌声所吸引，但无奈拉惹只看见了芭旺梅拉的背影，未见其真容。几天后，拉惹派人上门提亲，后母昆杜尔设计让自己的女儿芭旺布迪代替芭旺梅拉嫁给拉惹，但却由于芭旺布迪无法吟唱芭旺梅拉所唱的那首能让秋千自动摇晃的古玲达姆[2]而被拉惹识破，于是芭旺梅拉最终成为王后。芭旺梅拉出于同情，恳请拉惹将昆杜尔母女接来王宫同住。但昆杜尔母女却数次设计陷害芭旺梅拉，拉惹得知后欲将昆杜尔母女处死，善良的芭旺梅拉恳请拉惹手下留情，最终改为流放。从此，芭旺梅拉与拉惹快乐地生活在一起。

二、《叶限》和《芭旺布迪与芭旺梅拉》母题对比

虽然从母题视角来看，《芭旺布迪与芭旺梅拉》所包含的母题比叶限故事的

---

[1] 拉惹，马来语"Raja"，即国王的意思。
[2] 古玲达姆，马来语"Gurindam"，即一种源自印度的古典马来诗歌体裁。

母题更为丰富，不仅包含了前文所述五大母题，还包括后母设计报复、巫师作法解蛊等，但总体来说二者的母题同大于异，可谓母题基本一致。本文从后母虐待、神力相助、特殊身份验证、嫁与王公、后母及其女被惩五大母题进行对比，探讨故事背后隐藏的文化现象。

（一）后母虐待

在叶限故事中，关于后母究竟如何虐待叶限，作者仅用一句话交代，即"为后母所苦，常令樵险汲深。"而"后母的虐待是灰姑娘故事发展必不可少的重要情节，后母的存在是矛盾发展的根源"。[①]对于叶限生母究竟何时何地为何去世也只字未提，后来叶限父亲离世，作者也仅以四字"岁末父卒"一带而过。这或许与作者所处时代以及该著作——《酉阳杂俎》的体裁（笔记小说）有关。众所周知，中国古代使用文言文，其特点之一便是言简意赅。与之相比，《芭旺布迪与芭旺梅拉》却另有一番景象。

《芭旺布迪与芭旺梅拉》开篇便描绘出一幅农民阿里伯与正室拉布勤恳劳作、互相配合、恩爱有加的幸福生活图景，将传统马来乡村社会自给自足的经济结构、日常生活方式展现在读者眼前，让读者对故事发生当时的社会有一个较为清楚的认识。既然阿里夫妇生活如此幸福，为何要娶小妾昆杜尔，即文中的后母？追溯其原因，不难发现，这正好与马来民族的宗教信仰——伊斯兰教有关。作者在文章中交待，阿里夫妇已结婚五年却膝下无子，因此一向重视子嗣的马来人便思量通过再娶以繁衍子嗣。于是才出现阿里伯同拉布商量再娶的情节，而拉布也意识到该问题，毫不犹豫地答应了丈夫的请求。于是有了后母昆杜尔的出现。根据伊斯兰教教义，穆斯林男性在有能力的情况下，并且在征得大房同意后可以娶四个妻子。同时，从这一规定也可以看出，二房、三房、四房都必须对大房恭敬有加，这也为昆杜尔后来虐待芭旺梅拉埋下了伏笔。因为慑于丈夫和大房的身份，昆杜尔不敢肆意妄为，因此在阿里伯和拉布双双离世之后，昆杜尔才得以独揽大权，并以一种报复心态对芭旺梅拉进行百般虐待。

关于如何虐待，叶限故事的描述即"樵险汲深"，而《芭旺布迪与芭旺梅拉》故事中后母则逼迫芭旺梅拉头顶烈日在稻田劳作、饲养家禽、采集野果、洗衣做饭等。这也与中马两国不同的自然地理环境密切相关。据前人研究可知，叶限故事应发生于广西一带，而"广西素有'七山两水一分田'之说，渔猎经济在民众

[①] 陈晓燕：《中西方"灰姑娘型"民间故事比较——以〈叶限〉和〈灰姑娘〉为例》，《焦作大学学报》，2013年第4期，第21页。

经济活动中一直占有一定比例"[①]。因此，打柴、汲水、捕鱼可谓古代日常生活必不可少的部分；而马来西亚属于热带雨林气候，气候炎热，多平原地形，自古便有着丰富的稻作文化，以自给自足的经济结构为主。自然"虐待"方式也有差异。

此外，通过对比不难发现，关于后母虐待，《芭旺布迪与芭旺梅拉》的描述显然比叶限故事的描述详细很多，或许这也与民间文学本身所具有的特性有关，即创作的集体性和流传的口头性。几百年来，这个脍炙人口的故事都以说唱故事（cerita lipur lara）的形式由马来说书艺人世代口耳相传，因此在传承的过程中，不可避免会不断进行加工、润色，因而描述也变得更加详细生动。在这些详细的故事情节里，展现出来的是更多的社会信息和文化符号。

（二）神力相助

中马两国灰姑娘故事里均有鱼的出现，且都是体现神力相助的重要载体，是故事情节发展的必备因素。但该鱼从何而来以及在被女主继母杀害后的归处却大为不同。在中国的灰姑娘故事里，作者并未用过多笔墨交代鱼的来历，而是以一句"时尝得一鳞二寸余，赪鬐金目"进行简短介绍。而马来灰姑娘故事中，该鱼则是女主芭旺梅拉生母死后的化身。正因为该鱼有特殊身份，与芭旺梅拉有着千丝万缕的联系，而最后却在继母的阴谋蒙蔽下被自己亲口吃掉，才更加加剧了故事的矛盾冲突，进一步彰显了其继母的恶劣行径。同时，作为自己生母死后的化身，保护女儿则是天经地义之事，这使得故事内容更加合情合理。在如何使这条灵性之鱼现身的方法上，两个版本的灰姑娘故事也各有特色。《酉阳杂俎·支诺皋》记载的叶限故事中，只要叶限到池边，该鱼自然现身。后来叶限继母之所以能诱骗该鱼现身，就是因为偷穿叶限的衣服，假扮成叶限，其阴谋才得逞。而在《芭旺布迪与芭旺梅拉》故事中，女主芭旺梅拉每次都以吟诵古玲达姆来呼唤鱼妈妈现身。古玲达姆是马来古典诗歌的重要组成部分，是马来文化的象征。因此，以古玲达姆作为芭旺梅拉和鱼妈妈之间进行交流的媒介，正是马来文化和马来特色的体现。

在这两个故事中，该鱼最终都被女主继母杀害。但在叶限故事中，叶限发现鱼被杀害，伤心不已，忽有神人现身指点，让叶限将鱼骨放于卧室，一旦有所需，向鱼骨祈祷便能满足其愿望，这也是后来叶限参加洞节所穿翠纺上衣和小金鞋的来源。而在《芭旺布迪与芭旺梅拉》中，女主芭旺梅拉受神人指点，将鱼骨

[①] 陈金文：《中越灰姑娘型故事之比较》，《文化遗产》，2015年第2期，第80页。

埋于后院，一个月后便长出一棵大榕树。马来版灰姑娘故事中的大榕树虽没有叶限故事里鱼骨那样可以满足叶限一切愿望的神力，但也有极具马来特色的神技。这颗大榕树是芭旺梅拉生母灵魂的再次化身，也是芭旺梅拉的精神寄托。芭旺梅拉在这棵大榕树上悬挂了一个秋千，每天傍晚都会到树下荡秋千，以释放整天劳作的疲惫感，同时也倾诉自己无处可吐的苦衷。这棵大榕树的神奇之处在于，每当芭旺梅拉坐上秋千，吟唱古玲达姆倾诉苦衷之时，秋千便高高荡起，这让芭旺梅拉百思不得其解。

无论是段成式笔下的叶限，还是马来版灰姑娘故事中的芭旺梅拉，在经过一系列悲惨遭遇后都以不同形式得到神力的帮助，命运也因此改变。在这两个故事中，同样是神力相助这个母题，却有着不同的表现形式。马来版一如既往地将马来元素融入其中，为整个故事增加了浓浓的马来韵味。但无论是中国特色还是马来特色，虽然表现形式不同，但有一点毋庸置疑，二者皆体现了人民对美好事物的憧憬。现实往往不尽如人意，人们只能通过对神力的期待以得到精神上的慰藉。

（三）特殊身份验证

太过简单直白的故事往往难以激发读者的兴趣，适当的戏剧冲突和情节转折更能吸人眼球。作为流传度高、脍炙人口的故事，中国版灰姑娘故事和马来版灰姑娘故事也不例外，也会加入适当的跌宕起伏的情节。于是，便有了特殊身份验证母题。

叶限在神奇金眼鱼的帮助下，得到翠纺上衣和小金鞋，得以参加当地的盛大节日聚会——洞节。叶限自身的美貌加上翠纺上衣和小金鞋的装扮，使她的出现必定成为洞节的焦点之一，所以让陀汗国国王一见钟情也是意料之中。也正因为如此，差点被其继母之女认出，最终只能落荒而逃，慌忙之中遗落一只小金鞋，成为国王验证身份的方式，认出叶限，成就一段姻缘，改变叶限的命运。

在马来版灰姑娘故事中，虽未出现类似小金鞋这样的信物，但却有极具马来文化特色的验证方式，即吟唱古玲达姆。芭旺梅拉家后院大榕树的神奇之处在于，只有芭旺梅拉坐上秋千、吟唱古玲达姆，秋千才会自动摇摆。除了芭旺梅拉以外，任何人坐上去，即使吟唱相同的古玲达姆，秋千依然不动。正因为如此，国王才得以识破昆杜尔的诡计，成功验证芭旺梅拉的身份。

虽然中马两个版本的灰姑娘故事都包含了特殊身份验证母题，但其表现方式及其背后所包含的文化背景和文化元素却不一样。中国人自古以来便能耕善织，手工业的发展和同时代其他国家相比可谓遥遥领先，其中不得不提的便是纺织业，例如古代丝绸之路，中国的丝绸就如东南亚的香料、犀角、象牙一样珍贵；

又如华丽的汉服、唐装等，这些都是最好的例证。而叶限的翠纺上衣和小金鞋正是古代中国手工业尤其是纺织业高度发展的体现。

相比而言，传统马来社会自给自足的自然经济则严重依赖自然环境。马来半岛地处热带，有着广茂的热带雨林，各类野生动物数不胜数。这种得天独厚的自然环境也催生了马来社会上至王公贵族、下至平民百姓都热衷的狩猎活动。正是这样，才有了国王和芭旺梅拉相遇的契机。而且，马来半岛地处热带，炎热多雨，所以早期马来人并不习惯穿鞋，服饰也并不像古代中国一样讲究。因此，芭旺梅拉和国王之间的特殊身份验证方式必然更具马来特色，更符合当时的社会特点。此外，根据故事情节所展现出的背景可知，当时马来社会已信仰伊斯兰教。同时，作为马来社会最传统、最原始的万物有灵论依然占据重要地位。因此，从这个角度来讲，一方面，鲤鱼和大榕树都是芭旺梅拉生母的化身，一直保佑着芭旺梅拉；另一方面，正因为万物皆有灵性，鲤鱼和大榕树也不例外，在目睹了芭旺梅拉的悲惨遭遇之后显灵也符合马来人的审美设定。

（四）嫁与王公

神奇故事[①]的结局大多都是美好的，这与其本身的特点密不可分。"神奇故事最突出的特点就是它的幻想性较强，幻想是神奇故事的生命。幻想是人类一种特殊的心理活动。它是在现实生活在得不到满足时，而对理想生活的一种美好想象，是劳动人民生活愿望的一种反映。"[②]对此，我国著名民俗学家、民间文学大师钟敬文也持相同观点。钟敬文认同苏联口头文学研究家对民间故事的分类，即幻想占绝对优势的和幻想因素较少的。显然，叶限故事和《芭旺布迪与芭旺梅拉》属于前者。"在这种故事里，大都以美满情节收场，这就是人民衷心期望的充分表现。"[③]

中马两个版本的灰姑娘故事在经过特殊身份验证之后，灰姑娘都嫁与国王，改写了自己的命运。段成式《酉阳杂俎·支诺皋》篇里的叶限故事对叶限嫁与国

[①] 农学冠在《民间文学导论》一书中对神奇故事做了如下的解释："神奇故事，有人称为魔法故事、幻想故事或民间童话。这是因为这一类故事，常出现神仙、精灵、宝物、法术等魔法事象，有强烈的幻想性特征。而魔法故事范围较窄，有些神奇故事中并未出现魔法；用幻想故事则范围过宽，易与神话混淆；用民间童话，又容易被误认为是专门为儿童创作的故事。而用神奇故事这个名称，则能避免上述名称易产生的误解与混淆"。因此，本文也采用神奇故事这个说法。

[②] 农学冠：《民间文学导论》，北京：民族出版社，2005年，第58页。

[③] 钟敬文：《钟敬文民俗学论集》，上海：上海文艺出版社，1998年，第130页。

王之事以一句"以叶限为上妇"作为交代,对于叶限与国王的婚后生活并未给予任何描述。而马来版故事中,作者对于芭旺梅拉的婚后生活给予了详细的叙述。芭旺梅拉住进王宫之后,因可怜继母母女,便说服国王让昆杜尔母女一同住进皇城,而住进皇城的昆杜尔不但不知感恩,反而多次诱骗芭旺梅拉以传统马来社会巫蛊之术陷害国王,挑拨国王与芭旺梅拉之间的感情。但机智的国王每次都能识破昆杜尔的诡计,让其计谋无法得逞。

国王与芭旺梅拉的婚后生活以及昆杜尔的搅局,都是马来社会和文化的体现。首先,芭旺梅拉不计前嫌,大度说服国王接纳昆杜尔母女,其善良可见一斑,这也正是整个马来民族善良朴实性格的缩影。其次,昆杜尔母女多次以巫蛊之术设计陷害国王,这也是传统马来社会巫蛊之术盛行的体现。马来传统社会信仰万物有灵,巫蛊之术颇为盛行,可以说已成为其标签之一,直至今日依然盛行于各大村落。最后,传统马来社会中王权至上、夫权至上的封建社会结构也得到了很好的体现。从作者对国王和芭旺梅拉婚后生活的描述中不难看出,在古代马来社会,王权是至高无上、不可动摇的,国王都是智慧、勇敢的化身。即使昆杜尔多次设计陷害国王,但都被机智的国王识破亦或有惊无险地躲过,王权始终都是无法动摇的。此外,除了国王这个身份之外,对于芭旺梅拉来说,国王也是其丈夫,因此,无论从哪个角度出发,芭旺梅拉都必须以国王为中心,即使接自己的继母同住,也必须征得国王亦或丈夫的同意。

(五)继母及其女被惩

善有善报,恶有恶报,这是自古以来中国人深信不疑的真理。体现在故事里,依然如此。中国版灰姑娘故事里,当国王带着小金鞋找到叶限,得知叶限继母及其女的种种恶行之后,便下令"以飞石击死"叶限继母母女,并"埋于石坑"。叶限和继母的不同结局完美诠释了所谓的善有善报,恶有恶报的伦理观和审美观,体现了人们对于善恶报应的深信,虐待善良女孩的狠心妇人死后被世人冠以"懊女冢"来平息世人心中的愤怒。同时,在这一母题中,中国式集体主义倾向也显露无疑。结局让她们被飞石击死并埋于"懊女冢",这是集体对他们做出的可耻行为的一种惩罚。

马来版灰姑娘故事中继母及其女的结局略有不同。当国王得知昆杜尔母女的阴谋诡计之后,勃然大怒,下令将其母女处死。但在芭旺梅拉的哀求之下,国王网开一面,决定改死刑为流放。通过该事件,芭旺梅拉的善良和昆杜尔母女的恶毒形象之对比显得更加鲜明,也让马来民族的道德评判和审美趣味得到淋漓尽致的体现:勤劳善良、忍辱负重的芭旺梅拉毫无疑问是一个值得人人学习和称颂的道德楷模和榜样；阴险恶毒、恩将仇报的昆杜尔自然成了十恶不赦、永遭唾骂的反面形象的代表。虽然昆杜尔的行为让人不齿，但其结局并未向中国版本那样，被乱石击死，而是在昆杜尔母女向真主起誓并承认错误之后，将其母女流放，永不再回来。这也是马来伊斯兰社会价值观的一种体现，因为马来民族坚信末日审判的存在，任何人的任何行为真主安拉都看在眼里，相信真主安拉将会对昆杜尔母女的罪行给予最终审判。

三、马来西亚灰姑娘故事与中国灰姑娘的共性与差异性

灰姑娘型故事可以说是一个世界性的故事，几乎各国都有属于自己的独特版本。虽说目前已知的最早文本是出于中国，即段成式的《酉阳杂俎·支诺皋》中所记载的叶限故事，而且这也已经得到国际学术界的公认。而关于灰姑娘型故事究竟起源于哪里，目前学术界依然争论不休，并未得出一致答案。但在笔者看来，这些存在于特定区域的不同版本即使出自同一个源头，在不断地流传过程中，经过与当地社会背景的融合以及特色文化元素的加入，其所展现出的事物都是和该地区人民的生活密切相关，都是该地区价值观念以及生活习惯的体现。因此，不论灰姑娘型是源于中国还是来自欧洲，其故事本身所展现的文化符号和社会价值观或许更值得探究。就如中马两国的灰姑娘型故事一样，虽然二者从故事情节、母题角度来讲，有着惊人的相似，但细细考究就会发现，褪去故事的外壳，其内涵却是两个不同的天地。

中国版灰姑娘故事所展现的是一个经济发展程度相对较高的时期，手工业或者确切地说是纺织业应已达到一个较为成熟的阶段，否则也不存在所谓的翠纺上衣和小金鞋，让叶限如此惊艳地出场。同时，根据文中描述，继母经常让叶限"樵险汲深"，这也是对中国大体自然环境的一种交代。中国多高山深潭，并非像马来半岛一样以热带雨林为主的自然地理环境。最后，叶限和继母的结局有着天壤之别，这也是中国民众对善恶报应深信不疑的一种折射，善有善报，恶有恶报的观念自古便深入人心。叶限继母行为恶劣，为当地人所不齿，最终以乱石击死，被埋于石坑，并命名"懊女冢"，以解民众之愤，这正是中国集体主义倾向的展现。

马来版灰姑娘故事《芭旺布迪与芭旺梅拉》也是展现当时当地文化的一面镜子。故事呈现给读者的是一个依然处于较为原始状态的马来传统社会，依然是以家庭为单位的自给自足的自然经济，居住在靠近森林、河流的自建木屋中，全家人一起种植水稻、蔬菜、水果等作物，饲养鸡鸭等家禽，在森林中狩猎以补充生

活。同时，故事也给读者呈现出了一个各种信仰交织并存的马来社会。虽然当时伊斯兰教已传入马来半岛，但马来社会自古以来的原始信仰，诸如万物有灵、鬼神信仰以及巫蛊之术等都相互交织，与当地民众紧密相连。不仅如此，作为马来古典文学的重要组成部分，古玲达姆可谓贯穿整个故事的始末，不仅让故事充满了浓浓的马来韵味，同时也增添了一丝印度文化的痕迹（因为古玲达姆最初是从印度传播至马来半岛）。时至今日，这种多重信仰交织的情况在马来社会，尤其是农村社会依然屡见不鲜。昆杜尔母女作恶多端，恩将仇报，而善良的芭旺梅拉却不计前嫌，选择相信其继母的誓言和忏悔，请求国王饶恕其继母的罪行，这正是马来民族善良淳朴、宽宏大量品质的最好体现。

参考文献

[1]（唐）段成式著.曹中孚校点[J].上海：上海古籍出版社，2012年.

[2]Rubaidin Siwar, *Bawang Putih dan Bawang Merah*, Kuala Lumpur: Dewn Bahasa dan Pustaka, 2001.

[3]刘守华.比较故事学[M].上海：上海文艺出版社，1995.

[4]刘守华、陈建宪.民间文学教程（上卷）[J].武汉：华中师范大学出版社，2002.

[5]陈晓燕.中西方"灰姑娘型"民间故事比较——以《叶限》和《灰姑娘》为例[J].焦作大学学报，2013（4）.

[6]陈金文.中越灰姑娘型故事之比较[J].文化遗产，2015（2）.

[7]农学冠.民间文学导论[J].民族出版社，2005.

[8]钟敬文.钟敬文民俗学论集[J].上海文艺出版社，1998.

印度尼西亚长篇小说《错误的教育》中的民族文化构想

张 燕[①]

【摘 要】在印度尼西亚现代性进程中，现代文学具有构想民族文化的社会历史功能。长篇小说《错误的教育》以混血女性柯丽隐喻西方价值，以土著女性拉比娅隐喻东方传统，以土著知识分子汉纳菲与两人的爱情婚姻纠葛为主线，描述了汉纳菲从全盘西化到推陈出新的转变，不仅揭露了殖民政策的伪善本质，表达出反对封建陋习、反对种族歧视和反对奴化教育的态度，更对于本土传统和西方价值进行反思，最终形成"以印（尼）文化为体，以西方文化为用"的民族文化构想。

【关键词】印度尼西亚 民族文化 西方价值 本土传统

Abstract: In the process of modernity, Indonesian modern literature has the social and historical function of conceiving national culture. In novel *Salah Asuhan*, mixed-race female Corrie is a metaphor for western values, and for the native female Labia, is a metaphor for eastern traditions. Based on the love and marriage entanglement between the native intellectual Hanafi and the two women, the novel describes the transformation of Hanafi from overall westernization to cultural innovation. It not only reveals the hypocrisy of colonial policy, expresses its attitude against feudal vices, racial discrimination and enslaving education, but also reflects on the local tradition and western values, and finally approach the national cultural concept of "Indonesian classics as the substance, Western values for practical application".

Key words: Indonesia; national culture; western values; local traditions

引言

印度尼西亚（简称印尼）属于第三世界后发现代性国家。在荷属东印度殖民

[①] 张燕，信息工程大学洛阳校区亚非系亚非语言文学博士、讲师，主要研究领域：印尼文学、文化、国情。

地从"半殖民地的近代资本主义殖民地社会"①逐渐成长为独立民族国家的现代性进程中,殖民地的经济结构、政治组成和社会文化都发生了巨大的变化。印尼现代文学是现代文化变革的重要组成部分。美国批评家詹明信(Fredric Jameson)指出:"第三世界的文本,甚至那些看起来好像是关于个人和利比多趋力的文本,总是以民族寓言(National Allegory)的形式来投射一种政治:关于个人命运的故事包含着第三世界的大众文化和社会受到冲击的寓言。"②可以说,印尼现代文学总体上服务于建设现代民族国家的政治目标,"为'再现'民族这种想象的共同体,提供了技术上的手段"③,具有构想民族文化的历史功能。印尼著名作家阿卜杜·慕伊斯的代表作《错误的教育》就是投射民族文化构想的典型文本之一。

阿卜杜·慕伊斯出生于西苏门答腊省武吉丁宜,属于米南加保族,是具有伊斯兰倾向的民族主义者。小说《错误的教育》以米南加保传统社会、殖民地种族歧视和奴化教育为背景,除反封建叙事外,第一次出现了反殖民叙事,对社会现实的关切较前期文本有了本质性突破。从表面上看,小说批判本土知识分子中出现的洋奴现象,揭露殖民政策的伪善本质,具有反对封建陋习、反对种族歧视和反对奴化教育的内涵;从本质上看,这是西方文化对本土传统影响加剧所引发的必然反应,是具有宽广时代意识的知识分子在"西方""现代"与"本土""传统"之间权衡反思、艰难抉择的民族文化构想尝试。

一、《错误的教育》的时代文化背景

作为受益于荷兰"道义政策"④的印尼早期知识分子,阿卜杜·慕伊斯(Abdul Muis,1886—1959)以勇敢反对封建主义、强烈批判殖民政府和积极倡导民族独立而著称,被誉为民族英雄。在被流放的十多年里,写作成为他宣泄苦闷、宣传理想的途径,《错误的教育》⑤(Salah Asuhan,1928)就是这一时期的作品。

---

① 梁立基:《印度尼西亚文学史》,北京:昆仑出版社,2003年,第317页。
② 詹明信著,张旭东编,陈清侨等译:《晚期资本主义的文化逻辑》,北京:生活·读书·新知三联书店,1997年,第523页。
③ [美]本尼迪克特·安德森:《想象的共同体:民族主义的起源与散布》,上海:上海世纪出版集团,2011年,第23页。
④ 道义政策:因为荷兰对荷属东印度殖民地负有道义上的债务,所以荷兰政府必须拨出款项为殖民地人民谋福利,主要内容包括兴修水利、组织移民和兴办教育。
⑤ Abuoel Moeis. *Salah Asoehan* (Tjetakan Ketiga)[M]. Jakarta: Balai Poestaka, 1948. 本文所有相关引用均出自此书,为笔者自译。

在当时，荷属东印度殖民地社会受到西方现代性的猛烈冲击，"它迫使一切民族——如果它们不想灭亡的话——采用资产阶级的生产方式；它迫使它们在自己那里推行所谓文明制度，即变成资产者。一句话，它按照自己的形象创造出个世界。"[1] 可见，"所有第三世界的文化都不能被看做是人类学所称的独立或自主的文化。相反，这些文化在许多显著的地方处于同第一世界文化帝国主义进行的生死搏斗之中。"[2] 所以，殖民地文化处于两难处境："要就是尽快掌握发达世界几百年来形成的理论、概念、语言，接受它们的框架，应用它们的模式；要就是永远处于边缘地位，闭关自守，保存国粹。"[3] 从"闭门自守"到"全盘西化"，民族精英对于现代民族文化进行了各种程度的构想。

印尼思想界最早关于东西方文化的辩论发生在1918年人民议会开幕式和爪哇文化发展大会上，关注重点是如何建构爪哇文化。苏达特莫（Soetatmo Soerjokoesoemo）认为民族建设应该以爪哇语言、文化和历史为基础；吉普托（Tjipto Mangoenkoesoemo）认为爪哇人应该顺应时代发展，学习欧洲科学技术。20世纪30年代"新作家"时期，发生了以阿里夏巴纳（Sutan Takdir Alisyahbana）为代表的"西方派"和以萨努西（Sanusi Pane）等为代表的"东方派"之间的"东西方文化论战"，被视作印尼思想史上构想民族文化的标志性论战。作为具有"新作家"意识的前瞻性作家，阿卜杜·慕伊斯同样在作品中表达了对于东西方文化的立场和民族文化的构想。

二、《错误的教育》中的东西方能指

在这部小说里出现了两位重要的女性形象。根据安斯亚斯（Anthias）和伊瓦·戴维斯（Yuval Davis）的观点，妇女介入族裔和民族进程存在5种方式：（1）作为族群成员生物学上的再生产者/繁殖者；（2）作为族裔/民族群体边界的再生产者；（3）作为主要参与集体的意识形态再生产以及作为集体的文化的传播者；（4）作为族裔/民族差异的能指——在族裔/民族范畴的建构、再生产和转换中使用的意识形态话语的焦点和象征；（5）作为民族、经济、政治和军事斗争中的参

---

[1] ［德］卡尔·马克思，弗里德里希·恩格斯：《马克思恩格斯文集（第2卷）》，北京：人民出版社，2009年，第35-36页。

[2] ［美］弗雷德里克·杰姆逊著，张京媛译：《处于跨国资本主义时代中的第三世界文学》，《当代电影》，1989年第12期，第45-57页。

[3] 乐黛云：《展望九十年代——以特色和独创进入世界文化对话》，《文艺争鸣》，1990年第3期，第14-17页。

与者。① 所以，女性形象柯丽和拉比娅作为民族差异的能指出现，分别隐喻西方价值和东方传统。

（一）西方价值能指——柯丽

在当时的殖民地社会中，荷兰殖民政府奉行"种族歧视政策"，把印尼社会分为几个等级：顶端是纯白种人，享有绝对特权；其次是印欧混血儿。这两种人都属于白种人阶层。此下是分隔了白种人阶层和有色人种阶层的"种族界线"，不可逾越。"种族界线"下一层是有色人种贵族和有钱阶级，其下是有色人种劳动者。② 殖民地社会就是建立在种族歧视和种族压迫的畸形基础之上的。

柯丽是混血白人姑娘，隶属特权阶层，接受高中程度教育，具备西方女性自由独立的现代品质。她坚持个人主义，崇尚个人奋斗，信奉"无论是谁，只要信念坚定，不断努力，必将获得成功"（p.7）的人生信条。她乐于自主抉择，不易任人摆布，"如果所有的事情都要听话顺从，她便不由自主产生抵触"。（p.88）"如果想让她干什么，千万别强迫或命令，只需要让她自愿去做。"（p.90）她年轻貌美，却不愿被男性物化，像鸽子一样，"看起来温顺，触手可及，但是想要抓住，却飞走了"。（p.7）"如果要娶她为妻，必须接受她的本性，不要奢望把她变成理想中的妻子。"（p.128）她认为婚姻中应该男女平等，"夫妻两人必须是朋友，像兄妹，而不仅是男女关系"。（p.128）在柯丽身上，彰显出现代个人权利和女性权利，是西方价值的隐喻。

（二）东方传统能指——拉比娅

在米南加保母系氏族社会中，家族共同体利益高于个人利益，个人被视为家族的一部分，必须听从家族安排，毫无个人权利。年轻人的结合完全依靠习俗、财产、地位、利益等现实外力驱动，遵守父母之命、媒妁之言，感情因素丝毫不在考虑范围之内。在婚姻习俗上实行走婚制，男人入赘，允许多妻，妻子权益无法得到保障，因为在习俗中，"对妻子为所欲为是很容易的"。（p.64）"丈夫外出谋生，异地娶妻生子，妻子独守故乡，毫无怨言。这种事在没受过教育的农村中允许发生。"（p.99）对于马来人而言，"如果想，离婚是很容易的"。（p.101）

拉比娅就是生长在米南加保的典型传统女性形象。她容貌姣好，品行端正，忍耐顺从，初级教育（HIS）毕业后开始幽禁，学习烹饪和女红，为履行女性婚姻职责做准备，"虽然年纪不大，已经能够担任女性楷模"（p.69）。在包办婚姻

---

① 陈顺馨，戴锦华：《妇女、民族与女性主义》，北京：中央编译出版社，2004年，第71页。
② 梁立基：《印度尼西亚文学史》，北京：昆仑出版社，2003年，第388页。

中，拉比娅面对汉纳菲的专横霸道、吹毛求疵和冷嘲热讽，只能逆来顺受，以泪洗面，仍然尽心履行相夫教子的职责。在拉比娅身上，体现出东方文化中等级制和家长制对晚辈和女性的压迫，是东方传统的能指。

三、《错误的教育》对东西方的取舍

这部小说的主角是出身于苏门答腊贵族家庭的土著青年汉纳菲。围绕汉纳菲本人和他与柯丽及拉比娅的爱情婚姻纠葛，投射出作者对于东西方的态度。

（一）在东西方夹缝中挣扎的汉纳菲

从表面看来，接受了全面荷兰教育、彻底西化的汉纳菲是一个典型的"洋奴"形象："他不屑于跟不会荷兰语的人交谈，嘲讽所有与马来人有关的事务，甚至完全看不上马来习俗和伊斯兰教。他称习俗为'陋习'，称伊斯兰教为'迷信'。所以，他完全断绝与马来人交往是不足为奇的。"（p.24）然而，这种"洋奴"是由殖民地畸形的社会现实造就的。荷兰殖民政府在经济上进行殖民垄断，在社会文化上进行西化渗透，输入西方价值观，弱化瓦解土著知识分子的民族意识。西方价值观的核心是"西方中心论"。殖民政府推行的西方教育，在本质上既蕴含西方先进发达、自由理性的话语，又存在东方低级落后、保守愚昧的暗示。根据萨义德的理论，西方人建构这样的东方，是为了对东方进行描述、教授、殖民和统治，是西方用以控制、重建和君临东方的一种方式。①西方人定义的"东方"和东方人复述的"东方""既可以表达西方的力量，又可以表达（西方人眼中所见的）东方的缺陷"。②东西方二元对立是落后与先进之间的对立，两者之间的矛盾和差距永远无法调和。"东方就是东方，西方就是西方，双方的鸿沟无法跨越。"（p.52）小说也引用英国作家吉卜林③（Joseph Rudyard Kipling）的诗句："东方就是东方，西方就是西方，两者永不相会。"（p.21）奴化教育将东西方对立的话语内化于东方人的精神气质之中，使部分殖民地知识分子成为"黄皮肤，白面具"的典型代表。"在殖民主义的权力结构里，被殖民者本身的文化特性、民族意识受到压制，导致'文化原质失真'。当地居民和精英知识分子认同于殖民者

---

① 爱德华·W·萨义德著，王宇根译：《东方学》，北京：生活·读书·新知三联书店，1999年，第4页。
② 爱德华·W·萨义德著，王宇根译：《东方学》，北京：生活·读书·新知三联书店，1999年，第56页。
③ 吉普林（Joseph Rudyard Kipling，1865—1936），英国小说家，诗人，曾获1907年诺贝尔文学奖。

的文化,当他们看待自己本土的各种文化现象时往往不自觉地套用殖民者审视和评定事物的标准与理论。"[1]从这一点看,汉纳菲是西方中心无意识的受害者。

与此同时,汉纳菲也是东方传统的受害者。深受启蒙精神影响的汉纳菲延续了前期小说的反封建主题,希望借助"爱情"与"婚姻"命题彰显现代个人权利。所以,他追求婚恋自由,向柯丽求婚,希望自己获得特权阶层的接纳,与本族人划清界限,成为真正的"特权者"。由于"种族界线"不可逾越,柯丽在父亲的劝说下拒绝了他。汉纳菲大病一场后,母亲根据本土传统,要求他娶表妹拉比娅为妻。汉纳菲认为传统的拉比娅不符合自己的现代婚姻理想,希望挣脱传统陋习的束缚。然而,掌管家族大权的舅父(mamak)出资让汉纳菲接受西方教育,就有权要求汉纳菲接受包办婚姻。汉纳菲迫于部族传统的约束力量,不得不放弃婚恋自由理想,接受没有爱情基础的包办婚姻。由此可见,汉纳菲也是东方传统的受害者。

(二)对东方传统的背弃——汉纳菲与拉比娅

汉纳菲与拉比娅因传统包办婚姻走到一起,婚后生活极其不幸。拉比娅是传统的米南加保女性,最重要的性别职能就是担任合格的妻子和母亲。在婚姻大事上,她毫无话语权,只是用来巩固家族纽带的工具。在传统习俗的规训下,拉比娅被动接受命运安排,毫无反抗意识,心甘情愿地充当包办婚姻的牺牲品。在婚姻中,她忍气吞声、逆来顺受、相夫教子、贤惠温柔,始终"将丈夫奉若神明,深感自己的渺小、低贱和愚蠢"。(p.69)由此可见,根深蒂固的习俗传统和性别规范对于传统女性的约束力量非常强大。

汉纳菲一直将拉比娅视为"硬塞"给他的妻子,对其态度冷淡粗暴。"汉纳菲喜欢的,拉比娅必须赞成。他嘲讽地声明伊斯兰教规定的妻子对丈夫的所有义务,然后声称自己地位更高,可以'滥用'妻子的软弱。"(p.69)他一方面用冷暴力压抑母亲、妻子和儿子,使她们在自己面前噤若寒蝉;另一方面对外宣称是囿于责任和义务才违背个人情感和意愿娶了没见过世面的村妇,深受其害。最终,汉纳菲为了与柯丽结合抛弃了拉比娅。值得注意的是,汉纳菲并不情愿接受拉比娅,但相比新女性,拉比娅的"顺从忍耐和自知之明,是他想要的"。(p.64)这说明在新旧交替时期,新男性一方面追求个人主体自由,向往以爱情为基础的现代婚姻,另一方面留恋传统伦理赋予男性的特权,希望固守传统两性关系。汉纳菲对于东方传统陋习的批判值得肯定,但他将丧失主体自由的痛苦转嫁到拉比

---

[1] 张京媛主编:《后殖民理论与文化批评》,北京:北京大学出版社,1999年,第7页。

娅身上，显示出他貌似全盘西化、实则固守传统性别规范的实质。

（三）对西方价值的追求——汉纳菲与柯丽

多年后，汉纳菲偶遇柯丽。为了与柯丽结合，汉纳菲不惜加入荷兰籍，抛妻弃子、与母亲族人断绝关系："我已经成为荷兰人了，我的妻儿必须与我的地位相匹配。"（p.119）从表面上看，汉纳菲实现了认同西方价值的理想。实际上，汉纳菲的全盘西化带有相当程度的虚假性。由于两人结合后处处遭到白人社会的歧视和土著社会的抵制，柯丽不仅失去了所有白人朋友，更感受到来自丈夫的约束："从前我叫柯丽·杜赛，现在我叫汉夫人；从前我穿短裙，现在我的裙子过膝；从前我是自由的，我的世界很宽广，现在我的世界有限，因为我必须听从丈夫的命令。"（p.145）柯丽作为西方文化的能指，希望通过追求婚恋自由改变传统性别秩序，而土著男性汉纳菲仍然需要她在现代核心式家庭中充当任人摆布的男性附庸。这进一步证明，标榜现代的"子一辈"男性依然迷恋传统男性特权，显示出启蒙现代性内部重整性别秩序话语的匮乏，暗示大部分意识形态都是男权中心这一残酷现实。

同时，西方价值本身也显示出相当程度的幻灭性。两人跨越种族界线的勇敢结合，面对的是种族歧视的巨大排斥性力量。现代西方价值表面上倡导民主、自由和独立，实际上天然携带西方中心论调，具有强烈的种族情绪。"我的民族和你的民族，都完全不能接受这样的婚姻。你们俩完全不顾他人感受一意孤行，所以他们针锋相对，将你们孤立。"（p.196）汉纳菲也认识到："能够让人接受的时机还远远未到。欧洲人中只有一两个能接受，但大多数强烈反对。"而土著人"虽然没有公开侮辱，但基本也不赞成，并将之视为大错"。（p.219）种族歧视揭示出知识分子所盲目迎合的西方现代民主、平等、自由话语在殖民地社会存在双重标准的虚伪本质，是民族精英逐渐认识到自身追求的西方文明世界对于东方而言只是一个巨大的幻象、开始进行主体反思的前奏。

从汉纳菲对待拉比娅和柯丽的态度来看，东方传统能指拉比娅拥有忍耐顺从、牺牲奉献的传统品质，却被汉纳菲等同于陈腐的封建文化和停滞的农业文明进行批判；西方价值能指柯丽拥有自信独立、自由平等的现代素质，是汉纳菲狂热赞美西方文明、获得西方特权阶层接纳的途径。汉纳菲一方面打压拉比娅，背弃东方传统，另一方面追求柯丽，向往西方价值，是典型的"黄皮白心"的洋奴形象。然而，标榜西化的本土知识分子不仅无意识的固守传统性别规范，更逐渐发现了西方文明的虚伪本质，从而为调和东西方文化、构想现代民族文化埋下伏笔。

四、《错误的教育》对民族文化的构想

传统女性拉比娅被抛弃后坚持单身，与婆婆一起抚养儿子夏费，尽职尽责地履行为母为媳的义务。现代女性柯丽不甘心再次沦为家庭女奴，勇敢的结束了徒有其表的现代婚姻，"强硬地拒绝了丈夫的资助"（p.164），最终在三宝垄的孤儿院里重病离世。当这两位女性都离他而去后，汉纳菲的内心反思揭露了作者的叙事本意："拉比娅是尚未打磨的钻石，可惜没有被他好好打磨，以至于无价之宝被他毫不犹豫地抛弃。柯丽是经过打磨的钻石，也是无价之宝。但是他不会使用，导致失去怀中珍宝"。(p.199)"拉比娅和柯丽一样品行高洁，一样地位高贵。只不过一个是西方之花，一个是东方之花，各有特性……这两位妻子无论头脑还是品行，抑或对待丈夫，都无可挑剔。只是因为负有责任的丈夫自己接受了错误的教育，导致对待她们也采取了错误的教育。这两个妻子成了错误的牺牲品。"(p.226-227) 被所有人抛弃的汉纳菲最终选择服毒自尽。临死前他恳求拉比娅不要让儿子再步自己的后尘："让孩子接受足够的西方教育，用良好的西方习惯代替不好的东方传统。但由于他是东方人，所以教育还是要遵从东方途径。"(p.220) 深刻反思的拉比娅吸取教训，"希望孩子不要重蹈父亲的覆辙"(p.183)，让儿子夏费接受民族文化（伊斯兰文化）的熏陶后才接受西方现代教育，掌握现代知识。夏费得到"正确的教育"之后，向母亲发誓，从荷兰学成归来，一定回到家乡为本族人的进步效力。

从小说叙事可以看出，作为投射政治的民族寓言，小说用汉纳菲的遭遇表达了作者的民族文化理想。作者阿卜杜·慕伊斯在荷兰见识了发达的西方工业文明后，认为印尼民族需要模仿西方先进技术，否则将会落后挨打。他不断宣传西方先进的工业文明，认为"别人可以，我们也可以。如果努力奋斗，咱们年轻人怎会不如他们？"[①] 然而，作者并非全盘西化的信奉者。小说《错误的教育》中汉纳菲式"洋奴"的出现，在于盲目神话西方文明、不加辨别地批判本土传统，导致现代民族文化建设偏离轨道，甚至全盘丧失民族本性。从对待隐喻东西方文化的两位女性身上，汉纳菲认识到东西方文化各有所长，开始思考调和东西方文化精髓的途径。实际上，"我们并不是一无是处，有很多长处可以让世界上自视甚高的民族学习"。(p.62) 本土传统中存在许多值得发扬的优秀元素，只有通过正确的教育方式传承本土精髓、塑造民族自信心才能更好地接纳西方价值，成功塑造现代民族文化。由此可见，作者反对盲目西化，要求取西方价值和东方传统之所

---

① Mirza Nur B.. *ABDUL MOEIS*[M]. Jakarta: Penerbit Mutiara, 1980: 35.

长,"以本民族文化(伊斯兰文化)为体,西方文化为用,来实现民族的振兴"[①]。汉纳菲与拉比娅和柯丽之间的爱恨纠葛是用来隐喻独立前的印尼在本土传统价值与西方现代意识之间艰难的选择取舍。汉纳菲是失败的,但他用自己的死亡孕育了夏费的新生,找到了正确的民族文化建设方向。

结语

长篇小说《错误的教育》是一个由男性作家书写的、探讨如何利用东西方文化构建现代印尼文化的男性成长叙事。小说中的女性形象拉比娅和柯丽由男性作家塑造,必然会体现出特定历史背景下男性的意识形态倾向和对于女性价值的设想,具有指代东方传统和西方价值的符号性质和象征意义。汉纳菲最初对于东方传统表现出近乎偏执的蔑视,对于西方价值表现出近乎疯狂的崇拜,最终又采取调和的态度,认识到"印(尼)学为体,西学为用"才是建构民族文化的正确途径,表述的是男性精英在社会转型时期必然经历的迷惘心态和反思历程,也是从女性到男性、从汉纳菲到夏费、从个人到民族,在更为宽广的社会背景中展开现代民族文化设想的有益尝试,具有深刻的文化变革意义。

参考文献

[1] [美]爱德华·W·萨义德著,王宇根译.东方学[M].北京:生活·读书·新知三联书店,1999.
[2] 陈顺馨,戴锦华.妇女、民族与女性主义[M].北京:中央编译出版社,2004.
[3] [德]卡尔·马克思,弗里德里希·恩格斯.马克思恩格斯文集(第2卷)[M].北京:人民出版社,2009.
[4] 梁立基.印度尼西亚文学史[M].北京:昆仑出版社,2003.
[5] [美]本尼迪克特·安德森.想象的共同体:民族主义的起源与散布[M].上海:上海世纪出版集团,2011.
[6] 弗雷德里克·杰姆逊著,张京媛译.处于跨国资本主义时代中的第三世界文学[J].当代电影,1989(12).
[7] [美]詹明信著,张旭东编,陈清侨等译.晚期资本主义的文化逻辑[G].北京:生活·读书·新知三联书店,1997.
[8] 张京媛主编.后殖民理论与文化批评[M].北京:北京大学出版社,1999.

---

① 梁立基:《印度尼西亚文学史》,北京:昆仑出版社,2003年,第465页。

[9] Abuoel Moeis. *Salah Asoehan* (Tjetakan Ketiga)[M]. Jakarta: Balai Poestaka, 1948.
[10] Mirza Nur B.. *ABDUL MOEIS*[M]. Jakarta: Penerbit Mutiara, 1980.

"一带一路"背景下中国柬埔寨语专业教材建设研究

周惠雯[①]

A Study on Teaching Material Building of Khmer Language Learning in China in the Context of "the Belt and Road Initiatives"

【摘 要】随着国家"一带一路"建设的推进,中柬两国全面战略合作伙伴关系进一步深化,市场对柬埔寨语专业人才的需求日益增长,我国柬埔寨语专业发展也随之壮大。在专业建设与人才培养过程中,教材建设是重要环节。目前国内柬埔寨语专业教材建设整体还处于起步阶段,存在着教材数量少、种类不齐、内容陈旧等问题。高校教师应紧跟时代步伐,深入领会"一带一路"精神内涵,重视柬埔寨语教材建设工作,充分发挥教材在人才培养中的重要作用,保障教学质量,并且在教材内容中突出跨文化交际特色,增进中柬两国人文交流。

【关键词】"一带一路" 柬埔寨语 教材建设

Abstract: With the acceleration of the plan—"the Belt and Road Initiatives" and further deepening of comprehensive strategic partnership between China and Cambodia, the market's need of talents majoring in Khmer language is increasing, and Khmer language teaching in China is also enhancing. During the major construction and personnel training, the teaching material building plays a vital part. At present, the teaching material building of Khmer language is still at an elementary stage in china, and also existing some problems, for example, a fairly few number, uncomplete variety, out-dated contents, etc. With the purpose of giving full play to the important role of teaching material in talents cultivation, guaranteeing the quality of teaching, highlighting the characteristics of intercultural communication in textbook contents, enhancing the cultural exchanges between

---

① 周惠雯,助教,广东外语外贸大学东方语言文化学院柬埔寨语系教师,广东外语外贸大学在读研究生,主要研究方向:柬埔寨文化。

China and Cambodia, teachers in colleges and universities should keep up with the times, understand connotation of "the Belt and Road Initiatives" deeply, and pay attention to the teaching material building of Khmer language.

Key Words: the Belt and Road Initiatives; Khmer language; teaching material building

一、引言

1961年，北京外国语大学（原北京外国语学院）在国内创建了柬埔寨语专业。随后，多家高等院校也陆续增设了柬埔寨语专业，柬埔寨语专业在国内日益发展壮大。众所周知，教材建设在专业建设与人才培养过程中发挥着重要作用，优秀的教材有助于全面提高教学质量，加快推进专业建设与发展，有效培养具备跨文化交流能力和国际竞争力的高素质复合型人才，主动适应人才培养与我国经济社会发展的需要。当前，国内柬埔寨语专业教材建设已取得一定的成绩，但随着"2+n+n"、"3.5+0.5"或"3+1"等国际合作办学模式的推广，各院校柬埔寨语专业的培养目标、课程体系、教学内容等均有所改变，这就要求柬埔寨语专业教材建设与时俱进，作出适当调整与改进。

二、国内柬埔寨语专业教材建设现状

20个世纪八九十年代起，鉴于北京外国语大学柬埔寨语专业拥有雄厚的师资力量，院系重视教材建设，学校具备配套的出版资源等优势，国内早期的柬埔寨语教材编写工作主要由北京外国语大学柬埔寨语系的资深教授承担。近年来，中国人民解放军战略支援部队信息工程大学（原解放军外国语学院）的柬埔寨语专业发展成为国内后起之秀，该校柬埔寨语专业的骨干教师积极编写了众多柬埔寨语教材。目前，在国内出版的柬埔寨语教材主要包括语音、语法、阅读、口语、翻译等方面，适用于专科、本科层次柬埔寨语专业学生在说、读、写、译方面的学习。

表1 国内已出版的柬埔寨语专业教材一览表

书名	编者	出版社	出版年份
《柬埔寨语（1-4册）》	尹淑华、彭晖、邓淑碧、徐惠明	外语教学与研究出版社	1993年

(续表)

书名	编者	出版社	出版年份
《柬埔寨语基础语音教程》	郑军军	世界图书出版公司	2015年
《柬埔寨语语法》	邓淑碧、彭晖	外语教学与研究出版社	1988年
《柬埔寨语语法》	钟楠、郑军军、卢军	世界图书出版公司	2011年
《柬埔寨语口语教程》	邓淑碧	外语教学与研究出版社	2003年
《新编柬埔寨语口语》	彭晖、曹凤琴	广西教育出版社	2004年
《大学柬埔寨语口语》	郑军军、钟楠、卢军	军事译文出版社	2010年
柬埔寨语阅读教程（1）	卢军	世界图书出版公司	2017年
柬埔寨语阅读教程（2）	卢军	世界图书出版公司	2018年
《柬埔寨文学简史及作品选读》	彭晖	外语教学与研究出版社	2003年
《柬埔寨现当代文学作品选读》	郑军军、钟楠、帅洪福、卢军	世界图书出版公司	2016年
《柬汉汉柬翻译教程》	尹淑华、梁鹏	外语教学与研究出版社	2008年
《柬汉翻译教程》	钟楠	世界图书出版公司	2013年

从表1中不难发现，国内柬埔寨语专业教材建设虽已取得了一定的成绩，但相比当前教学改革的要求，仍存有较大差距，且存在以下几点问题：

（一）**教材数量少、种类不齐**

据笔者统计，国内柬埔寨语专业发展57年来，市面上已出版且适用于高校柬埔寨语教学的教材不足20本，其中面向21世纪教材、省（部）以上规划（获奖）教材只占25%，适用于柬埔寨语入门学习的教材仅占12.5%。与其它语种教材相比，柬埔寨语教材可谓寥寥可数，整体情况不容乐观。

再者，夯实学生的柬埔寨语听、说、读、写、译基本功已成为国内多数高校柬埔寨语专业的教学要求。但笔者通过调查访问发现，目前国内院校的《高级柬埔寨语课》《柬埔寨语视听课》《柬埔寨语写作课》等课程几乎都依靠任课教师的自编讲义，相关方面的现成教材在市场上一直处于空缺状态。与系统的教材相比而言，自编讲义里的文章多数选自于各类书刊或网站新闻，具有一定的随意性，缺乏系统的词汇解析、语法讲解、课后练习及拓展阅读等内容，在某种程度上影响到课程进度与教学质量。

(二) 教材内容陈旧

纵观国内出版的柬埔寨语教材，近四成的教材编写于20世纪90年代，在课文内容选取上较为陈旧，部分材料已与时代脱节，难以达到现今高校的教学要求。自1961年柬埔寨语专业创立以来，市面上仅有一套1993年由外语教学与研究出版社出版的系列基础柬埔寨语教材，内容大多与80、90年代的中柬两国社会相关，其中部分用词、数据和资料早已过时。例如在该系列基础教材中，第二人称代词多数选用为"Met"，相当于中文里"同志"的意思，带着浓厚的革命色彩。但当今柬埔寨人在使用第二人称代词时，通常将跟自己年龄相仿者称之为"Neak"，拉近谈话者之间的距离。由此可见，随着时代的进步，词汇的实际使用情况也在发生着改变，如若不及时更正，则会影响到词汇应用的准确性。

(三) 缺乏配套教辅材料

一套优秀的教材应包括教师用书、学生用书、练习册、配套音像等系列材料，以供任课教师与学生在课堂中或课后使用。然而多年来，柬埔寨语教材过程中很难做到区分教师用书与学生用书，配套的学生练习册、音像资料等教辅材料更是屈指可数，这在无形中增加了任课教师的备课压力，学生也难以系统性地进行课后巩固与提高。目前市面上出版的柬埔寨语教材里，仅有2015年世界图书出版公司出版的《柬埔寨语基础语音教程》一书具有配套光碟，学生可以边听录音边读课文，有利于及时纠正发音错误，锻炼听力，培养语感，提升自主学习积极性。

(四) 具备编写教材能力的师资力量有限

目前，国内院校的柬埔寨语专业师资力量普遍较为紧张，例如广东外语外贸大学、天津外国语大学、云南师范大学、红河学院等院校的柬埔寨语专业都面临着师资队伍年轻化，学历结构偏低，教学经验不足等问题。据笔者统计，国内在岗的本科学历柬埔寨语专业教师占据全国柬埔寨语师资力量的38%（不含外教），此比例在非通用外语专业中明显偏高。其次，国内院校缺乏与柬埔寨语专业相关的高级职称师资与学科带头人，菁英的匮乏致使柬埔寨语专业建设步履维艰，而授课任务重、教学经验缺乏、进修学习等多方面因素影响着青年教师编写教材工作的进度。

(五) 校际间教材资源难以做到分享

鉴于国内柬埔寨语专业暂时未建立有效平台和专业协会，且出于保护著作版权的考虑，中国、柬埔寨以及国际上其它院校的柬埔寨语教学长期处于各自为战的局面，缺乏联络与沟通的状态下，各院校未出版的自编教材仅供内部使用，难以做到教学资源共享。

另外，虽然国际上有些学府开设了大学公共选修课以供学习柬埔寨语，如莫纳什大学、伦敦大学亚非学院、曼谷大学等，但这些公共选修课与国内的柬埔寨语专业课程性质、课程设置、教学内容上有些区别，要想真正引入其教材到国内课堂内，还需经过科学的筛选和适当的调整。

三、"一带一路"背景下我国柬埔寨语专业教材建设的要求

柬埔寨是中国肝胆相照的好朋友。自1958年7月19日中柬正式建交以来，两国经历了数十年国际风云变幻的考验，一直维系着睦邻友好关系。随着近年来国家"一带一路"建设的推进，柬埔寨作为"一带一路"沿线国家之一，与中国在政治、经济、文化等领域交往日益密切，两国全面战略合作伙伴关系也随之进一步深化，致使当前市场对柬埔寨语专业人才的需求量增长。

2016年12月，我国文化部发布了《文化部"一带一路"文化发展行动计划（2016—2020年）》，其指导思想中明确指出"助推'一带一路'沿线国家和地区积极参与文化交流与合作，传承丝路精神，促进文明互鉴，实现亲诚惠容、民心相通，推动中华文化'走出去'，扩大中华文化的国际影响力"。因此，国内各院校柬埔寨语专业在扩大规模的同时，积极响应国家号召，走多种形式办学之路，加强国际化交流，努力扩建与语言对象国的交流平台，力求培养具备跨文化交流能力和国际竞争力的高素质复合型人才。以广东外语外贸大学柬埔寨语专业为例，积极探索人才培养模式多样化的新机制，推行"3.5+0.5"或"3+1"国际合作办学模式，旨在促成低年级的柬埔寨语专业学生先在国内学习柬埔寨语基础知识，等到高年级时，再在对象国加强实践能力，即三年级上学期赴柬埔寨高校留学半年或一年。通过学生的派出学习，一方面培养学生的国际意识和交际能力，另一方面加强国内外柬埔寨语专业教师、专家之间的交流，尤其是在教学和科研方面的合作，大力推进教育国际化。

随之，国际合作办学模式的大力践行对柬埔寨语教材建设提出了更高要求。专业教师在教材编写时，需紧跟时代步伐，深入领会"一带一路"精神内涵，在教材内容中突出跨文化交际特色，推介外国文明的同时，也将中华传统文化的精华推广到国际舞台。例如，目前国内多数柬埔寨语专业学生对对象国的了解有限，针对这种情况，教师在教材编写过程中，除了补充柬埔寨语言和文学内容之外，还应适当添加其风俗习惯、宗教信仰等相关知识，增加学生对柬埔寨文化的

理解，拓展国际视野，推动中柬人文交流与传播。除此之外，还应积极鼓励柬埔寨语专业教师与国外专家学者合作编写或改编优秀教材，建设精品教材，或适度引进优秀境外原版教材或教辅资料，保障和提高柬埔寨语专业的教学质量。

四、关于改进柬埔寨语专业教材建设的几点建议

针对国内柬埔寨语教材的现状，国内教育部门和高校应采取适当措施加强和改进柬埔寨语教材建设工作，完善教材建设规划。

（一）更新教材建设理念，优化教材内容

教材建设非一蹴而就，要求专业教师在编写教材之时密切关注国际社会前沿动态，结合自身学科发展的情况来选取恰当的素材，优化教材内容，强化实践类教材建设，且加强数字化教材建设，从而逐步形成与时俱进的教材体系。值得注意的是，柬埔寨语自身也在不断变革，这就要求当代柬埔寨语专业教材建设需及时更新课本里的内容，方能保障国内柬埔寨语教学与国际同步。例如，在教授《柬埔寨语报刊选读》课程之时，专业教师通常会选取国内外时事热点话题，既能灌输语言的基础知识，又能增进学生对国际动态的了解，进一步加强学生学习的积极性与主动性。但鉴于时事新闻的时效性过强，因此专业教师需要结合时下动态，不断更新课本中的新闻话题，而不应秉承着"一本教材教十年"的观念。

（二）健全教材体系，补充专业急需教材类型

一套完整的外语类专业教材需覆盖听、说、读、写、译五方面，缺一不可，以便满足专业教师日常教学需求，全方面锻炼学生语言技能。因此，专业教师在着手教材建设的工作之时，需注重完善和健全教材体系，促使教材种类日渐齐全。值得注意的是，在增加教材数量的同时，需保障教材的高质量，切勿急于求成，避免出现只追求"量"、忽略"质"的尴尬局面。此外，由于现今国内书市上柬埔寨语教材空缺较多，柬埔寨语专业教师应积极参与教材编写，拟定编写教材计划，分工合作，补充专业急需教材类型，否则可能出现同一类型教材过多的现象，而其它种类教材长期处于空缺状态。

（三）加强政策扶持，鼓励青年教师参与编写教材

国家应完善相关激励机制，加大政策扶持与经费保障，大力给予配套资源，提高教师编写教材的积极性。2011年，教育部发布的《教育部关于"十二五"普通高等教育本科教材建设的若干意见》中提出"优秀教材应作为本科教学评奖评优和教师专业技术职务评聘的重要指标""教育部将在本科教学有关奖项的评审指标体系中增加或强化优秀教材相关指标，激励高水平教师积极参加教材建设"

等内容。如若将出版的优秀教材成果算作促进教师职业发展的因子，定能提高教师编写教材的积极性，促进学科教材建设的发展。其次，在国内柬埔寨语师资队伍缺乏学科带头人、整体偏年轻化的现状下，各高校应当鼓励青年教师在专家学者的带领下，参与到编写教材的工作中，扩大编写教材的人员队伍。再者，充分利用现有外籍教师资源，让外教也加入到教材编写的过程当中，发挥自身语言优势，完成校对教材内容、录制配套影音资料等工作。

（四）深化国际交流，适度引进原版教材

教材建设不能闭门造车，应加强与国外高校之间的联系与合作，鼓励国内专业教师与国外专家、学者携手编写专业教材，推进教材的国际化建设，并且建立有效机制与平台，做到互通有无，合理分享教材建设经验或教材资源。在目前国内柬埔寨语教材较少的现状下，高校可根据自身实际情况适度引进原版教材，选取适合我国柬埔寨语专业学生的课本，让国际优质教材资源步入课堂。例如，《柬埔寨语视听》课程在国内缺少现成教材，而一般的新闻类材料或长篇听力课文中生词量较多、音频语速偏快、文章难度系数较大，增加了学生在视听过程中读取信息的难度。因此，合理利用国际上教材资源显得至关重要，例如Foreign Service Institute提供的柬埔寨语在线学习系列课程音频发音清晰、语速较慢、口语地道、词汇量较少，相对适合我国大一柬埔寨语专业学生在《柬埔寨语视听》课程上的学习。

五、结语

总而言之，目前我国柬埔寨语专业教材建设整体还处于起步阶段，面临着教材数量少、种类不齐、内容陈旧、缺乏配套教辅材料、具备编写教材能力的师资力量有限、校际间教材资源难以做到分享等问题。高校和有关教育部门需注重教材建设工作，通过更新教材建设理念、优化教材内容、健全教材体系、补充专业急需教材类型、加强政策扶持与国际交流、适度引进原版教材、建立有效机制与平台、合理利用国际上教材资源等多种途径，建设一批精品柬埔寨语系列教材，充分发挥教材在人才培养中的重要作用，保障高水平教学质量，提升教学研究水平，服务"'一带一路'中国文化译介人才发展计划"，为国家培养具备跨文化交流能力和国际竞争力的高素质复合型人才。

参考文献

[1]张少丹.高职高专柬埔寨语专业教材建设研究与探讨[J].科技信息，2012

（12）．

［2］卢军.柬埔寨语阅读课程教材建设探析.钟智翔，何朝荣，唐慧.中国外语非通用语教学研究（第四辑）［C］.广州：世界图书出版广东有限公司，2015.

［3］王海玲.广西柬埔寨语专业人才培养对策研究［J］.南宁职业技术学院学报，2017，22（02）.

［4］胡瑞，田克萍.印地语教材体系建设刍议［J］.教育教学论坛，2015（51）.

［5］庄智象，韩天霖，谢宇，孙玉，严凯，刘华初.试论国际化创新型外语人才培养的教材体系建设［J］.外语界，2013（05）.

［6］汤方霄，周旭，张贵珍.论高校国际化教材建设［J］.甘肃科技纵横，2013，42（08）.

［7］雪松.大学教材建设的国际化［J］.江苏高教，2002（03）.

［8］牛娜，张守红.试论高等学校国际化教材建设［J］.科学中国人，2015（17）.

［9］江爱华，关雯文.论国际化视野下高校外文原版教材引进的"本土化"改造［J］.南京航空航天大学学报（社会科学版），2007（04）.

［10］王雪梅，赵双花."一带一路"背景下我国高校非通用语种专业建设：现状、问题与对策［J］.外语电化教学，2017（02）.

关于周达观在元朝使团中的身份探讨

周惠雯[①]

A discussion on the identification of Chou Ta-Kuan in the Yuan Dynasty's diplomatic mission

【摘 要】1296年,周达观奉命随元朝使团出访真腊,并在归国后编撰了《真腊风土记》。然而关于周达观在元朝使团中的具体身份,《真腊风土记》中并未交代清楚,《元史》等史籍中也难觅文字记录。本文通过分析周达观的外语能力、宋元时期译职人员的设置情况、周达观赴真腊之前的元朝中柬两国关系这三个方面,基本排除周达观担任使团翻译或为元朝情报人员的可能性。鉴于《真腊风土记》体例类似方志,且元代盛行大家私撰方志,周达观在当时社会上应该具有一定的知名度和影响力,奉命随使后记录下在真腊的见闻,悉心撰写出《真腊风土记》一书。

【关键词】周达观 真腊风土记 元朝 柬埔寨

Abstract: In 1296, Chou Ta-Kuan was ordered to visit Chenla with the Yuan Dynasty's diplomatic mission, and wrote *A Record of Cambodia* after returning his country. However, the detailed identification of Chou Ta-Kuan in the Yuan Dynasty's diplomatic mission is not clearly explained in *A Record of Cambodia*, and it is also difficult to find transcript in historical records such as *Yuan Shi*. Through the analysis of the foreign language ability of Chou Ta-Kuan, the setting of translation staff in the Song and Yuan Dynasties, and the relationship between China-Cambodia before Chou Ta-Kuan visiting Chenla, the author basically excludes the possibility that Chou Ta-Kuan was an interpreter in mission or intelligence agent in Yuan Dynasty. Due to *A Record of Cambodia* was similar to local chronicles, it was popular to write local chronicles in the Yuan Dynasty, and

---

[①] 周惠雯,助教,广东外语外贸大学东方语言文化学院柬埔寨语系教师,广东外语外贸大学在读研究生,主要研究方向:柬埔寨文化。

> Chou Ta-Kuan may have a certain reputation and influence in the society at that time, he recorded what he saw in Chenla after being ordered, and wrote down *A Record of Cambodia*.
>
> **Key Words:** Chou Ta-Kuan; *A Record of Cambodia*; Yuan Dynasty; Cambodia

1296年，元成宗遣使出访真腊，温州人周达观奉命随使。归国后，周达观依据自身在真腊的见闻，整理并撰写了《真腊风土记》一书，详实地记录了柬埔寨吴哥时期的政治、经济、文化等情况，并在总叙中记载道："元贞之乙未六月，圣天子遣使招谕，俾余从行"。然而关于周达观在使团中的具体身份，《真腊风土记》中未有明确记录，其它史料对此亦无记载，故而众说纷纭。20世纪80年代，段立生在《周达观及其柬埔寨之行——读〈〈真腊风土记〉〉》一文中认为周氏乃钦使随员，推测其通晓柬埔寨语，从而肯定其在使团中的翻译身份。随后，赵和曼在《也谈周达观的柬埔寨之行》中亦认同周氏是随元朝出访真腊使团中的一员，地位较低，但指出周氏乃翻译的观点还缺乏考据。而在李宏的《走读周达观真腊风土记》中，作者认为元成宗意图征服真腊，故派遣周氏前往收集情报。究竟周达观是以何种身份前赴真腊的呢？笔者试从周达观的外语能力、宋元时期译职人员的设置情况、周达观赴真腊之前的元朝中柬两国关系、《真腊风土记》的体例这四个角度对该问题进行分析。

一、周达观的外语能力

关于周达观的生平，史籍中只见一毛片甲。根据周达观为林坤撰写的《诚斋杂记》序和清人吴翌凤的手写跋本，只知周达观乃温州永嘉人，自号"草庭逸民"，仅此而已。且《元史》不立真腊传，故地方志也难觅周达观的片言只字。

要想考证周达观的外语能力，笔者认为首先需从《真腊风土记》着手，因为周达观曾在《真腊风土记》中用汉字给数十个柬埔寨语词汇注音。但在统计辨析后发现，注音的词汇多与日常生活相关，例如国名、地名、亲属称谓和数字等，且大多数都是简易词汇。古代的柬埔寨等级森严，王室拥有自己的一套皇族用语。假设周达观是专业译职人员，势必常与柬埔寨王室或官僚机构进行沟通与交流，这就要求周达观熟练掌握皇族用语以及政治、外交词汇，而书中涉及到该领域的注音词汇却寥寥无几。另外，觐见真腊国王乃使团的大事。按照常理推测，若周达观是使团中通晓柬埔寨语的人员，必然要一同前往，并负责完成陪同翻译的工作。待周达观归国后，自然会凭借着深刻的记忆，在书中对此事或对真腊王宫内部情况添上浓墨重彩的一笔。但纵览全书，周达观对宫室、官属、军马等政治相关的内容只有简略记录，反而在"国王出入"一节里对真腊国王出巡的场景有着颇为细致的描述。由此可印证，周氏并非刻意不想撰写受真腊国王接待的事迹，极大可能是周氏非使团中的正式成员，没有资格随元朝使团前往觐见真腊国王。因此，根据《真腊风土记》中章节内容的选择和叙述的细致程度，进一步排除周达观通晓柬埔寨语并担任使团翻译的可能性。

其次，虽然元人吾邱衍在《周达可随奉使过真腊国作书纪风俗因赠三首》中著有"异俗书能记，夷音孰解操""鸠舌劳重译，龙波极大荒"等诗句，但这无法作为周达观通晓柬埔寨语且能担当元朝使团翻译的必要证据。究竟周达观与吾邱衍之间是君子之交？还是莫逆之交？史籍中善缺乏史料考证两人关系亲疏程度。倘若吾邱衍与周达观仅是道义上互相支持的朋友，在读《真腊风土记》一书之前对周氏的个人情况和学术涵养并无深入了解，只是在此书中看到周氏懂得用汉语给柬埔寨语词汇注音，且整本书涵盖了大量通过田野调查获得的土俗见闻，故而吾邱衍误以为周氏是通晓柬埔寨语者，给予其"夷音孰解操""鸠舌劳重译"这般肯定，实则是在某种程度上夸大了周氏的外语能力。

此外，自宋朝起，朝廷就有在温州置市舶司，而周达观又是温州永嘉人。据此，有观点称周达观在随使之前，已与此地的船员商贾自学了些许柬埔寨语。鉴于周达观通晓柬埔寨语，故元朝派遣其随行。然而仔细推敲，这种观点是难以站住脚的。《宋会要辑稿》中记载道，庆元六年（公元1200年），真腊国王遣使来宋进贡，其递交的"金表"上的字难以辨认，朝廷诏令商船船长蒲德脩等人翻译真腊呈上的表文，众人却皆辨译不出表文。从此事中笔者推测，既然元朝能下诏命令商船船长蒲德脩负责翻译表文，且蒲德脩常年航使于中柬两国，蒲德脩应该是知晓一些柬埔寨语的。但依据蒲德脩辨译不出表文的事实，可见其外语能力有可能只适用于简单的交际场合，并未达到熟悉掌握柬埔寨语的水平。可想而知，柬埔寨语水平一般的船员商贾教出来的学生周达观，其柬埔寨语造诣自然也不会太深，胜任翻译的可能性极小。

二、宋元时期的译职人员

上文提到，《宋会要辑稿》中记载道庆元六年真腊国王遣使来宋进贡，然而其递交的"金表"上的字难以辨认，宋宁宗阅览之后发觉"其状屈曲皆不可晓"，谢深甫等臣也附和道"番字一体绝类琴谱,竟不知所言何事",遂下令找来翻译,不料"蒲德脩等并译语人吴文蔚"皆辨译不出表文。而后朝廷"又令南卑国人书写番字参合辨照",最终将表文翻译出来。由此可印证,在周达观随使访问真腊之前,中国政府确实有向外域设置译职人员,此处的"译语人吴文蔚"即宋朝诏令而来的翻译人员。遗憾的是,史料中难觅吴文蔚的生平事迹,故无法判定吴文蔚究竟是朝廷译场官员?还是外域人?只知唐朝、宋朝常诏令居住中国的蕃人、胡人为"译语人",此类翻译人员至多处于官僚组织的外缘。①

虽然此次真腊国呈上的表文未能留世见其详,但五年后,真腊国再次来宋进贡方物时上递的表文经汉译后记载道:"悉哩摩稀陀啰跋啰吽小心消息,心下意重,知有大朝,日日瞻望。新州近大朝,新欲差一将安竺南旁哼啰差出来同大朝纲首拜问消息,回文转新州,已知大朝来去。今差一将出来,不敢空手,有雄象一头,象牙一对,共重九十二斤,犀角一十只,共重一十一斤,尽进奉大朝,望乞回消息。意要欲知大朝,年年进奉不绝。十月间可发回文差到人,四月初九日出港,分付去行在进奏院相公。悉哩摩稀陀啰跋啰吽送纳。"②这般详实的文字记录是宋朝有能力将柬埔寨语辗转翻译成汉字的最好见证。

元朝地域辽阔,民族冗杂,语言繁多。《元史·百官志》中记载道,元朝设有译史和通事分别担任笔译和口译工作,解决各民族之间的沟通障碍。萧启庆在《元代的通事与译史——多元民族国家中的沟通人物》一文中提及元朝各级机构译职人员共有1147人。在统计过程中,萧启庆认为"蒙古书写"和"回回书写"是"译史"和"回回令史"的助理,可视作翻译的后备人员,遂一并统计到译职人员当中。由此可见,元朝从中央到地方设有上千名译职人员,如果派遣使团赴真腊国,理应从中挑选一位优秀的译职人员随行担任使团翻译。反观周达观,既没有被列入使团正式成员,其语言能力也难以胜任政治外交的翻译标准,故元朝派遣其担任翻译的可能性极小。

三、元朝的中柬关系(1271—1296年)

1271年,忽必烈改国号为"大元",正式建立元朝。1279年,元朝灭南宋,完成统一,形成了中国历史上最大的版图。《元史》(卷七十九)记载道:"元初,

---

① 萧启庆:《元代的通事与译史——多元民族国家中的沟通人物》,《元史论丛》,1997年第6期,第35页。

② 刘琳、刁忠民著,舒大刚校点:《宋会要辑要(16)》,上海:上海古籍出版社,2014年第6期,第9832页。

既定占城、交趾、真腊，岁贡象，育于析津坊海子之阳"，可见元朝在成立之初便与真腊互通往来，真腊还向元朝进贡大象。大一统后，元世祖忽必烈热衷开疆扩土，征服海外诸国，诏谕诸国归附元朝乃是常事。现如今的东南亚、南亚地区亦是元世祖外征的重点，曾诏谕俱蓝、安南、占城、爪哇等国归附，真腊也不例外。《元史》（卷十一）中提到1281年，元世祖曾诏谕真腊归附，此事在《真腊风土记·总叙》亦有印证，"唆都元帅之置省占城也，尝遣一虎符万户，一金牌千户，同到本国，竟为拘执不返。"1282年，真腊及时回应，并派遣速鲁蛮至我国。同年元朝攻打占城时，命真腊国使速鲁蛮前往占城招谕归附，可见当时真腊与我国在外事上有一定的配合。1285年，真腊再次携乐工以及药材、鳄鱼皮等珍宝向我国进贡，彼此之间仍有友好往来。1292年，元朝征讨爪哇时，途经真腊，虽企图借机以元军威震真腊，使其屈服归顺元朝，但也不是想要真正派元军攻占真腊。1296年，元成宗继位，遣使赴真腊诏谕。在得到真腊国王的体面招待后，周达观自认为"遂得臣服"。

从周达观出发前的元朝中柬关系来看，周达观是军事情报工作者的可能性很小。其一，纵观元朝和真腊之间的政治互动，元朝是希望通过非战争手段令真腊归附。即便元朝真有计划遣派情报人员去搜集军情，此事理应秘密进行，大可不必如此明显地安排周达观在使团一行人中，所以排除元成宗为了攻打真腊而派遣周达观前去收集情报的说法。再者，出于保密原则，情报人员是不能公开发书如此详尽地介绍真腊情况，何况友人还大方赠诗给予其评价，此乃不合常理。

四、《真腊风土记》的体例

从编撰体例上看，笔者认为《真腊风土记》一书具备"方志"的轮廓。"方志"始见《周礼·地官·诵训》中的"诵训，掌道方志以诏观事，掌道方慝以诏辟忌，以知地俗"，《中国方志大辞典》定义为"以地域为单位（主要是行政区划），按一定体例，综合记载一定时期的政治、经济、文化及自然方面的书籍"。在我国，方志编写或依靠官修，或由大家私撰。从宋朝开始，方志体例逐步定型，除了记录自然地理类内容，人文叙述亦占了重要篇幅。例如宋人乐史的地理总志《太平寰宇记》，对后世影响深远，以致后人撰写方志皆添入人物、艺文等内容，开创了方志体例的新篇章。对照《真腊风土记》目录，城郭、制度、人物、语言、山川、土俗等皆有记叙，全文框架和写作方法何其相似乃尔。元代方志在宋代基础上进一步发展，进入繁盛时期。受元朝政府诏修《一统志》的影响，元代私家撰著方志盛行，例如虞应龙的《统同志》、滕宾的《万邦一览集》、朱思本的《九域志》等。鉴于缺乏史料，难以考证周达观是否身任官职，但可以肯定的是，周达观在当时文人圈内具有一定的名气和影响力。元朝知此人后，下诏命其随使出访真腊。待周达观归国后，编撰出《真腊风土记》这样一本方志，也符合当时社会上盛行大家私撰方志的风气。

五、结语

周达观是古代中柬友好关系的见证者，撰写的《真腊风土记》为后世研究柬埔寨提供了弥足珍贵的史料。尽管缺乏记载周达观生平的历史资料，但根据《真腊风土记》中注音的词汇、章节内容的选择和叙述的细致程度，加上吾邱衍在《周达可随奉使过真腊国作书纪风俗因赠三首》中夸大周达观外语能力的可能性和《宋会要辑稿》里关于温州船员柬埔寨语水平较低的记载，基本可以排除周达观通晓柬埔寨语并担任使团翻译的观点。另外，元朝从中央到地方设有众多译职人员，朝廷遣使出访域外理应派遣外语能力非凡的专业翻译者。再从周达观赴真腊之前的元朝中柬两国关系着手分析，元成宗为了攻打真腊而派遣周达观前去收集情报的说法也难以站住脚。鉴于《真腊风土记》体例类似方志，且元代盛行大家私撰方志，笔者认为周达观在当时社会上应该具有一定的知名度和影响力，奉命随使后记录下在真腊的见闻，撰写出《真腊风土记》一书，获得其他文人赞誉。至于周达观是否身任官职，还有待进一步考证。

参考文献

[1] 段立生.关于《真腊风土记》的作者周达观[J].学术研究，1985(01).

[2] 段立生.周达观及其柬埔寨之行——读《真腊风土记》[J].印支研究，1984(03).

[3] 段立生.《真腊风土记校注》之补注[J].世界历史，2002(02).

[4] 赵和曼.也谈周达观的柬埔寨之行[J].印度支那，1987(02).

[5] 赵和曼.元代的中柬关系[J].印支研究，1982(04).

[6] 李弘.走读周达观《真腊风土记》[J].传承，2007(11).

[7] [日]高桥保.关于《真腊风土记》中出现的柬埔寨语[J].东南亚历史译丛，1979(01).

[8] 许肇琳.《真腊风土记》中的柬埔寨语考辨[J].中山大学学报(哲学社会科学版)，1981(01).

[9] 萧启庆.元代的通事与译史——多元民族国家中的沟通人物[J].元史论丛，

1997(06).

[10] 吴国富.忽必烈时期元朝与真腊的关系初探[J].九江学院学报(社会科学版),2013,32(02).

[11] 周达观著,夏鼐校注.真腊风土记校注[M].北京:中华书局,1981.

[12] 刘琳、刁忠民,舒大刚校点.宋会要辑要(16)[M].上海:上海古籍出版社,2014.

[13] 宋濂等撰.元史[M].北京:中华书局,1976.